»國際關係理論

入門

第三版

五南圖書出版公司 印行

主編序（三版）

　　國際關係是一個浩瀚無垠的領域，自二戰結束後，國際關係理論在學術圈愈來愈受到重視，若欲一窺國際關係之堂奧，無理論方面的素養，幾乎很難如願。然而，理論畢竟較艱澀難懂，坊間雖有若干介紹國關理論的書籍，但多屬進階層次，對初學者而言，不免有心餘力絀之感。五南圖書本於服務莘莘學子的初衷，意欲出版一本理論入門書，使毫無這方面背景的朋友能藉此獲取相關的基本知識，以引發將來深入涉獵的興趣。故當五南劉副總編輯向我提及此一構想時，我立表贊同，並連絡當時與我共同開授國際政治理論的張登及教授一起規劃出書事宜，歷經近兩年的時間，第一版終底於成。如今第三版即將問世，期間勞煩所有作者做了必要的增補，俾與時事有更緊密的結合。

　　本書作者群均為學有專精的中壯學者，嘗試以深入淺出的筆觸，間或結合國際關係實例，使讀者更易理解理論的內容。書中各種理論併列，每一理論分別由不同學者執筆，目的在呈現國際關係理論的豐富內涵。對初學者而言，我的建議是先求了解，並對所有理論抱持開放態度，因為不同理論之間往往是互補而非互斥的。先有認識才能比較，而在比較過程中有可能會產生對某一理論的偏愛，但不必因此排斥其他理論，如此方不至於被單一理論的邊界框住，而喪失客觀判斷的能力。

　　事實上，國關理論與國際現勢看似互不相關，其實可互為奧援，相得益彰。引用現勢中的個案，可以使理論生動活潑，予人豁然開朗之感；將理論用之於實務操作，則可以使現勢發展被賦予脈絡分明的詮釋，而有恍然大悟之妙。當理論運用純熟時，幾乎一看到某個國際事件，就可以立刻指出這具有某某理論色彩；一讀到某某理論，就可以立即引用某一歷史事件或國際上剛發生的個案來舉例說明。理論是活的，是充滿生機的。

　　展望國際關係理論的未來，衷心盼望能一代接著一代，不斷推陳出新地傳承發展下去。

　　最後，感謝登及教授當初首肯與我共同主編此書及後續聯繫上的辛勞，感謝本書所有執筆的國關學界好友，沒有他們的付出，這項有意義的工作是不可能完成的。當然，也十分感謝五南圖書的熱忱協助和永不吝惜對教育文化的支持。

包宗和

識於國立臺灣大學政治學系

中華民國112年8月1日

主編序（三版）

　　《國際關係理論入門》第一版於2018年6月問世以來，由於內容新穎，深入淺出，有助新進入門讀者一窺國際關係理論之堂奧而廣受好評。第二版改版於2020年9月刊行後，對新冠疫情爆發的局勢即時增補相關評論，繼續受到各界的支持。編者和作者們除了欣慰，也特別感謝讀者們的回饋與愛護。

　　自2020年秋迄今，新冠流行雖暫告停歇，但美中衝突日益激化，兩強交往以疫情與國安為由大幅降溫，海空機艦非正常接近事故頻傳，高層對話時斷時續，臺海可能開戰的問題也成為全球焦點。這段時間的另一件影響深遠的全球地緣政治重大事件，則非俄烏戰爭莫屬。俄烏衝突短期內似看不到停火的希望，而美國強力軍援烏克蘭與臺灣，不僅持續消耗俄國國力、削弱歐盟的自主性（歐盟大國與東歐前線中小國家對如何因應俄烏戰爭意見分歧），使俄中戰略關係更加接近，也使冷戰時代的集團政治與地緣對抗重新躍上國際舞台。這些新局面迫切需要知識界提出回應。本書作為國關學科入門的重要教材，自不能置身事外。

　　有鑑於這些變化快速、影響深遠的新情勢，主編包宗和教授與筆者徵詢五南圖書的意見後，認為需要及時回應時局與讀者的知識需求，再次提出於今年重新進行修訂與增補。感謝作者原班人馬都有高度共識，三版各章改訂已於2023年7月順利完成。

　　本版各章幾乎都對俄烏衝突與美中對抗提出了回應，也更新了有關的資訊和事件，值得大家閱讀時深思的地方很多。例如俄烏衝突是否意味著現實主義各派再度君臨天下，其他理論望風披靡？國際社會應該堅持

「恢復戰前現狀」，還是採納「終止戰爭的正義」？美中從貿易、科技、供應鏈到軍事的全面對抗是否使「自由國際秩序」和自由主義國關理論各派（特別是貿易和平、制度和平）受到重擊？如果答案爲是，那麼非傳統安全各議題領域的全面「安全化」，是否也意味著即使全球高溫迭破歷史記錄，環境理論對國家利益至上論的制衡也無濟於事？中國持續推進上海合作組織與金磚集團擴員，是向歐亞大陸「心臟地帶」進軍的攻勢，還是「邊緣地帶」遭到擠壓的反撲？所有以上這些大哉問，事關本世紀人類命運的前景，我們仍只能在主流的國關理論中找到答案？又或者包括醞釀中的「臺灣學派」在內的「非西方／全球」國關研究（Non-Western IR／Global IR），能提出創新的解答？

　　《國際關係理論入門》第三版得以迅速出版，筆者要再次感謝主編包宗和教授的遠見與領導、五南圖書劉靜芬副總編的支持，以及臺灣大學政治學系碩士班邱佑寧小姐的行政協助。全體編、作者與行政團隊仍舊期待大家一本初衷，不吝斧正。各界讀者們的回饋，永遠是作者們密切關注國關理論與世界局勢的根本動力。

張登及

112年7月30日 於臺灣大學政治學系辦公室

目　錄

導　論

包宗和（臺灣大學政治學系）

　　國際關係，顧名思義，就是國與國之間的關係，它可以是兩個國家之間的一種關聯，也可以是多個國家之間的關聯。此種關聯就靜態而言可視為一種現象，就動態而言則呈現為一種相互間的決策行為。雙邊關係或為兩個單獨主權國間的互動，或呈現為一種聯盟型態。多邊關係或為三個以上主權國間的交叉互動，或呈現為一種聯盟或國際組織行為。

　　我們每天都可以從各種資訊管道中看到國際上發生的事件，媒體將這些事件報導出來，即為一種敘述（statement）。如果吾人在面對林林總總的國際現象時，開始思考這些現象為什麼會發生，也就是說嘗試找出事件發生的因果關係，這就由敘述層次走入了解釋（explanation）層次，也開啟了國際關係理論建構的大門。換言之，我們從國際現象看到了問題，引發了提出論述的靈感。當解釋因果關係的論點逐漸成形，並能找出支持論點的一些事實時，「準理論」就誕生了。此種準理論具有解決國際問題的某種潛力和展望，而如能找出更多事實來驗證此一準理論，它就可進一步發展成為國際關係理論，發揮解釋國際現象及預測國際關係的作用。好的理論不僅具有強大的解釋力和預測力，也能有效地解決國際問題。當然，國際情勢不斷演變，任何理論也必須承擔再被檢驗的壓力。唯有在不斷檢驗過程中仍能屹立不搖，方能成其為經得起考驗並廣受肯定的理論。

　　國際關係理論一般而言具有四種功能：第一，可提供決策者行為依據，對其決策賦予嚴謹的思維基礎。由於理論常有清晰的因果鋪陳脈絡，故決策者如參酌理論內涵，將有助其決策思考的邏輯性。譬如A國決策者希望阻止B國做出某種傷害A國的行為，就可以參酌嚇阻（deterrence）理論，以達到上述目標。特別是在阻止的過程中不免有產生軍事衝突風險

時，借重理論思維，可將此種風險降至最低，進而完成國家目標。其次，國際關係理論可賦予政策理性架構，決策者在思索外交政策時，若能依循某些理論，將可對利弊得失有較清晰的概念，減少誤判的可能。第三，理論多出自學者或思想家的創建，在思維考量中多本於研究良知，可幫助決策者扮演知識良心的角色。易言之，理論本身是鮮有刻意違背知識良心而加以塑造的。第四，理論若為許多國家決策者所接受，就有可能建構出新的國際秩序，如馬克思主義在國際社會所造成的影響。

前面曾談及理論可用來解釋國際現象，並且在不斷驗證中鞏固理論本身的地位。所以理論建構的一個目的，即在解釋國際政治中不斷出現的國家行為模式，也正因為模式有其規則性，故理論又可用來預測或了解決策行為者的「思維世界」，進而預先評估他國未來的可能作為。理論也有助於我們思考國家與國家之間究竟是一種衝突關係，還是合作關係。理論背後所帶來的經驗資料可用來測試新的世界假設，如民主和平論，因而激盪出另一個理論的產生，故理論建構不啻為一種知識累積的過程。國際關係理論可以告訴我們這個世界應該如何組成及如何運作，如規範理論；或這個世界是如何組成及如何運作的，如現實主義。國際關係理論引領我們認識這個世界，儘管不同的理論或許會從不同的角度來詮釋我們所看到的國際現象。

在國際關係理論中，討論最多，**受到批評也最多的就是現實主義**（realism）。唐欣偉與張廖年仲兩位教授在「現實主義」這章中提到現實主義的基本概念就是國家、國家利益與權力政治。現實主義必然是一種理性主義，也就是國家領導人的外交決策，或稱之為國家行為，是基於利弊得失的冷靜評估，所有的決定均以國家利益為考量，務期以最少的代價得到最大的利益。決策過程儘量不受個人情緒因素的影響。此外，現實主義也是悲觀主義，認為國與國之間是衝突取向的互動關係，相互合作是很困難的。此又源於古典現實主義（classical realism）「人性本惡」的假設，即人的思維想法與生俱來地充滿了仇恨、猜忌與欲望，特別是對權力的渴望。如果每個國家都只想擴張自己的權力，國際政治自然充滿

了爾虞我詐，國際關係想好也難。由於人性很難改變，自然對國際間的互動抱持著悲觀的看法。而**結構現實主義（structural realism），或稱新現實主義（neo-realism），則不以人性為出發點，而是認定國際體系是一種「無政府狀態」（anarchy），即不存在一個「中央權威」（central authority）來約束各國行為**，於是每個國家為了維護自己的利益，確保自己的安全，只有靠自助（self-help）設法獲取權力，因為沒有權力就沒有安全。此之所以古典現實主義大師摩根索（Hans J. Morgenthau）以「權力」來界定「國家利益」。當每一個國家都汲汲營營於權力的獲得時，自然就形成一種「權力平衡」（balance of power）。故即以結構現實主義「無政府狀態」的認定觀之，國家間競逐權力所形成的衝突關係也是一種必然的悲觀結論。

事實上，**結構現實主義又包含「守勢現實主義」（defensive realism）與「攻勢現實主義」（offensive realism）**。前者以華爾茲（Kenneth Waltz）為代表，後者則以米爾斯海默（John Mearsheimer）為代表。兩者均重視權力，都強調「相對利得」（relative gains），即不只在乎自己獲取多少利益，也在乎別的國家獲得多少利益。所不同的是守勢現實主義認為從他國意圖仍可分辨出孰為敵國，孰為友邦，重點在避免產生有利他方之權力差距，因此加入弱勢，制衡強勢的權力平衡，就成為主要的政策考量。由於戰略思維在於防備對方，故對權力追求的態度傾向適可而止。攻勢現實主義則不然，它認為其他國家的意圖很難掌握，即使是所謂的友邦。故只要對方實力強大，就是對我有威脅的國家，於是建立有利己方之權力極大化就變得非常重要，權力獲得因而是沒有止境的，此形成追求霸權的態勢，只不過因國力的限制，獲致全球霸權地位並不容易，故較傾向為區域霸權地位的取得。而不論是守勢現實主義的相互防備，或攻勢現實主義的相互競爭，都是一種權力對抗的衝突關係。

在現實主義的架構下，討論相當多的一項議題即「平衡論」與「霸權論」。前者認為維持國與國間的權力平衡，使霸權國無法產生，較能維持國際體系的穩定，保障國家的安全。霸權論則認為當國際社會有一霸權國

存在，可使霸權國因滿意現狀而不必侵犯其他國家；他國也因勢力懸殊而不敢挑戰霸權國，如此相安無事，體系穩定與國家安全均可獲致。此兩種理論各有其看法，也都建立在權力的假設上，兩者的爭辯或許有待更多實例來做驗證。

因為現實主義強調權力競逐，在國家利益掛帥的情況下，國際道德受到相當程度的貶抑，不是不受重視，就是被重新界定。於是道德因素或不被考量，或被界定為「唯有合乎國家利益才是道德的」。現實主義通常對國家利益是看短不看長，較重短期利益的獲得，而非國家長期利益的規劃。

盧業中教授在「自由主義與新自由主義」一章中介紹了國際關係另一重要理論，即**新自由主義**（neo-liberalism），**或稱修正現實主義**（adapting realism），**也常被稱作新自由制度主義**（neoliberal institutionalism）。既稱作修正現實主義，當然與現實主義仍有若干相同之處。新自由主義與現實主義一樣，均接受理性主義，均承認國際無政府狀態之存在，均重視國家以及國家利益，但兩者間也有相當程度的差異。相對於現實主義的悲觀主義，新自由主義顯然對國際關係較為樂觀，國家固然重要，但非唯一，國際組織、跨國企業、非政府組織（NGOs）等也一樣重要。新自由主義有別於古典現實主義，對人性較持正面看法，重視集體安全，認為即使是在無政府狀態下，經由國與國之間的相互依賴（interdependence）和互惠需求，以及國際制度與典則的建構，彼此合作仍是可能的。凡此均與理想主義（idealism）的觀點接近，但不同的是理想主義可以犧牲國家利益去追求一個高遠神聖的目標，新自由主義追求的則仍是國家利益，此又與現實主義相同。差異在新自由主義認為國家利益不必然須透過衝突達成，它可以經由和平的合作互動獲得。新自由主義甚至主張可以暫時讓渡一些國家利益來形塑一個穩定和諧的國際體系，而這樣一個大環境回過頭來有助於增長自身的國家利益。故新自由主義承襲傳統自由主義的特質，如和平、秩序、自由、民主、容忍、平等、自制等價值觀念，而本章所提到的民主和平論與貿易和平論，均與新自由主義密

切相關。它批判新現實主義，不若新現實主義重視外交、軍事等高層政治（high politics），而更注重如經濟、文化等低層政治（low politics）。新現實主義只論國際體系，而新自由主義一如新古典現實主義，開始注重國內層次因素對國際政治之影響。新現實主義的思維加重了國與國之間的互不信任感，因而落入相互對抗的安全困境之中；新自由主義則只重自己是否得利，而不論他國得利與否或得利多少，故為一種絕對利得（absolute gains）的概念，國與國之間可以共蒙其利，合作自然可能，且可擺脫上述新現實主義的安全困境，而締造出一種良性循環的結果。也正因為重視低層政治的合作關係，反有助於提升如功能主義（functionalism）和新功能主義（neo-functionalism）所主張之政治合作的可能。誠然，新自由主義仍保留了現實主義的一些重要元素，故為介於理想主義與現實主義之間的一種國際關係理論。

　　另一個對現實主義具批判性的國際關係理論即莫大華教授在第三章介紹的「建構主義」（constructivism）。**建構主義與現實主義、新自由主義併列為國際關係的三大主流理論**。建構主義不若新現實主義著重國際體系這個元素，而把焦點放在國際社會，故被視為社會關係研究，是國際關係的社會理論。它重視理念、文化、規範與規則。建構主義對現實主義許多視為客觀存在的現象均提出質疑，譬如它認為無政府狀態是國家互動所造成的，現實主義主張國際無政府狀態決定了國家行為，建構主義卻認為無政府狀態是國家行為所造成的。現實主義強調國家主權，建構主義卻質疑其客觀存在的本質，認為是國家互動產生的一種社會建構，並因此形成為本身的認同。現實主義承認國家主權的客觀存在，建構主義卻認為那是國家互動所建構出來的。莫教授在文中分析了建構主義崛起的原因，此多少與1980年代後對現實主義的批判氛圍有某種程度的關聯。建構主義將現實主義討論國家與國際體系之關係化約為人與社會之關係，並將國際文化規範與規則建構出來。其邏輯思維如莫教授所言，是一種從理念到建構認同，再形成行為體之利益與策略。相對於現實主義，建構主義顯然較不重視權力及無政府狀態這些元素，認為很多現實主義所認定的真實都是社會

建構出來的，它試圖解構現實主義的一些論述，並提出批判。莫教授並舉中國一帶一路爲例，認爲此一策略改變了中國在國際社會的國家認同，建構出來符合其國家利益的國際規範與集體認同。建構主義本身也遭到若干批評，如一再提及認同，但未對認同的建構過程有所論述；過度忽視權力在國際體系中之角色；以及太理論化，無助於國際上實際問題的解決等。

　　古典現實主義與新現實主義談到不少影響國家權力的因素，但很少提及地緣政治，也就是地理位置對國家權力之影響。王俊評教授在第四章「地緣政治學：地理角度的國際關係研究」中，介紹了三大地緣政治學，即古典地緣政治學、新古典地緣政治學及批判地緣政治學。**在古典地緣政治學中有馬漢（Alfred T. Mahan）的「海權論」、麥金德（Halford J. Mackinder）的「心臟地帶理論」，及史派克曼（Nicholas Spykman）的「邊緣地帶理論」**。海權論強調制海權對國家安全至關重要；心臟地帶理論則認爲控制如東歐等之心臟地帶將關係著能否控制歐亞非世界島，進而控制全世界。邊緣地帶理論則認爲誰控制了歐洲與東亞沿海地帶，就可主宰歐亞大陸，乃至於掌控世界命運。凡此均爲標準的地理影響國際政治的地理決定論。

　　王教授在論述新古典地緣政治學中提及，在防止某個國家成爲區域霸權時，實與這個國家的所在地理位置密切相關，故持不同地緣政治理論觀點的國家決策者，其防備的對象國也會有所不同。至於批判性地緣政治學則又以華勒斯坦（Immanuel Wallerstein）爲代表人物，他在世界體系理論中提出核心、半邊陲與邊陲的概念，不啻解構了上述兩種地緣政治學，而將世界地理與政治經濟結合在一起。

　　第五章是曾怡仁教授執筆的「馬克思主義國際關係理論」，此一理論因冷戰東西對抗而被以美國爲首的國關研究社群所忽視。但隨著冷戰結束，批判現實主義蔚爲風潮，以及全球化的興起，馬克思主義又漸漸受到關注。曾教授分析馬克思主義有四個發展階段，即馬克思與恩格斯國際關係思想奠基時期；以列寧思想爲代表的古典帝國主義時期；依附理論（dependency theory）、依附發展論（dependent development）及世界

體系論（world-system theory）時期以及新葛蘭西主義（neo-Gramsicism）與國際關係批判社會理論（critical social theory）時期。馬克思主義從國際關係理論的角度觀之，是將國內社會階級鬥爭的概念帶入國際政治，建立反霸聯盟，期望建構出世界政治共同體，使人類徹底解放。從此一理論延伸出來的論述，很容易對新現實主義與新自由主義的公平正義性提出質疑，而成為一種批判性理論。**馬克思主義認為國家是資本階級的工具，換言之，此一理論將現實主義的一些元素賦予不同的地位與詮釋，認為資本主義發展到極致就成為帝國主義**。它批判大國為資本主義利益而爭戰爭霸，但其第三世界國家對富有國家的鬥爭觀念，也形諸為一種對應衝突的模式。此種模式立基於核心國剝削邊陲國的新帝國主義理論基礎上。面對這種情勢，激進革命是一種方式，但非必然，透過提升關稅及代議政治等溫和手段，以促進依附與發展並存，使核心國與邊陲國互蒙其利，則從實證上看仍是可能的。

　　隨著全球化時代的來臨，透過生產國際化及國家國際化建立某種霸權秩序成為一種趨勢，而馬克思主義中非常重要的新葛蘭西學派則成為反霸權運動的代表，並在環保、女權、人權及反核等各個議題上蔚為一股反全球化運動的力量。馬克思主義雖已有不算短的歷史，但其以新馬克思主義之姿繼續對國際政治發揮影響力，則似仍顯而易見。

　　在對現實主義提出批判的理論中，女性主義是後起之秀，周嘉辰教授在「女性主義與後實證主義」這章中對此有清楚地描述。女性主義者希望從男性主導的社會中為女性爭取自己的地位，用之於國際關係，就成為對反映男性觀點的現實主義提出批判。女性主義指出國際關係理論以陽性為中心的偏差，質疑國際無政府狀態及強制性支配權的概念，試圖解構國際關係理論的普遍性和客觀性，從而對講究客觀中立的實證主義提出不同的看法。女性主義有相當多的類別，周教授舉出四個具代表性的加以介紹。首先是自由女性主義，主張女性與男性有相同的天性和能力，可以有相同的表現。一般認為男性較理性，女性較感性，但此派女性主義認為女性同樣是有理性的。基進女性主義則認為女性和男性有別，女性所具有的

獨有特質，如愛、寬容、利他、和平、分享、合作等，可以使國際關係更和諧，更美好。後殖民女性主義則認爲女性被剝削不僅來自性別，更來自全球結構，主流女性主義忽視了帝國主義及資本主義爲女性帶來的負面效應。後現代女性主義則認爲女性的本質是被預設的，是社會所加諸的刻板印象，故不宜強化男女二元對立，因爲如此將使得性別關係被具體化，而男女區分不應由生理決定，此派女性主義徹底解構了女性的本質。

女性主義不論是強調男女相同，女優於男，女性地位受資本主義社會剝削或女性不應被賦予社會成見，都隱然在對以男性觀點建構的現實主義（至少女性主義者認為如此）加以批判。

現實主義強調實然，理想主義則強調應然。應然在規範國際關係應該是什麼，而非實際是什麼。故理想主義與冷戰結束後興起的規範理論幾乎是同一種理論。由於二戰後現實主義崛起，理想主義式微，規範理論乃被邊緣化，一直到冷戰結束，情勢才有改變。林炫向教授在第七章「國際關係規範理論」這章中將規範理論的內涵做了全面性的介紹。

規範理論之所以有其存在的價值，在於國與國的互動雖然經常充滿了衝突與角力，但仍需要一些規則束縛，以避免完全脫序的情況發生。譬如使用武力應顧及開戰正義、沙場正義與戰後正義。開戰要有正當理由，須爲最後手段，不得已而爲之；開戰過程應符合比例原則，不宜造成不必要的死傷，對戰鬥員與非戰鬥員應分別對待，不應傷害沒有抵抗力的人；對待戰俘也應符合人道原則。在國際政治中，難免會遇到人道干預和主權間的衝突，易言之，基於人道考量介入他國內政和基於尊重他國主權而避免介入他國內政產生矛盾與衝突。規範理論即在對人權保障賦予更多關注，此又不免和強調主權國獨立的現實主義產生衝撞。同樣的問題也存在在基於正義收容國際難民的作爲與基於維持社會秩序而拒收國際難民的兩難困境中，也說明了具有相當道德正義色彩的規範理論和只重國家利益的現實主義間的歧異。

第八章由蔡育岱教授執筆的「環境理論」則是另一個和現實主義隱然相對的國際關係理論。在國內政治中，吾人常面對經濟發展與環境保護孰

先孰後的問題，前者代表國家利益，後者代表公共衛生、民眾健康。環境理論從國際關係層面探討人類環境與國家利益孰輕孰重。蔡教授指出，環境理論又稱綠色理論或綠色國際關係理論，涉及國與國間的環境合作，觸及的多爲低階政治層面，如有關汙染、人口爆炸、酸雨、核輻射、臭氧層、生物多樣性、土壤液化等環境惡化議題，這些災難均爲人類自己造成的。由於工業科技的高度發展，往往造成對環境資源的過度使用，形成諸如氣候變遷、生物多樣性喪失、臭氧耗損、淡水匱乏、食安問題及有機汙染。**現實主義所論述的是有關外交、軍事等傳統國家安全威脅，環境理論探討的是人類追求利益，不知節制所帶來的大自然反撲下的非傳統國家安全問題。**環境理論關注環境正義、環境倫理，強調人與自然間的調和，人類應學習與自然環境和平相處。舉凡1997年的京都議定書，2009年的哥本哈根協定以及2015年的巴黎協定，均在強化人類的自我克制力，試圖發揮綠色理論的人本核心價值。它們被視爲人類對形成環境治理普遍原則的一種努力。

　　環境理論是一種批判性理論，雖未明指對現實主義的批判，但它每項意欲矯正的國家行爲均與現實主義的元素有關，是嘗試將規範理論的應然具象化，以落實在實然之現實環境之中。

　　全球化是人類科技發展登峰造極後的一種現象，並形成為一種意識形態。楊昊教授在「全球化與區域化」章節中指出，全球化分柔性與剛性兩種，前者如飲食與流行文化，後者如軍售、航行自由、全球環境、公衛、金融、匯率、進出口貿易等。事實上，全球化常被視爲大國化、美國化，或是大企業由上而下所主導的現象，它指涉的意涵是全球一致性與整合性。與全球化相關的國際現象是區域化，兩者均建立在主權國家體系上，但全球化可能導致國家主權的弱化，而區域化則是地理區域內的跨國合作。**全球化與區域化均具有「跨國連結」之特徵。**楊教授指出，這包括硬體連通、制度連接、人際聯繫與理念連動。由於全球化多少彰顯了大國的影響力，故反霸權的訴求常集結成反全球化力量，但對具有由下而上特質的區域化則較少反彈。

　　區域主義可以說是區域化背後的重要思維，楊教授分析指出區域主義有封閉性和開放性的區別，前者如歐洲整合運動，對其他區域較不具連接性。後者則互賴需求較高，較從事跨區域對話，如亞太經合會和東協對話夥伴關係。至於TPP、RCEP則屬鉅型區域主義或戰略區域主義。亞太區域主義一般而言較具包容開放性。至於全球化和區域化間，如楊教授所言，是一種相輔相成，而非互斥的關係。

　　本書第一至九章多為以美國為主的國際關係理論，張登及教授在第十章「國別學派與非西方國際關係理論」中介紹了其他國別的國際關係理論，包括**英國學派、哥本哈根學派與新安全觀，以及日本國際關係理論、印度國際關係理論和中國學派**。張教授指出英國學派以國際社會為核心觀念，此與建構主義相似。英國學派對建構主義的形塑有相當程度的影響。英國學派接受「無政府狀態」的假設，但與現實主義不同的是前者不認為「無政府狀態」會導致對抗，而是有秩序與制度存在的國際體系或國際社會，此又與新自由主義的看法相似。英國學派不排斥實證主義，故為介於現實主義和批判性理論之間的折衷派。現實主義強調國家，建構主義則將國家擬人化，英國學派則更專注對領袖、外交官等「人」的理解。

　　另一國別學派為哥本哈根學派與批判性安全研究，它不贊同政軍高於一切的看法，鼓勵批判與反思，不認為「威脅」一定是客觀存在的，而是一個共議建構的過程，在此過程中將其安全化了。這又與建構主義的某些思維相類似。張教授又提到日本的雁行理論即日本認同（如大東亞共榮圈），以及印度的不結盟政策和印度共同體概念。事實上，日本和印度的國際關係理論研究多少結合了自身的國家利益考量，印度甚至有人曾提出「印太地區」的概念，以取代「亞太地區」這個名詞。

　　中國學派則融合了中國古代國際觀與西方國際關係理論，如朝貢體系與羈縻政策，彰顯形成不平等下的實質平等，以降低戰爭的可能性。另有近年來發展出來的「關係平衡」理論，以補西方「權力平衡」論述之不足。此外，「天下」也是一種以「無外」原則促進世界一體思考的模式，「天子」不限任何特定民族、宗教與國家，而是對任何能「得民心」的體

系成員開放。換言之，是有德者居之。上述三種論述是中國學派中較有具體內容者，至於北大派、人民大學派、清華派與復旦派，則仍屬西方理論的研究或中國國際關係史的探討，是否能形成爲中國學派的理論，仍有待觀察。

　　本書共十章，分別介紹了不同的國際關係理論，它們形成的年代容有不同，但均並存在國際關係領域之中，這代表這些理論都詮釋了國際政治中的一些現象，也因此樹立了它們存在的價值。從另一個角度看，即沒有一個理論可以在不同的時空環境中均能對時局做有效的解釋，故理論的產生通常與時代背景密切相關。如第一次世界大戰的爆發，使政治人物與學者有感於十八、九世紀以來歐洲的權力平衡制度過度重視國與國之間角力的缺陷，因而有理想主義的興起，國際聯盟因此誕生。但第二次世界大戰的爆發及隨後冷戰的持續，予現實主義者以相當大的發揮空間，認爲主政者的首要考量仍是國家利益，而非理想主義主張的國際道德。迨冷戰結束，國際合作取代國際衝突成爲國際政治的主要氛圍，新自由主義乃成爲國際關係理論的光點。現實主義雖仍屹立不墜，但新自由主義及建構主義均能與其分庭抗禮，並列爲國際關係的主流理論。至於現實主義之能歷久不衰，是因爲諸如主權國家、國家權力、國家利益等始終是國與國互動的重要元素，惟其不重國際合作，忽視國家內部因素對國家行爲的影響，以及國家以外的行爲者在冷戰結束後如雨後春筍般地出現，並扮演不容輕忽的角色，使得批判性理論紛紛嶄露頭角，如批判理論與馬克思主義、女性主義、後實證主義、規範理論、環境理論等，他如英國學派、哥本哈根學派等國別理論也受到一定程度的重視。這些都多少顯示時代更替帶動了理論的遞移。反之，地緣政治學基本上仍一定程度地與現實主義相呼應，全球化與區域主義則引發了支持與反對兩種聲音，其背後也隱藏了現實主義和其他批判性理論間的爭辯。有句耳熟能詳的話，即「英雄造時勢，時勢造英雄」，若套在國際關係理論上，也非常恰當，即「時勢造理論，理論造時勢」。前者如第一、二次世界大戰和冷戰持續與結束對國際關係理論起落的衝擊；後者如馬克思主義百餘年來對國際政治所造成的深層影響。

　　除了時間對理論產生影響外，空間也扮演了某種程度之角色，此所以有國別理論與非西方理論之形成與醞釀，如英國學派、印度、日本國關理論的研究以及中國學派的發展，因為美國學術社群所孕育出來的理論往往並不盡然能夠詮釋其他地區國際觀所激盪出來的國際政治現象。故沒有一種理論可以放諸四海而皆準，可以解釋所有國際現象。反之，不同的理論，也許都可以用來詮釋某一國際事件。在本書中，就有好幾位作者提及中國的一帶一路政策。事實上，一帶一路顯示中國欲藉此來擴張其陸權與海權，此與現實主義和地緣政治學相關；一帶一路又形塑出多國基於各自利益相互合作的架構，此又可適用於新自由主義；而一帶一路可改變中國在國際社會的國家認同，建構符合其國家利益的國際規範與集體認同，此又與建構主義和規範理論相關；而一帶一路所指涉的區域合作和跨區合作，也賦予區域主義甚至全球化某種解釋的空間。總之，每個理論都有它的價值，也有其侷限性，故吾人在探索國際關係理論時，應有跨理論的眼光和思維，方不至於因受制於單一理論，而失去對國際政治的全盤觀察與思考能力。

第一章

現實主義

唐欣偉（臺灣大學政治學系）

張廖年仲（中央研究院政治所）

一、前言

現實主義（realism）思想源遠流長，在第二次世界大戰後，取代了在兩次世界大戰期間盛行的理想主義（idealism），成爲美蘇冷戰時期美國陣營中的國際關係主流思想。現實主義者普遍對人性與人類行爲抱持悲觀態度，認爲道德和規範是權力的產物，不認爲人類歷史或政治行爲會朝向更高的目標或階段前進，因此衝突和戰爭是常態。於是，現實主義者往往關注戰爭多於和平、利益多於理想、軍事多於貿易。現實主義者反思兩次世界大戰之間所瀰漫的民族主義與理想主義，認爲對理念與意識形態的執著往往是人類社會動盪與衝突的根源；唯有冷靜、實際地分析現狀與分配物質利益才能確保國家安全與世界秩序。

西方國際關係現實主義思想淵源可追溯到公元前五世紀末的古希臘史學家修昔底德（Thucydides）的《伯羅奔尼撒戰爭史》（*The History of the Peloponnesian War*）。中國戰國法家著作《商君書》、《韓非子》，以及印度的《政事論》中，都有現實主義色彩。文藝復興時期佛羅倫斯（Florence）馬基維利（Niccolò Machiavelli）的《君主論》（*The Prince*）、十七世紀英格蘭學者霍布斯（Thomas Hobbes）的《利維坦》（*Leviathan*）都對現實主義思想造成重大影響。和修昔底德、馬基維利同樣擔任過官員的史學家卡爾（Edward Hallett Carr），在納粹德國入侵波蘭的1939年，出版了《二十年危機（1919-1939）：國際關係研究導論》（*The Twenty Years' Crisis, 1919-1939: An Introduction to the Study of International Relations*），有力地批駁了當時的主流思想理想主義。

　　到了第二次世界大戰結束後的1948年，在戰前從歐陸移民至美國的摩根索（Hans J. Morgenthau），出版了《國際政治學》（*Politics among Nations: the Struggle for Power and Peace*），奠定此後現實主義理論在西方國際關係學界數十年的主導地位。1979年華爾茲（Kenneth N. Waltz）出版《國際政治理論》（*Theory of International Politics*），強調國際體系結構的影響，開創出**新現實主義**（neo-realism）或結構現實主義（structural realism）。相對而言，摩根索的理論則被稱為**古典現實主義**（classical realism）或人性現實主義（human nature realism）。

　　2001年時，和華爾茲同樣重視體系結構的米爾斯海默（John J. Mearsheimer）出版了《大國政治的悲劇》（*The Tragedy of Great Power Politics*），強調主張權力極大化的**攻勢現實主義**（offensive realism），而主張安全極大化，反對過度追求權力的華爾茲理論則相對成為**守勢現實主義**（defensive realism）。在新現實主義興盛時期，另有一種兼顧國際體系結構以及其他因素的**新古典現實主義**（neo-classical realism）。哈佛大學的現實主義學者瓦特（Stephen M. Walt）在2017年的卡爾紀念講座中指出，大多數不同現實主義流派都有以下六項共同點（Walt, 2018：7）：

（一）重視實然面

　　就最基礎的層次而言，現實主義尋求解釋現實世界，而非我們可能喜歡的世界。現實主義理論是一種實證理論而非規範理論。秉持現實主義傳統的學者也有其道德偏好，甚至有些主張現實主義比某些其他途徑更道德，可是他們並非以德業的提升為目的。或許可以說，現實主義與道德無關（amoral），但並非在本質上不道德（immoral）。就具體政策而言，現實主義者的興趣在點出當前世界中有效的行動路徑，而非徹底改變當前秩序。

（二）以權力為政治生活的核心

正如雅典人在《伯羅奔尼撒戰爭史》中的一句名言：「強者為其所能為，而弱者步步遷就」（2019：350）。此一立場並非否認利他、愛情、慈悲以及其他情感在人類事務中的地位，只是在解釋政治如何運作時，誰有權力才是最重要的因素。

（三）強調國際無政府狀態（anarchy）

沒有能夠保護各國的中央權威，使得各國自危；國際合作也因缺乏強制執行或懲罰欺騙的機構而變得脆弱。這如同曾受修昔底德影響的霍布斯，所提出的前國家之「**自然狀態**」（state of nature）。根據霍布斯的看法，所謂自然狀態並非混亂或無秩序，而是指缺乏一個可以維持秩序的中央權威。

霍布斯「巨靈」。

小知識　「自然狀態」（state of nature）

霍布斯在他的《利維坦》（*Leviathan*）中提出自然狀態理論和國家起源說，認為國家不是本來就存在的，而是由人類彼此之間訂立契約產生出來。在國家產生前的自然狀態下，由於自然資源的不足，人類往往為了欲望而陷入爭奪與衝突，於是最終制訂契約來限制人類的欲望，國家從而誕生。

（四）各國為了生存只能自助

因為無法指望他國保護，所以各國必須仰賴自身資源與策略以求生存。儘管有些政府對他國很慷慨，然而在無政府世界的現實主義對外政策並不是慈善活動，也無此餘裕。

（五）國家以安全為主要考量並擔心相對權力

在其他條件相同的情形下，強大總比弱小好。各國會伺機強化自身權力與安全，減損對手的權力與安全。然而，若每一國家都以建立軍備的方式來對付其他國家，則會導致軍備競賽，造成**安全困境**（security dilemma）。

小知識　「安全困境」（security dilemma）

當一個國家為促進自身安全而採取某些措施時，往往會降低他國的安全感，使後者也採取相應措施。如此一來，原先採取行動的國家安全感也會下降，陷入難以擺脫的困境。例如某國出於防禦目的添購戰機、飛彈與戰艦，使其鄰國感受到威脅，於是也添購軍備，讓起初添購軍備的國家也感受到威脅。從而兩個國家強化軍備的舉動，都不能提升它們的安全感。

（六）國家面臨威脅時會先卸責再抗衡

國家會先嘗試**卸責**（pass the buck）給他國以因應威脅，這樣就無須承擔制遏潛在侵略者的成本與風險。假如行不通，就會改用加強軍備或尋求盟友的方式**抗衡**（balancing）。大部分現實主義者相信，大國鮮少**扈從**（bandwagoning）一個強大或具有威脅性的國家。可是特別弱小的國家在缺乏有用夥伴，只能仰仗強鄰的寬容時，就可能扈從。

二、思想淵源

修昔底德在敘述希臘古史時寫道：「弱邦渴望得到好處，於是臣服於強邦；財力雄厚的強邦得到弱小城邦的臣服」（2019：7）。這很容易讓人聯想到戰國法家的「多力者王」（〈商君書去強篇〉）、「力多則人朝，力寡則朝於人」（〈韓非子顯學篇〉）等同樣重視權力政治的說法。

在解釋傳說中的邁錫尼王阿伽門農為何能召集希臘各邦組織聯軍，發動特洛伊戰爭時，修昔底德認為這與其說因為各邦之主遵守先前的誓言，不如說「因為阿伽門農的勢力蓋過當時眾王」、「在海軍方面比其他國王都強大得多」。其他國王是出於畏懼才出兵追隨（2019：7-8）。

修昔底德在敘述他自己時代的伯羅奔尼撒戰爭時，認為「勢力壯大的雅典人，引起了拉刻代蒙人的恐懼，從而迫使他們開戰」（2019：19）。拉刻代蒙人的領袖城邦斯巴達實力強大，所以在恐懼時可以選擇以武力維護安全，而未必要順從以自保。

雅典人在開戰前對拉刻代蒙人說：「弱者受制於強者……我們認為自己有資格統治盟邦，而且你們一直也是這麼認為的，直到現在你們盤算了自己的利益之後，才開始大談正義。然而人們只要有機會用暴力獲取利益，正義就拋到腦後！」（2019：48）。拉刻代蒙人害怕雅典人勢力日益強大，做出開戰的決議（2019：53）。

到了戰爭的第十六年，雅典又派人爭取斯巴達人移民建立的中立島國墨羅斯加盟，但後者並不願意。雅典代表與墨羅斯當權者間的對話，特別值得注意：

雅典人：「你們不讓談判當著人民的面舉行，其目的是讓我們不能直接地、不被打斷地對人民發表演說……你們對我們的這個建議是否滿意？」

墨羅斯人：「現在戰爭不是未來的事，而就迫在眉睫。如果我們不投降，就會招致戰爭；如果我們被你們說服，就會陷入奴役。」

雅典人：「如果你們抱著對未來的幻想來討論，或者不是面對著目前的困境，商議如何保全自己城邦，那我們就停止討論。」

墨羅斯人：「此會談的確關乎我邦之生死存亡，因此，如果你們滿意，讓此會談按照你們建議的方式進行吧。」

雅典人：「希望我們雙方去做成可能做到的事。只有具備相應的武力為後盾才能有公正可言；強者為其所能為，而弱者步步遷就。」

墨羅斯人：「如果你們失敗了，將招致嚴屬的報復。」

雅典人說：「我們的帝國的終結，也不是什麼我們為之懊喪的事。現在我們想不費事的統治你們：保住你們的性命，符合我們雙方的利益。」

墨羅斯人：「統治我們對你們有益，怎麼說我們受奴役反而有益呢？」

雅典人說：「因為服從我們以免遭受最可怕命運，對你們是有益的。」

墨羅斯人：「你們不同意我們和平相處，做朋友，保持中立嗎？」

雅典人：「是的。因為你們的友誼反而比你們的敵對對我們的傷害更大，在我們的屬邦看來，你們的友誼證明了我們的軟弱，而你們的仇恨卻證明了我們的力量…獨立的城邦能生存，是因為我們出於恐懼而沒去攻打。征服你們，我們可以穩固自身安全，也可以拓展我們的帝國。尤其是因為我們主宰海洋，你們卻是島民，而且國小力弱，所以我們決不會讓你們逃脫……你們應該多考慮生死存亡，不要抵抗比你們強大得多的軍隊！」

墨羅斯人：「立即投降，就沒有希望；作出努力，則還有希望。」

雅典人：「……對於那些孤注一擲的人來說，只有在失敗來臨時，才會認識到『希望』的本來面目……你們實力弱小，命懸一線，就別想著嘗試此失敗的滋味了……要是識時務，還是能得以保全的。」

墨羅斯人：「神會眷顧我們，因為我們是敬神之人，站在正義的立場上反對不正義之人。拉刻代蒙人一定會援助我們。因此，我們信心滿懷。」

雅典人：「我們的正當要求和所作所爲沒有逾越對神明的信仰或人類的道德準則。通過不可動搖的自然法則，主宰自己能統治的領域，就人類而言，我們清楚這是眞理；就神明而言，我們可以推知這也是眞理。拉刻代蒙人把己利當作正義，與你們現在荒謬的保全之道背道而馳。」

墨羅斯人：「我們就是因爲這個特別信任他們。他們不會出賣墨羅斯人，以致讓對他們有好感的希臘人不信任他們，讓他們的敵人受益。」

雅典人：「……我們主宰海洋，他們不可能渡海前往一個島嶼。」

墨羅斯人：「他們會派別人來，或轉攻你們的領土和你們其他的盟邦。你們將勞神費力，保衛你們自己的盟邦和你們自己的土地。」

雅典人：「雅典人從未由於懼怕別人而撤出自己圍攻的軍隊。如果你們明智，就不會把屈服於最強大的城邦看作不體面的事。不要選擇壞的路線。凡能此者，無往而不勝；對實力與我相當者，平起平坐；對強於我者，識相知趣；對弱於我者，溫和有度。你們的決定關乎生死存亡」（2019：349-355）。

後來墨羅斯人拒絕了雅典人的要求，雙方開戰。期間墨羅斯人曾取得些許勝利，但最後仍然失敗。雅典人攻破墨羅斯城邦，將被俘的所有役齡男子殺死，並將婦孺出賣爲奴（2019：357）。

大國的強硬態度與小國的慘痛下場，構成修昔底德筆下的悲劇。然而恃強凌弱的雅典最後也是這場戰爭中失敗的一方，而修昔底德本人則未必肯定其雅典同胞「唯力是視」的做法。

內鬥不斷的希臘人日後被羅馬人征服，而鬥性不在雅典之下的羅馬，成爲馬基維利的楷模。生於十五世紀後期佛羅倫斯的馬基維利，也對小國的痛苦有很深的體會。當時義大利四分五裂，可是鄰近的法蘭西與西班牙卻都已統一成較大的國家，實力凌駕於佛羅倫斯或米蘭（Milan）這樣的義大利城邦。爲了將義大利統一成能與強鄰比肩的大國，馬基維利撰寫了《君主論》呈獻給佛羅倫斯統治者，擘劃從站穩腳跟到統一全境的方略。他認爲君主可在力所能及時擴張領土、促使他人強大會自取滅亡（第三

章）、應仰仗自身武力而非外援（第六、七章），外國援軍很容易轉變成自己的主子（第十三章）。由於馬基維利主張在必要時不惜使用殘暴與詐騙手段（第三章），其立場鮮明而引起極大爭議。

　　馬基維利仰仗的佛羅倫斯國民軍在十六世紀初被西班牙擊潰。後者又在該世紀末的1588年，派無敵艦隊攻打英格蘭。霍布斯就在那年出生。成功擊退西班牙軍的英格蘭，後來陷入內戰。因此，霍布斯致力於思考政治秩序如何建立的問題。在其鉅著《利維坦》中，霍布斯從人的天性推論出人會為了追求利益、安全或名譽而侵犯他人。若沒有一個能使大家都服從的共同權力，人們會陷入每一個人對每一個人的戰爭狀態，處於恐懼和危險中。為了擺脫這種狀態，於是人們同意建立國家政府（第十三章）。然而在有政府統治的範疇之外，國與國之間仍處於緊繃的戰爭狀態。

西班牙無敵艦隊攻打英格蘭。

三、古典現實主義

　　到了二十世紀初，以歐洲為核心的世界陷入大戰。1918年歐戰結束，許多人樂觀地認為很有可能得以遠離戰火。然而軍國主義的日本、法西斯主義的義大利與納粹主義的德國卻在1930年代積極向外侵略。英國外交官與歷史學家卡爾在1939年，出版了《二十年危機（1919-1939）：國際關係研究導論》，力圖矯正在兩次大戰之間過於側重理想主義的缺失，重新強調現實主義觀點。卡爾聲稱「獨立的小國已被淘汰或即將被

淘汰」（1946：第二版序言）、「現實主義強調現實力量不可阻擋，強調客觀趨勢的不可逆轉，所以最高智慧在於接受並適應這些客觀現實和趨勢」（1946：第一章）。

納粹德國軍事擴張。

在1931年9月10日，英國的理想主義者在國際聯盟大會上宣稱這是世界史上距離戰爭最遙遠的時期。然而日本在該年9月18日就入侵中國東北。以理想主義爲基礎的國際聯盟只對日本提出譴責卻沒有進行任何制裁，沒有產生任何反侵略效果。卡爾援引該案例以說明理想主義不現實之處（1946：第三章）。

現實主義者強調實力的重要。卡爾稱現實主義者主張個人應該服從統治者，否則強者就會強迫他服從。被強迫服從比自願服從更難受，所以服從強者是理性的（1946：第四章）。不論英國、美國、法國，還是德國與義大利，強大的國家常宣稱自己的作爲是在追求普世利益，並將對手妖魔化。實際上，它們只是利用普世利益這樣的詞彙對自身利益加以包裝而已。卡爾說，這印證了馬基維利的名言：「道德是權力的產物」（1946：第五章）。

在第二次世界大戰爆發前不久從歐陸移居至美國的摩根索，於戰後的1948年出版了《國際政治學》。該書不僅成爲二十世紀現實主義的里程碑，還在美國開創出國際政治學門的獨特地位。摩根索在書中標舉出政治現實主義的六項原則：

1. 政治受到以人性為本的客觀法則支配。不論人們喜不喜歡，這些法則都會發生作用。想挑戰這些法則就可能遭到挫敗。從古代中國、印度與希臘哲學家的時代以降，人性迄未發生變化。所以傳統的理論未必不如新的理論。理論可以幫助我們確定事實，透過說理來解釋其意義。

漢斯・摩根索

2. 由權力所界定的利益，是政治現實主義的指標。這將政治與經濟、倫理、美學、宗教等領域劃分開來。政治家就是根據這樣的概念來思考和行動。這使得外交政策明白易懂、前後一貫。

3. 由權力所界定的利益，其內涵並非一成不變。從修昔底德到華盛頓，都認可利益的重要。然而何種利益決定政治行動，還有權力的內容和使用方式，都是由具體的政治、文化環境決定。權力包含人對人的統治，而權力平衡則是一切多元社會中一個永遠不變的因素。

4. 政治現實主義了解政治行動的道德意義，也了解道德標準與成功的政治行動之間不可避免的矛盾。普遍的道德原則不能一成不變地套用在國家行動中。個人在道義上可以犧牲自己來捍衛道德原則，國家則否。

5. 特定國家的道德目的不同於普世道德規範。各國會情不自禁地將自身期望與行動披上普世道德的外衣，也有人將民族主義等同於上帝的旨意。這些都不正確。

6. 政治現實主義與其他學派有別。此學派依據利益關乎權力來思考，探究政策對國家權力有何影響（第一章）。

　　摩根索舉1939年蘇聯侵略芬蘭的案例，說明政治現實主義的應用。當時國際聯盟的主要成員英國與法國，是否要冒著同時與德國和蘇聯開戰的風險援助芬蘭對抗蘇聯？現實主義者認為，英法應該謹慎評估在納粹德國威脅下再與蘇聯交戰的後果，不宜僅因蘇聯的侵略行為違反國聯盟約就貿然決定對蘇作戰（第一章）。

　　二十世紀的古典現實主義學者卡爾，和修昔底德、馬基維利有類似的實際涉外政務經驗以及史學家的素養。卡爾之後的摩根索雖然也借鑑歷史，卻被視為在國際政治領域開創社會科學理論的先驅。然而他們都是在實然層面，描述並解釋國際無政府狀態下的國家間權力政治的運作。

四、權力轉移論與新現實主義

（一）權力轉移論——主流現實主義以外的理論

　　摩根索等主流現實主義者通常認為權力平衡有助於維持國際和平。但是**奧干斯基（A. F. K. Organski）卻認為，國際體系中像美國這樣的支配強權（dominant power），與其他國家的權力差距愈大、愈不平衡，愈能維持和平。**因為奧干斯基主張支配強權會為了自身利益而建構一套國際秩序，並設法維持該秩序，在國際上扮演著類似國內中央政府的角色。支配強權不需要動武就可以讓其他國家順服；其他國家明白自己打不過支配強權，所以也不會動武。假如有某一個支配強權以外的國家崛起，實力逐漸趕上支配強權，而且又認為現存的國際秩序對它不公平時，這個對現狀不滿的崛起強權就可能挑戰支配強權。

　　奧干斯基認為，當新興強權與支配強權間即將發生權力轉移時，大戰的可能性會上升。其理論被稱為權力轉移論。該學派認為，二十世紀上半的崛起強權德國，挑戰當時支配國際體系的英國，造成了世界大戰。至於二十一世紀上半的崛起強權中國，會不會挑戰支配國際體系的美國，就成為該學派特別關心的議題。權力轉移論者認為，美國本身難以維持對中國的優勢地位，但可以借助聯盟體系，暫時維持現狀，爭取時間讓中國融入

美國主導的國際體系，從而消弭中國挑戰的動機（Tammen et al. 2000）。

（二）新現實主義

　　1979年華爾茲出版《國際政治理論》一書，為國際關係學界帶來深遠影響。華爾茲較早的著作《人、國家與戰爭》（*Man, The State, And War*）統整過去古典現實主義的學說，將影響國際政治的因素區分為三個層次：領導者、國家和國際體系。到了1979年，華爾茲主張最關鍵的因素在於國際體系結構，也就是國際政治的無政府狀態，並在他的《國際政治理論》一書中系統性地陳述國際結構如何決定國家之間的關係，從而開創出「新現實主義」。

小知識　華爾茲的體系理論

華爾茲的理論創見之一在於他對體系理論的建立，他認為互動的單位以及國際結構形成了國際體系，體系從而形成了一個普遍的背景條件，無差別地影響所有國家，而在此，結構藉由其內部的能力分配與排序原則限制了國家所能採取的行為。

　　新現實主義認為國家的對外行為與領導者的決策皆受制於國際結構。換句話說，不論國家之間的內部政治或領導人有何不同，國際結構的壓力會使處境相似的國家採取類似的行為。在無政府狀態下，國家所追求的首要目標是安全，即所謂的自保。為求自保，國家必須仰賴自身武力的建立與結盟其他國家來對付較為強大的國家——即所謂「權力平衡」（balance of power）的概念。

小知識　權力平衡

華爾茲將權力平衡細分爲「內部平衡」與「外部平衡」，前者藉由增強自身實力，後者透過結盟，兩者皆意在制衡強權，後來瓦特亦自此發展出「威脅平衡論」，認爲威脅而非權力方是國家選擇應對的標的。

　　國際結構的變化取決於現有強國（great powers）的數目，也就是「極」（polarity）的概念：如果有三個以上的強國存在，則形成「多極體系」（multipolarity），在此一體系下，國家之間會彼此合縱連橫，衝突與戰爭變得較爲頻繁，就如同中國戰國時期或二十世紀初期一般；如果只有兩個強國存在則形成「兩極體系」（bipolarity），較爲穩定和平，就像冷戰時期美蘇兩強對峙的情形一樣。此外，華爾茲並不認同奧干斯基所言單一支配強權有助於和平的說法，因爲其他國家仍會聯合起來制衡此支配強權，或此單一強權因沒有外在制衡而會不斷向外擴張、大動干戈。

　　新現實主義的出現解釋了國際政治的一些重大問題：在無政府的國際結構下，國家會追求權力是因爲缺乏安全感；而當某一國追求權力後國力變強，又會使得其他國家感到威脅而加以制衡，最後導致彼此發生衝突，這樣的情形特別容易出現在大國之間；此外，新現實主義所描述的兩極體系又與冷戰時期美蘇兩強對峙的狀況類似，因此新現實主義成爲國際關係理論的主流。然而，新現實主義並非沒有受到質疑與挑戰：儘管美蘇兩強對峙並沒有引發第三次世界大戰，但冷戰時期區域的戰爭和衝突卻不斷，例如韓戰、越戰、以阿戰爭與蘇聯入侵阿富汗，因此兩極體系似乎不如新現實主義所稱的那樣穩定，更遑論1962年的古巴飛彈危機曾讓全世界瀕臨核戰邊緣。但是對新現實主義最大的打擊莫過於冷戰的和平落幕。新現實主義者聲稱兩極體系頗爲穩定，卻未能預見蘇聯解體與解釋兩極體系爲何產生變化，也無法解釋後來美國爲何能夠維持獨霸的單極體系，而其他國家沒有聯合起來加以制衡。因此新現實主義，或者說是整個現實主義

典範，受到其他國際關係理論如新自由主義（neoliberalism）與建構主義（constructivism）的強力挑戰。現實主義理論也隨之進一步的發展。

小知識　1962年古巴飛彈危機

在美國於蘇聯鄰邦土耳其部署飛彈並試圖入侵古巴後，美國發現蘇聯也協助古巴建立飛彈基地。1962年6月22日，美國總統甘迺迪公開要求蘇聯撤回在古巴的飛彈，同時宣布美國進入緊急狀態，並下令對古巴進行封鎖與禁運。美蘇雙方因而僵峙了13天，並一度在核戰邊緣徘徊。最後在美國保證不進攻古巴的承諾下，蘇聯同意拆除在古巴的飛彈，美國稍後也撤出在土耳其部署的飛彈，從而結束了冷戰期間美蘇兩大國間最激烈的一次對抗。

（三）攻勢現實主義 VS. 守勢現實主義

　　1991年時，現實主義學者斯奈德（Jack Snyder）對攻勢現實主義與守勢現實主義做出區分（Snyder, 1991: 11-12）。攻勢現實主義的代表學者米爾斯海默指出，結構現實主義內部的這兩派，對國家應該追求控制多少權力意見不一。

　　攻勢現實主義認為國際政治的無政府狀態使得國家間的競爭與衝突成為常態。在無政府狀態下，沒有一個國家能確切知道其他國家是否有侵略意圖，因此為了自身安全，國家必須追求權力最大化，正如米爾斯海默所言：「**一個國家確保安全的**

古巴飛彈危機。

最佳方式是成為國際體系中最強大的國家。」儘管國家的最初動機是防禦性的，但國際結構迫使國家對外擴張，最終目標是成為區域霸權甚至是全球霸權。由於所有大國都想稱霸，因此衝突不可避免，此即為他的書名《大國政治的悲劇》的由來。舉例而言，已成為西半球霸權的美國，為了避免來自東半球的他國擴張威脅，不斷保持著前沿部署，恰恰彰顯了攻勢現實主義對國家不斷擴張的預期。

　　米爾斯海默稱華爾茲為守勢現實主義者，並稱守勢現實主義者反對追求霸權、反對過度擴張。因為這樣的國家會遭到其他強權結盟制衡。拿破崙法國、德意志第二帝國與納粹德國就是追求霸權反而招致失敗的案例。至於俾斯麥（Otto von Bismarck）能在統一德國後停止擴張，持盈保泰，就被守勢現實主義者肯定（Mearsheimer, 2016: 55）。

　　由此可見，攻勢現實主義與守勢現實主義雖然皆屬新現實主義，卻對國家尋求安全的最佳方式有不同的看法：攻勢現實主義強調國家會向外擴張，而守勢現實主義則強調國家的自我防禦。攻勢現實主義和守勢現實主義一樣，著重國際結構對國家產生的影響。

俾斯麥，俾斯麥外交為守勢現實主義所推崇。

小知識　避險

國家一定得在抗衡與扈從之間做出抉擇嗎？其實不然，不少國家採取了一個折衷的做法——「避險」（hedging），避險有別於抗衡與扈從，國家透過此一策略避免選邊站，最小化國際情勢中的風險與損害，不少學者便認為東南亞國家採取避險，緩解在中美競逐夾縫中的不確定性。

五、晚近的折衷發展——新古典現實主義

　　羅斯（Gideon Ross）首創新古典現實主義一詞，並將其認定為能和側重國內政治對外交政策影響力的學派、攻勢現實主義、守勢現實主義並列的第四學派（Ross, 1998: 146）。新古典現實主義屬於近年來崛起的國際關係理論，將古典與新現實主義的論點折衷，雖同意新現實主義中國際結構對國家的作用，卻也和古典現實主義一樣重視國內政治和決策者的影響力。新古典現實主義不同意新現實主義認為國家以生存為主要目標的論點，也不同於古典現實主義以為權力是人性的目標，而認為國家追求多種目標，依背景時空變化。儘管新古典現實主義認識到國際結構會對國家產生影響，但認為這樣的影響還是要透過國內政治與領導人的認知來加以發揮；也就是說，國家的對外行為取決於國內行為者對國際結構的認知。這樣一來，新古典現實主義改變新現實主義重視國際結構的分析層面，又回到古典現實主義重視國內政治與領導者的分析層面。

　　舉例而言，美國學者斯特林—福克（Jennifer Sterling-Folker）以國內政黨政治的互動來解釋美、中、臺三角關係。以美國而言，其對臺政策受到國會共和黨與民主黨競爭的影響，特別是兩黨對於貿易與國家安全之間重視的程度有所不同。她認為美國從柯林頓到小布希政府逐漸增加對臺灣的軍售，並在中國大陸的強烈抗議下分別給予前總統李登輝與陳水扁赴美

簽證，即是美國國會的政治判斷凌駕於國際層次的中美關係的一個明證。同樣地，臺灣的政黨與選舉政治受到國民黨與民進黨對國家認同不同立場的影響；儘管可能跟中國大陸發生衝突，前總統李登輝與陳水扁仍然在執政時期分別提出強化臺灣民族主義的政策。最後，儘管中國大陸與美國及臺灣的經貿互賴不斷深化，仰賴民族主義實行一黨專政的中國政府仍寧願冒著與美國衝突的風險，也不惜威脅要動用武力遏止臺灣走向獨立。從新古典現實主義的觀點，美、中、臺三方國內政治競爭轉變了國際結構所帶來的壓力，使各國擱置了不斷上升的經貿互賴，轉而採取對抗及衝突，進而促成了臺海危機。由此可見，國際結構與國家行為之間的連繫，可說是受到國內政治的層層影響，譬如：政治人物的認知與判斷、國內政治的傾軋與政治意識形態的調節，從而使國家的外交政策偏離新現實主義的預期。

小知識　1995-1996年臺海危機

又稱第三次臺灣海峽危機。1995年5月中華民國總統李登輝至美國母校康乃爾大學演說，打破了1979年臺美斷交後未有臺灣最高領導人訪美的慣例。由於臺灣即將在1996年3月舉行第一次總統直選，中國大陸認為美國幫助臺獨勢力，因而分別針對臺灣南北海域進行兩次大規模的飛彈試射與軍事演習，美國則調動兩個航艦戰鬥群通過臺灣海峽以為因應，一時臺海戰雲密布。1996年3月總統李登輝以過半數選票成功連任，中國大陸並宣布因天候因素停止軍事演習，使得危機得以落幕。

六、結語

　　簡言之，在國際關係的各種典範中，現實主義的歷史最悠久，對戰爭的重視程度也最為明顯。儘管在冷戰結束後，自由主義、建構主義等其他

重要典範影響力已呈現後來居上的趨勢，許多人仍抱持現實主義思想。在川普當選美國總統後的世界，「弱者應當服從於強者」是否已成為列強所相信的普遍法則，而忘記了雅典恃強凌弱的下場？是否有很多同盟關係是由於畏懼而不是友誼來維持？外國援軍有沒有轉變成地主國的主子？殘暴與詐騙的手段是否經常出現？人們是否處於恐懼和危險中？強權是否宣稱自己在追求普世利益，並將對手妖魔化？如果是，那我們距離修昔底德、馬基維利、霍布斯與卡爾的世界並不遙遠。

　　如今的現實世界中，各主要權力中心顯然都在努力擴大自身權力，不排除使用武力維護自己界定的國家利益。俄國於2014年重新兼併克里米亞後，部分歐洲國家恢復了徵兵制。中美兩強的戰機和軍艦在西太平洋你來我往，而後者更採用「印太戰略」，嘗試與印度合作來因應實力大增的中國大陸。這些都會被現實主義者視為權力平衡的展現。

　　俄國在2022年入侵烏克蘭，可以被現實主義者視為印證其世界觀的新案例。和美國在2003年入侵伊拉克的情形類似，都是一個核子強權，在多國反對的情形下，攻打一個聯合國會員國，並造成對方重大傷亡。現實主義者米爾斯海默認為，美國應聚焦東亞，不宜為了烏克蘭而與俄國為敵。這與從前摩根索認同英法在二戰爆發前為了不與蘇聯為敵而坐視芬蘭被蘇聯攻擊如出一轍。至於芬蘭或烏克蘭這類國家，究竟要抗衡、扈從或避險，才能有效維護自身利益？現實主義者可以幫助思考這樣的問題。

推薦閱讀

1. 吳玉山（2011），〈權力移轉理論：悲劇預言？〉，收於包宗和編，《國際關係理論》，臺北：五南，頁389-416。

2. 包宗和（2011），〈結構現實主義的論點、辯述與反思〉，收於包宗和編，《國際關係理論》，臺北：五南，頁49-68。

3. 明居正（2012），《大美霸權的浮現——後冷戰時期大國政治的邏輯》，臺北：五南。

4. Ripsman, Norrin M., Jeffrey W. Taliaferro and Steven E. Lobell. (2016). *Neoclassical Realist Theory of International Politics*. Oxford: Oxford University Press.

5. Smith, Keith. (2020). "Recollecting a Lost Dialogue: Structural Realism Meets Neoclassical Realism," *International Relations*, 33(3): 494-513.

參考書目

Carr, Edward Hallett. (1946). *The Twenty Years' Crisis, 1919-1939: An Introduction to the Study of International Relations*. London: Macmillan & co. ltd.

Hobbes, Thomas. (2008). *Leviathan*. Oxford: Oxford University Press；朱敏章（譯）（2002）。《利維坦》，臺北：臺灣商務。

Machiavelli, N., Peter Bondanella translated and edited (2008). *The Prince*. Oxford: Oxford University Press；呂健忠（譯）（2012）。《君主論》，新北：暖暖書屋。

Mearsheimer, John J. (2014). *The Tragedy of Great Power Politics*. New York: Norton；王義桅、唐小松（譯）（2014）。《大國政治的悲劇》，臺北：麥田。

Mearsheimer, John J. (2016). Structural Realism. In Tim Dunne, Milja Kurki, and Steve Smith, (eds.), *International Relations Theories: Discipline and Diversity* (4th ed.). New York: Oxford University Press, pp. 51-67.

Morgenthau, Hans. J. (2006). *Politics among Nations: The Struggle for Power and Peace*. Boston: McGraw-Hill Higher Education；張自學（譯）（1990）。《國際政治學》，臺北：幼獅。

Ross, Giedon. (1998). "Neoclassical Realism and Theories of Foreign Policy," *World Politics*, 52: 144-172.

Snyder, Jack. (1991). *Myths of Empire: Domestic Politics and International*

Ambition. Ithaca, N.Y.: Cornell University Press.

Sterling-Folker, Jennifer. (2009) "Neoclassical Relasim and Identity: Peril Despite Profit across the Taiwan Strait," in Lobell, Steven E., Norrin M. Ripsman, and Jeffrey W. Taliaferro eds., *Neoclassical Realism, the State, and Foreign Policy*, Cambridge: Cambridge University Press.

Tammen, Ronald et al. 2000. *Power Transitions: Strategies for the 21st Century*. New York: Chatham House Publishing.

Thucydides. (1942). *Historiae*. Oxford: Oxford University Press；何元國（譯）（2019）。《伯羅奔尼撒戰爭史》，北京：中國社會科學出版社。

Walt, Stephen M. (2018). "US Grand Strategy after the Cold War: Can Realism Explain it? Should Realism Guide it?" *International Relations*, Vol. 32, No. 1, pp. 3-22.

Waltz, Kenneth N. (1959). *Man, the State, and War: A Theoretical Analysis*. New York: Columbia University Press.

Waltz, Kenneth N. (1979). *Theory of International Politics*. Reading, Mass., Addison-Wesley.

第二章

自由主義與新自由主義

盧業中（政治大學外交學系）

一、前言

　　戰爭的起因與和平的維繫，一直是國際關係學研究的重點。若說國際關係現實主義學者關注的焦點是戰爭，並抱持相對悲觀的看法，則自由主義學者關注的多為維繫國際和平與促進國家間合作等議題，也因此相對樂觀。

　　為探究國家之間合作的條件，自由主義學派由人類理性出發，認為國家基於理性所帶來偏好的變化，將影響其對於國家利益的界定，從而影響對於成本一效益的考量，以及基於此考量而採取的政策。本章之主要目的，即在梳理國際關係自由主義發展之脈絡，同時探究該理論當前發展所面臨之挑戰。本章將分為自由主義思潮、自由主義的世界觀、國際情勢演變與新自由主義、冷戰結束與康德之和平三支柱、當前自由主義面臨之如俄烏戰爭及反全球化之挑戰等節次，並以自由主義未來可能之發展作為總結。

二、自由主義思潮

　　當代自由主義學者對國際關係相對樂觀的看法，主要承繼自西方自啟蒙時代以來對於人類理性的信心。

　　十七至十八世紀啟蒙時代之人物及主張，如休謨（David Hume）對於理性及功利主義（Utilitarianism）的看法、盧梭（Jean-Jacques Rousseau）對於國家統治正當性的看法、亞當斯密（Adam Smith）對於國

家與市場之間的看法等，都影響了自由主義的發展。自由主義強調行為者個人的理性，而個人對於福祉與利益的追求，透過互惠的過程，終將帶來人類的普遍進步與發展，從而產生具有正義性質的和平。至於國家的各項施政，須依循具有共和特色的法治精神，為公民建構互動的基礎。這些對於法治的進一步主張，係由洛克（John Locke）、格勞秀斯（Hugo Grotius）及康德（Immanuel Kant）與邊沁（Jeremy Bentham）等人而來，也持續影響現今的國際關係自由主義者。

> **小知識　啟蒙時代（Age of Enlightenment）**
>
> 一般而言，啟蒙時代係指在十八世紀發生於歐洲地區的哲學與知識等思潮方面的運動，起於1715年法王路易十四世逝世，至1789年法國大革命為止。當前有關政治發展與哲學的重要概念，如政教分離、自由、進步、立憲政府等，都是當時各家討論思辯後的產物。亦有人認為，啟蒙運動更早可以追溯至十七世紀初期發生於英國的科學革命。

三、自由主義的世界觀

前述主張引申至國際關係領域時，康德的看法為學者普遍重視。康德於1795年提出「**永久和平論**」（Perpetual Peace）之主張，強調人類的個人理性、社會生活的進步性，以及合作建構和平與和諧社會的可能性，因此，提出有助國家與國家之間互動維持永久和平的具體主張。此等主張的重點有三：第一，國家必須有共和性質的憲法，也就是以同一項法律確保所有公民之自由及法律前的平等；第二，這些具有共和憲法的國家，組成一個聯邦（federation）；第三，康德認知到物質利益對於個人與國家的重要性，故除了上述兩項法律與道德訴求外，他特別重視商業互動的重要性。他認為商業互動最終將促使每個人都了解到貿易與戰爭難以並存，

從而願意追求和平以確保物質利益。換言之，商業互動本身即可能具有和平效益。國際關係學界後來將康德的主張歸納為**和平三支柱（Three Pillars of Peace）**（Doyle, 2005），其具體內容將於下一節介紹。

自由主義代表人物康德。

以康德為例，國際關係自由主義之主張可說是奠基於對人類理性的肯定，並認為人與人之間的互惠可擴及國與國之間，從而較有可能保障國家之間的和平。與古典現實主義相較，兩個學派對於國際政治的看法都有相當大的程度是以對人性的分析為準，而兩者也都接受理性的重要性；不過，現實主義強調人性中爭權奪利的現象，而自由主義則強調互惠可以驅使人們合作。[1]

基於對人性的正面態度，國際關係學界亦有將理想主義（Idealism）視為廣義的自由主義之一。理想主義主張人性本善，認為人類歷史中和平才是常態。然多數理想主義者並不天真樂觀，除了提倡道德與價值之外，亦認為國際和平仍必須靠各國的主觀意願來維持，也就是應透過集體安全制度（Collective Security）來維繫，各國組成一個聯盟，對抗並懲罰來自聯盟內外的侵略行為。這是第一次世界大戰後，美國總統威爾遜（Woodrow Wilson）倡議建立國際聯盟（League of Nations）並推動集體安全制度的用意。然而，當時主要國家試圖自第一次世界大戰中復

---

[1]　此處所稱之古典現實主義或現實主義，係以摩根索的主張為代表。新現實主義或結構現實主義則以華爾茲為代表。

美國國會為表彰威爾遜總統，撥款設立伍德羅・威爾遜國際學者中心。
圖片來源：本章作者。

原，於是面對德國納粹、義大利及日本的擴張行為時，抱持著烏托邦主義
（Utopianism）的心態，希望國際情勢可以自動回到利益和諧的狀態。然
綏靖政策反而使得侵略者更肆無忌憚地向外擴張，終至第二次世界大戰爆
發。

四、國際情勢演變與新自由主義

　　隨著二戰結束，以美國及蘇聯為首的兩極對抗，形成了冷戰。與此
同時，**現實主義與新現實主義有關權力平衡（balance of power）及國
際政治無政府狀態（anarchy）之主張成為學界主流**，而國際體系的權
力分布亦為新現實主義認為是解釋國際政治的主要變項。直至1970年
代初期，美、蘇呈現暫時和解，而新現實主義難以解釋此一變化，引
起了質疑的聲音，使得自由主義在國際關係研究中再次受到重視。奈
伊（Joseph Nye, Jr.）將此等批判新現實主義之主張統稱為**新自由主義**

圖2-1　國家間戰爭死亡人數：1946-2008（橫軸為年份，縱軸為人數）

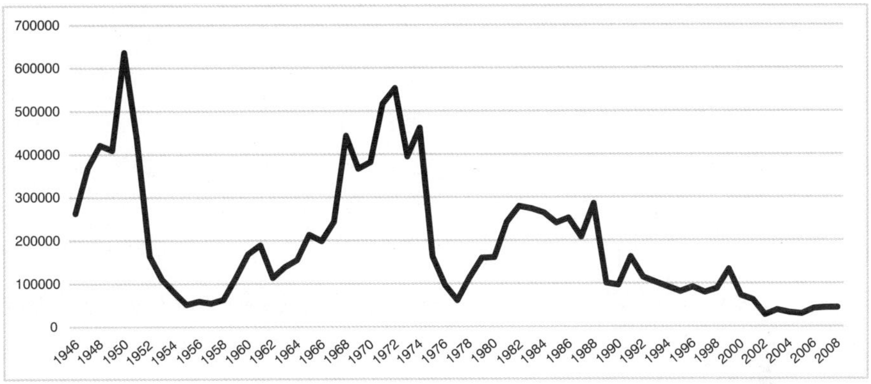

資料來源：PRIO Battle Deaths Dataset V. 3.1.（https://www.prio.org/Data/Armed-Conflict/Battle-Deaths/The-Battle-Deaths-Dataset-version-30/）本圖係依照各年度最高與最低估計值平均而來。

（Neo-Liberalism），作爲國際關係理論研究除了現實主義之外的另一個典範（Nye, 1988）。

　　新自由主義除了承繼自由主義對於國家之間的合作多於衝突、理性行爲者及功用主義等主張外，基本上也接受新現實主義國際無政府狀態的假設。但與強調國際體系層次、認爲國家利益是先驗存在的新現實主義不同，新自由主義除了國際層次之外亦著重國內層次的偏好形塑（formation of preferences），並認爲這些偏好構成了國家利益的基礎（Moravcsik, 1997）。

　　此外，國際情勢的發展，尤其是國家與國家之間並未如現實主義所預測，由於爭權奪利而引發愈來愈多的戰爭衝突（如圖2-1所示），也使得自由主義獲得了重視。

（一）跨國關係與複合式互賴

　　有關冷戰期間新自由主義之發展，可以奈伊與柯漢（Robert O.

Keohane）之研究為代表。他們透過政治經濟學的角度，提出了複合式互賴的概念，挑戰了新現實主義以國家作為國際關係主要且單一的行為者，以及用軍事及經濟力量等單一指標衡量國家權力的假設。[2]奈伊與柯漢認為，國家以及國際組織、跨國企業與利益團體等非國家行為者，都是可以對國際關係產生影響的成員。他們於1977年出版*Power and Interdependence: World Politics in Transition*一書，研究大國與小國在不同的國際議題領域如石油能源危機、聯合國海洋法之制定、各國貨幣貶值與否等之反應。柯漢與奈伊認為，互賴作為一種概念，指的是一國受到其他國家政策影響之情況，其包括**敏感性**（sensitivity）與**脆弱性**（vulnerability）兩個面向。柯漢與奈伊強調互賴中的脆弱性面向，當A國與B國形成互賴關係，任何一方試圖片面改變互賴關係，都可能導致雙方得不償失。換言之，互賴可能提高衝突的成本，從而使得兩國之間的合作關係得以延續。

至於**複合式互賴**（complex interdependence），指涉的是國家與非國家行為者之間的連結，由於科技與工業進步而日益增長，導致所謂討論國家安全的高層政治與檢視經濟因素的低層政治之分別愈來愈小，也使得國內與國際問題的差別日益縮小。由是之故，行為者跨越國家疆界的互動更構成多重管道的社會連結，強化了國際社會內部的相互關聯與互賴（Keohane and Nye, 2011）。然而，互賴程度的增加並不必然使衝突消失，而衝突將可能在不同的議題領域裡出現。

小知識　敏感性與脆弱性

敏感性指一國面對外在環境或他國行為變化，也就是一國反應所需的時間，以及其決策有多大程度會影響其他國家，通常指涉該國仰賴其

---

[2]　此等挑戰現實主義的觀點，亦被稱之為多元主義（Pluralism）。

他國家提供重要資源或商品的程度。若A國仰賴B國程度愈高，則A國的敏感性愈高。脆弱性則指一國為了因應外界變化，改變本身政策行為或尋求其他替代方案所需付出的代價。在前項貿易關係中，若A國無法由B國以外的國家取得所需資源或僅有少數替代方案，則A國之脆弱性愈高。

（二）霸權穩定論

　　冷戰期間，新自由主義與新現實主義都提出了世界和平可能透過單一霸權來維繫的可能性：前者認為霸權提供公共財維持穩定，後者認為霸權透過支配統治其他國家以維持穩定。金德柏格（Charles Kindleberger）於1973年出版*The World in Depression: 1929-1939*一書，認為兩次世界大戰之間的戰間期經濟大蕭條，主因是當時國際之間缺乏一個霸權（hegemon）願意領導並提供如國際金融穩定等公共財，終至各國經濟民族主義興起。金德柏格的論點被視為自由主義有關**霸權穩定論（hegemonic stability theory）**主張之濫觴。柯漢以此概念為基礎，於1984年出版*After Hegemony: Cooperation and Discord in the World Political Economy*一書，提出第二次世界大戰以來，由於美國作為霸權而協助建立的各項國際建制（international regimes），在貿易與貨幣等領域都促成國家之間的合作，降低了衝突的可能性。這些規則與承諾，依照柯漢所言，即便未來在霸權消失之後，也將因符合各國利益而得以持續下去，有助於穩定國際情勢。

（三）區域整合

　　西歐國家在第二次世界大戰受到戰火蹂躪，戰後有許多議題需要跨國合作方能處理。此時，歸化英國的學者梅傳尼（David Mitrany）即提出應該由各國專業人士透過協調合作來處理；最終各國在一特定領域的成功合作經驗，將可以促使這些國家在其他領域合作的可能並達成區域的整合。這種透過議題與議題之間的聯繫與成功經驗交流，梅傳尼認為最終會在各

國之間創造出一個合作的網絡，且各國互動學習的過程將產生信任，為更進一步的合作奠基。他的主張是當代歐洲整合的基礎思想，被稱為**功能主義**（Functionalism）。

　　1950年代後期，哈斯（Ernst B. Haas）出版 *The Uniting of Europe* 一書成為**新功能主義**（Neo-Functionalism）的代表，並特別強調**外溢效應**（spill-over effect），亦即西歐各國在經濟議題領域的合作與成功經驗，可以外溢至其他的議題領域，包括政治功能的合作等。新功能主義尤其強調各國政治菁英在國家間合作的主導角色，而各國國內的政治制度、利益團體等，也都有利於促進國家之間建立區域組織。冷戰時期西歐地區的經

1951年西德外交部長霍斯坦與法國國家計畫署署長莫內簽署一項計畫，試圖透過經濟合作來化解世代以來兩國之間的政治對立，開啟了歐洲整合之路。莫內也被譽為「歐洲之父」。
圖片來源：
http://csweb.brookings.edu/content/research/essays/2014/monnets-brandy-and-europes-fate.html.

濟合作，即經歷自由貿易、關稅同盟、共同市場，而在冷戰結束後朝向經濟同盟邁進。

　　由上述討論可以看出，**自由主義的特色在於跨越層次的分析方式，包括由個人理性、人類福祉及人類歷史的進步性出發，認為各國基於理性，透過互惠交流，可以培養共同利益與合作共識，從而降低戰爭發生的可能性**。1990年代冷戰的結束，使得自由主義學者更進一步以康德的主張為基礎，試圖系統性地詮釋自由主義國際關係理論。

五、冷戰結束與康德之和平三支柱

　　相較於兩次世界大戰，冷戰的平和結束引起更多學者對於自由主義的興趣與關注。鮑德溫（David Baldwin, 1993: 4）提出新自由主義之四種理論分支，包括：探究自由貿易的**商業型自由主義**（commercial liberalism）、探討民主政治體制的**共和型自由主義**（republican liberalism）、探討跨國互動關係的**社會型自由主義**（sociological liberalism），以及分析國際組織與國際制度的**自由制度主義**（liberal institutionalism）；但其中討論最多者集中在商業型、共和型及自由制度等方面。莫勞夫奇克（Andrew Moravcsik, 2010）認為自由主義可分為三類，可分為強調國家偏好來自國內社會價值與認同的**理念型自由主義**（ideational liberalism），國家偏好來自經濟利益的**商業型自由主義**（commercial liberalism），以及國家偏好來自於國內代議制度的**共和型自由主義**（republican liberalism）。這些論點主要是延續康德的**永久和平論**，而民主政體、經濟互賴及國際組織與和平之間的關係，如圖2-2所示。

　　康德永久和平論所呈現出來的三項支柱，與和平之間的關係互為因果。如圖2-2內部箭頭所示，國際組織、經濟互賴與民主政體皆有助於和平的產生，而和平狀態若得以持續，也有利於國際組織、經濟互賴與民主政體的繼續維持。圖2-2的外部箭頭說明三項支柱之間的關聯性：**民主國**

圖2-2　康德之和平三支柱

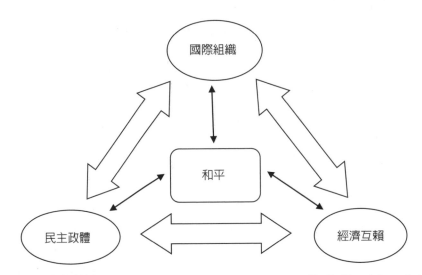

資料來源：作者改繪自Bruce Russett, "Liberalism," in Tim Dunne, Milja Kurki, and Steve Smith, eds., *International Relations Theories: Discipline and Diversity, 3rd Ed.* (Oxford: Oxford University Press, 2013), p. 106.

家由於了解彼此對於承諾的信守，可能增加貿易的意願，從而強化了彼此的經濟互賴；而貿易有助於帶來繁榮，亦有利民主政體維持內部穩定性。國際組織鼓勵成員國之間強化經濟互賴，因為議題外溢連結有助國際組織之穩定；而經濟互賴也須依靠各國持續遵守條約與承諾才得以繼續維持，顯示國際組織的重要性。民主國家更傾向於透過國際組織追求國家利益，而當前愈來愈多的國際組織也將提倡民主作為主要的目標（Russett, 2013: 105-106）。以下大致說明和平三項支柱之內容，並分別闡述其對於和平之重要性。

（一）民主和平論

　　康德的主張首先集中在討論政府體制上，也是當前民主和平論的雛

型。這是由國內政治體制之性質，來探究國家或政府間互動行為之論點，相較於現實主義傾向將國家均視為目標相同的單一行為者的主張，自由主義者認為政體性質不同，國家之間的行為也就會有差異，而**民主國家彼此之間更傾向透過和平而非戰爭或威脅使用武力的手段來解決紛爭**。康德並非天真地認為，國家與國家之間都可以和平共存。反之，康德認為國家之間的和平共處有其前提，那就是雙方都是共和政體，其內部之人權係天生而來，而公民權利是透過憲法保障的，同時在國內政治制度設計之下，必須有決策的透明性及民主代議制度，而國家的政策由是產生。儘管康德所主張的是共和政體，但其操作型定義與學界對於第三波民主化國家之定義相近，而其共和政體之間的和平關係也在當前民主國家之間得到印證。

民主和平論在冷戰後期成為各方進行和平研究的焦點，甚至有論者認為民主國家之間沒有戰爭出現的論述，在國際關係上等於其他經驗法則一樣準確（Levy, 1988: 662）。民主和平論得到重視的首要原因是歷史的發展所致：當國家之間的衝突減少時，民主國家的數量正同時增加，如圖2-3所示。由於冷戰結束，福山（Francis Fukuyama）認為，共產主義被證明不如自由民主及資本主義意識形態卓越，而自由主義終將成為人類政治生活發展的最終模式，形成歷史終結論。此種將自由、和平與人權等意識形態視為一種規範與生活方式之重要性，在國內層次試圖透過談判與妥協而非暴力來處理爭端的方式引伸至其他具有同樣價值觀的國家之上，並以此作為處理雙方關係的準則，即成為民主和平論的文化性解釋。

解釋民主國家之間鮮有戰爭的另一項因素，是有關政治制度層面。若以成對關係（dyadic relationship）來看，民主國家自第二次世界大戰結束以來，除了極少數案例之外，彼此之間確實未曾發生過戰爭。民主和平論的支持者認為，這歸因於民主國家內部的權力分立與制衡設計，一是政府領導人參戰的決定必須受到民意檢驗，尤其若戰敗更必定要負責，對其個人政治生涯而言成本甚高；另方面行政部門在立法部門或國會及民意的監督之下，即便與其他民主國家之間有爭議或分歧，在程序上也會受到國內民意壓制或社會動員不易等影響，而不容易輕啟戰端。這就是民主和平論

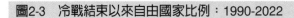

圖2-3　冷戰結束以來自由國家比例：1990-2022

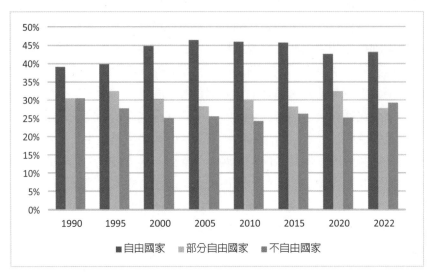

資料來源：作者繪自 Freedom House, Freedom in the World, https://freedomhouse.org/reports/
freedom-in-the-world/（作者將首筆資料計為1990年）

的制度性解釋。相較之下，獨裁政權的領導人一方面受到民意牽制甚小，又容易透過壓迫的手段對付異議者並擷取社會資源，若能打勝仗又可進一步穩固其政治地位，自然容易覺得發動戰爭是對其個人而言成本小、收益大的舉動。

　　然而，即便文化性與制度性解釋均為民主和平論提供了立論依據，但該理論目前仍受到相當的挑戰。首先，有關民主的定義仍難以有客觀且放諸四海皆準的標準。採用較低標準者認為，一國只要有經由全國性的大選以決定國家最高領導人，即符合民主國家的基本定義，但亦有學者進一步認為，該國還必須有憲法、政府必須依憲法行政，乃至於需要以合憲而非政變或革命等方式進行政黨輪替，以及參與投票之公民必須達全國總人口一定數量等條件。除了此等客觀標準有爭議外，亦有學者強調兩個號稱民主的國家之間如何看待對方，以及在主觀意願上是否認為對方是民主國家

等，是影響彼此互動之關鍵（Owen, 1997）。

其次，即便一個國家被認爲是民主國家，但仍難以就此推論該國的外交政策就一定更爲愛好和平。羅薩托（Sebastian Rosato）即認爲，前述的文化與制度性因素都未必能保證民主政體更愛好和平。甚且在某些極端的個案中，民選領導人更容易傾向以隱瞞資訊、突襲求勝的方式滿足國內民意期望（2003）。此外，民主國家之間如何解讀對方的觀感與政策也是關鍵，如彼此之間擔心立法、司法或下屆選舉將推翻現行行政部門的決策，反而使得彼此不易建立互信，導致互動並不平順。第三，若是民主國家的領導階層或主流意見傾向戰爭，而政治制度的設計又讓發動戰爭的菁英得以逃避責任，則民主制衡作爲制約的角色將相當有限，民主國家並不必然較爲愛好和平。

最後，即便當前成熟的民主國家之間的確沒有發生戰爭，但不可否認地，正在進行民主轉型的國家更容易發動戰爭，甚至是內戰。其主要原因即在於處於民主化進程國家中的政治菁英傾向於透過製造對立，以凝聚國內或團體內部共識，形塑愛國主義效應，以謀求戰爭或內戰的最後勝利與政治權力（Mansfield and Snyder, 2005）。在這種情況下，民主國家彼此之間可能由於對峙而擦槍走火，導致衝突。

民主和平論迄今恐限於成熟民主國家之間，換言之，在適用上有地域與時間上的限制，好像僅能解釋當代西歐與北美之間的和平關係。但新自由主義者認爲，康德原先所強調者即在共和體制之間建立聯邦來維繫和平，即是所謂的自由國際主義；而個別民主國家的對外政策並不必然比較愛好和平，有時甚至會透過戰爭手段希望改變其他非民主國家的體制。

（二）貿易和平論

康德永久和平論的第二項重點就是國家之間的經濟關係，並希望愈多的貿易互動，可以讓各國內部的政治、產業、勞工等不同階層都受惠，並了解貿易比侵略更容易帶來利益，進而形成新的政策偏好。這種互賴關係，使得各方了解國家可以從貿易中受惠，而戰爭將導致貿易中斷，因此

不會成爲各國解決爭端的方式。康德認爲，這種物質上的誘因，能夠進一步支持民主國家之間的規範性承諾，而隨著經濟互賴程度的提升，國家也會避免挑戰其貿易對象國家以及其他國家的安全（Doyle, 2005）。此一論點強調的不僅是經濟互賴帶來的實質利益，更重要的是互賴的過程，將促進國家之間有更多的溝通，有助於雙方逐步培養互信（Rosecrance, 1986; 1992）。一般認爲，國家之間的貿易量愈高，愈有可能培養彼此合作互利的態度（Richardson, 1994/95）。

康德的永久和平論並指涉貿易與民主之間相互滋長強化的可能性。他認爲貿易可以帶來經濟發展，而經濟發展將可促進一國內部民主制度的產生。而隨著採行民主體制的國家愈來愈多，各國之間的關係就可能更穩定和平（Ikenberry, 2005）。此外，貿易和平論也有其體系意義。當經濟互賴在國際之間形成共識，將改變各國互動的成本與利益考量，進而對於不願意採取經濟開放的國家形成壓力，而後者必須思考是否要改變政策。值得注意的是，康德的此項主張並不認爲經濟互賴的增加必然導致和平：經濟互賴的增加固然導致進一步貿易的誘因增加，但還需要注意貿易結果的分配狀況；若貿易成果集中在少數人士手中而非雨露均霑，長期以降可能爲此種互賴關係帶來不穩定因素。

然證諸事實發展，貿易和平論也面臨挑戰。首先，貿易與和平兩者之間的因果關係究竟如何？當康德強調貿易帶來的經濟互賴有助和平時，事實上多數情況是兩國之間先處於和平狀態，才會開始進行貿易；亦即和平是貿易發生的前提而非導致的結果。再者，如本文先前所述，對另一國經濟依賴程度的提高，將可能增加本國的脆弱性，加上貿易夥伴之間可能爲了市場准入或動輒以經濟制裁威脅對方而產生摩擦，是以貿易並非必然會帶來和平。此種批評的觀點，最常以兩次世界大戰發生之前，德國都積極參與與其他國家的貿易關係，但最後卻無法避免戰爭爲例，說明貿易和平論之侷限性。

第三，正如歐洲在兩次大戰之前高度貿易互賴卻未能避免戰爭的經驗所示，若兩個國家原先即具有高度敵意，或是長久以來習於就對方的政策

做出惡意的解讀，則經貿互賴促進和平的可能性將相當有限。二十一世紀初，東北亞的主要國家之間，如中國、日本及韓國之間，雖然貿易往來密切，但由於歷史及政治因素，使得彼此之間的經濟互賴程度並未成功轉化為和平的資本，甚至如中國及韓國之間，自2016年開始，當雙方因為韓國著手部署薩德飛彈而造成政治安全議題齟齬時，仍以訴諸經濟制裁或報復行為作為迫使對方尊重本國利益的工具。

因此，依據康德對於經濟互賴所衍伸的貿易和平論，也有其經驗上的限制。

（三）國際組織與和平

依循康德對於共和政體之間組成聯邦將有助於和平的看法，自由主義者認為國家之間願意基於互惠原則而組成國際組織，而**由於國際組織在功能與規範上的意義，將可有助國家間合作並維繫國際和平**。當前自由主義者對於國際組織促進和平之研究，可以**新自由制度主義**（neoliberal institutionalism）以及對於國際建制之研究作為代表。

新自由制度主義承襲上述功能主義與新功能主義對於國家間合作、尤其是區域整合的論點，同時試圖以更為系統性的研究方法，與新現實主義在國際關係理論辯論中抗衡。新自由制度主義承襲自由主義的觀點，認為行為者具有理性，基於互惠而互動，同時願意為了長期的利益而有所讓步以促成合作。此一論點基本上係為了緩解國際政治中常見的**囚犯困境**（prisoner's dilemma），藉由多次的互動建立互惠關係，並由此建立正式或非正式的機制，以因應互動過程時資訊不透明的問題並降低交易成本，從而提高雙方的獲益。他們強調絕對獲益（absolute gains）的概念，也就是儘量把餅做大，這樣各方分得的餅自然就比較大，而非相對獲益（relative gains），也就是不管餅有多大，各方僅在乎我分得的是不是比較大。

小知識 囚犯困境（prisoner's dilemma）

又稱囚徒困境，是賽局理論（Game Theory）中非零和遊戲（Non Zero-Sum Game）的代表賽局，反映出個人的最佳選擇未必是集體的最佳選擇。囚犯困境的背景設定是，警方抓到甲、乙兩名犯人，但罪證不足難以直接起訴，故需依靠他們自白。這時，若甲、乙兩名犯人彼此合作而不吐實，警檢只能依照間接證據求處最短的刑期，這也是最佳的共同利益；若甲方或乙方單獨背叛並指控對方犯案，而對方並未指控自己犯罪，則可獲得無罪開釋，這是對自己的最大利益。由於出賣對方可能為自己帶來最大利益，同時也相信對方將會出賣自己以換取自身最大利益，甲、乙最後將選擇相互指控、彼此出賣，其結果是警檢可依此自白對甲、乙求處較長刑期。如此一來，雖然違反甲、乙兩名囚犯最佳的共同利益，但在彼此缺乏互信與溝通的情況下，卻符合雙方最大的個人利益。國家與國家之間的軍備競賽，即相當符合囚犯困境描述的現象。亦有學者指出重複式的囚犯困境，有可能逐步培養雙方的互信，使得甲、乙彼此合作而不招認或指控，獲得最短刑期的起訴、也是最佳的共同利益。

　　新自由制度主義接受國際政治的無政府狀態，也因此國家互動時有相當高的誘因會採取欺騙政策，也就形成囚犯困境。若國家之間得以合作建立一項制度，透過制度來提供資訊，將更易預期並監督其他行為者的作為，減少誤判。其次，在國際制度下，國家有多次的交易互動，更能獎賞忠誠參與協定的國家、懲罰著眼短期利益而背叛制度的國家。簡言之，國際制度能夠增加國家間承諾的可信度，並增加參與者互惠的舉動，從而提升國家之間集體的、長期的利益。

　　新自由制度主義雖然挑戰了新現實主義的主張，但兩者之間仍有相同之處，從理論發展的角度而言，某種程度上彼此是互補的。新自由制度主義與新現實主義均屬於理性主義（Rationalism）陣營，均承認國際體系的無政府分權狀態，以及國家作為主要行為者會採取自助（self-help）之原則。同時，在實際研究趨向上，兩種理論皆重視大國的角色與地位，但新

自由制度主義所關照的國際體系成員更廣。

　　新現實主義對於國際政治的前景悲觀，認為只有透過追求權力才能保障安全，而承繼自由主義思潮的新自由制度主義則相對樂觀，認為國際制度有助於消弭國家為他國欺騙的恐懼，降低國際體系無政府狀帶來的不確定感，透過國家間的合作來緩解安全困境。因此，透過相應的安排，國際政治會朝人類歷史進步的方向邁進，從而確保整體福祉與和平。

　　關於國際建制之研究是當前新自由主義的另一項重點。國際建制係指一系列由原則、規範、規則及決策過程等，為行為者普遍接受，並有助渠等凝聚共同期望之安排。國際建制之概念是於1980年代初期所提出，且相較於重視正式法律條約安排的國際組織，或也囊括非正式安排的國際制度等，故研究更為廣泛，也更常與全球化及全球治理等議題相連結。

　　國際建制主要以議題領域進行區分，而包含相關正式與非正式的安排等。如當前有關國際安全之各項建制，即可包括聯合國、安理會與維持和平行動、區域性的北大西洋公約組織、東協區域論壇等國家之間的安排，甚至可以包括國際危機組織、或國際紅十字會等等非國家行為者。若以氣候變遷為例，則包括聯合國環境規劃署、京都議定書、聯合國氣候變遷綱要公約、巴黎協定等，均屬國際建制的一部分。與國際組織相較，國際建制更像是某個議題領域中的相關行為準則，試圖對國家的行為產生約制，而在不同議題領域，相關的國際建制也可能內化為國家行為的決策標準及考量。

　　在國際制度或建制中，霸權國家持續扮演重要的角色，多數學者也同意在不同的議題領域中，美國或多或少扮演著此一角色，而新自由主義者且認為多數時候美國是制定與形塑規則的良善霸權。如前所述，冷戰期間美國在貨幣與貿易領域、甚至在安全領域協助催生重要的國際制度，如聯合國、關稅暨貿易總協定、國際貨幣基金、世界銀行等，而這些組織也是美國透過外交上的多邊主義投射其維持國際穩定之意志的工具，因為國際局勢穩定是美國重大利益。冷戰結束後，當時美國柯林頓政府更積極參與國際事務，除了參與聯合國等多邊行動外，也積極參與亞

美國前總統柯林頓與歐巴馬被視為是冷戰結束後自由主義國際秩序的信奉者與領導者。

圖片來源：http://www.huffingtonpost.com/2013/09/23/obama-clinton-health-care_n_3978017.html.

太等區域事務，使得美國在國際事務上居於領導地位。然而其後的小布希政府以單邊主義、未得到聯合國安理會授權的形式發動伊拉克戰爭，國際之間並未支持，也動搖了美國的國際領導地位。近期自由主義國際關係學者更質疑美國總統川普的外交政策，將進一步減損美國的領導地位，甚至侵害自第二次世界大戰以來，美國所建立之以規則為基礎的自由國際秩序（Ikenberry, 2017）。

小知識　自由國際秩序（liberal international order）

國際關係學者認為，自由主義國際秩序係具有開放性並以規則與規範為基礎的國際秩序，具體地反映在聯合國的制度安排上，或多數國家同意以多邊主義、國際組織作為主要外交手段。此一國際秩序並不排斥一個霸權國家的領導，但霸權國家並非單方面以力服人。霸權國家的領導地位主要來自願意提供公共財給國際社會，使得多數國家同意服膺於該霸權國家領導之下而來。霸權國家與主要國家的行為係追求共同利益。

六、當前自由主義面臨之挑戰

自由主義與新自由主義有關如何維繫國際和平的看法，可以康德的和平三項支柱為代表。如前所述，這三項要素之間可以互相支援、滋長，最終有助於和平，而和平的國際環境也有助這三項要素進一步發展。然而，**證諸當前的國際秩序，我們發現自由國際秩序的論述在理論發展與實務層面都面臨許多挑戰。**

首先，美國經濟尚未充分復甦，民眾對於介入國際事務、尤其是推動全球民主議程興趣不高，對於追求自由主義霸權地位之政策也感到厭倦。而千禧世代由於生活經驗的差異，對所謂推廣民主的議程更有所保留。川普總統在2020年6月參加西點軍校畢業典禮時即表示，美國不該扮演世界警察的角色。Walt（2018）認為，美國自二戰結束以來推動自由主義之政策是錯誤的，無助於美國維繫霸權地位；此種失敗源於以政策圈、媒體及學界人士所形成之外交政策共同體對華府盤根錯節的影響力，而遠離了現實之發展。Glaser（2019）也指出，所謂的自由國際秩序，仍僅以奉行自由民主等原則的西方國家間之互動為佐證，忽視了與非民主國家之互動經驗，同時也忽視了霸權國家憑恃其軍事力量而來的影響力，及此種互動所形成的層級秩序。換言之，由理論層面而言，自由國際秩序的主張被過度誇大了。

其次，2008年所發生的金融風暴對於經濟互賴導致和平等主張形成直接衝擊，全球化的成果在多數國家未能全民共享而導致不滿。經濟互賴的結果使得各國脆弱性上升，而各國經濟的緩慢成長，更導致內部經濟民族主義興起，使得開放政策更難以推動。歐洲自第二次世界大戰結束後逐步整合，1993年正式成立歐洲聯盟，至2016年共有28個成員國，也是自由主義國際關係理論討論區域整合與國際制度的重要個案。然而，由於經濟不景氣的影響，歐洲各國對於來自境外的難民不再若以往歡迎，而歐盟重要國家——英國，也在2016年6月24日透過公投，有51.89%的選民支持脫離歐盟；而歷經多年英國與歐盟的談判，英國自2020年1月31日晚間起正式

脫離歐盟。這是歐洲整合以來，首次有如此具有重大意義的國家宣布退出，致使2023年歐盟爲27個會員國。我們在透過功能主義或議題之間的外溢效應理解區域整合之際，也需理解整合並非永遠呈現線性發展，而自由主義也須進一步探究影響整合進程之因素。

小知識　歐洲整合

二次世界大戰結束後，歐洲整合過程可分爲幾個主要階段：1. 1952年歐洲煤鋼共同體成立，當時僅有法、德、義、荷、比、盧等六個成員國。2. 1958年歐洲經濟共同體和歐洲原子能共同體成立，其後於1965年成爲歐洲共同體。英國、愛爾蘭及丹麥於1973年加入歐洲共同體。3. 1993年歐洲聯盟正式成立，成員國同意發展共同外交與安全政策，並加強司法方面合作。4. 1999年推出歐元，2002年歐元紙鈔與硬幣正式啓用。歐盟最近一次納入新成員是在2013年，使得成員國總數達到28個。2020年，英國正式脫離歐盟。

英國首相Boris Johnson於2019年宣布正式脫歐。

圖片來源：https://www.bloomberg.com/news/articles/2019-11-26/getting-brexit-done-
　　　　　boris-johnson-faces-a-bigger-battle-in-2020.

　　第三，國際制度的維繫與強權國家的態度息息相關。自由主義傾向只將民主體制的國家視爲良善霸權的可能候選人，並認爲以民主體制爲基礎的良善霸權，將更有可能維繫國際制度並持續推動國際和平。然而，美國總統川普自2017年1月就任以來，首先撤出推動區域貿易合作、有助經濟互賴的《跨太平洋夥伴協定》，而其鼓勵製造業回美國生產的方式，也讓人擔憂貿易保護主義再現。此外，川普也正式退出因應氣候變遷的《巴黎協定》、聯合國人權委員會，以及攸關軍備管制的《中程導彈條約》及其他重要國際協議。與川普同一時期，中國國家主席習近平在不同國際場合均表示將持續推動經濟全球化的進程，與美國形成強烈對比。中國尙非民主國家，或許可以由國內偏好來解釋習近平的決定，但美國作爲一個民主國家，其當前的國內偏好卻對全球化抱持懷疑的態度，即便拜登上台也尙未更弦易轍，同時改採以美國爲主而擴及友好國家的「印太經濟架構」，來凸顯美國在印太地區經濟發展的角色。這樣的發展，使得我們對於自由主義在民主政體與推動經濟互賴以及維繫國際制度之間的聯繫關係，可能

美國總統川普於2017年1月就任後簽署行政命令退出跨太平洋夥伴協定（TPP）。

圖片來源：http://www.cbc.ca/news/business/donald-trump-trade-nafta-1.3947989.

美國拜登總統於2022年與日本首相及印度總理宣布推動印太經濟架構。

圖片來源：https://www.voanews.com/a/biden-launches-indo-pacific-economic-framework-/6585160.html.

必須再次深入探究。

　　此外，新興危機可能使地緣政治考量再興，嚴重挑戰自由國際秩序。以2020年初爆發的新冠肺炎（COVID-19）為例，全球皆受到影響，而各國關閉國門、暫停與他國互動的作法有降低自身國內感染之效，成為各國崇尚的緩解疫情方案。在這股全面檢討全球化益處與壞處的風潮中，各國的主權觀得到加強，並對於國際合作之效益產生質疑。此外，2022年2月，俄羅斯揮軍烏克蘭，戰事迄2023年夏季仍未停止，更凸顯地緣政治與現實主義思維對於自由國際秩序的影響。固然在戰事發生後，民主國家同聲一氣地支持烏克蘭對抗威權俄羅斯，但這些現實層面的發展，也促使國際關係學界對於自由主義理論進行反思。如Doyle（2023）認為冷戰剛結束時，各方對於自由國際秩序將持續存在的觀點過於樂觀，而當前國際衝突的根源主要來自於各強權的內部因素，也就是民粹主義與民族主義。由於經濟互賴加上俄、中並非積極輸出意識形態，Doyle認為未來的世界局

勢，將是由三極構成的冷和（Cold Peace）而不是冷戰（Cold War）。

　　美國學界對於自由國際秩序進行反思最重要的討論來自重點期刊《國際組織》（International Organization）。該刊物於1947年創刊，而其2021年春季號、75周年的特刊即針對自由國際秩序的挑戰進行討論與解析。Lake、Martin與Risse（2021）在特刊序論指出，自由國際秩序與西發利亞主權觀的相互構成關係，而各國內部政治與經濟情況的變化及外部環境變遷等，都構成對自由國際秩序的挑戰。在各國內部情勢方面，民粹主義的興起、利益團體對於經濟互賴的看法轉變、資訊流動與虛假訊息等，構成對於自由國際秩序的挑戰。而在外部因素方面，中國的崛起成為各方關注焦點。Alder-Nissen與Zarakol（2021）認為，除了國內民粹主義外，在邊陲或非西方國家、尤其是有競爭力的威權體制國家，由於似乎被自由國際秩序排斥在外，而對該秩序產生不滿，是對於當前自由國際秩序的重大挑戰。當然，這讓我們很快地聯想到中國對自由國際秩序的挑戰。Weiss與Wallace（2021）認為，過去各界有關自由國際秩序本身具有包容性與韌性的主張過於樂觀，而中國的崛起對國際秩序的挑戰主要來自兩大方面：首先，中國自當前國際秩序擷取養分而壯大，這樣的發展動搖了美國國內對自由國際秩序的支持；其次，中共的本質主張與自由國際秩序的基本要素大相逕庭，但這些主張似乎與西發利亞體系主權至上的概念可以共存，而其具吸引力的市場又在國家的控制之下，使得我們不得不重視中國對於自由國際秩序的影響。該文認為，中國本身特別重視國際規範與其內部統治基礎相合程度的高低，來決定遵循自由國際秩序的程度。若一項議題對中國至關重要、且內部對該議題立場一致，如領土完整等議題，中國妥協空間小；若一項議題對中國而言至關重要、但內部對此議題有眾多攸關方且利益不一致，如氣候變遷、網路安全等，則中國很可能採部分配合國際規範或期望，以達成降低國內分歧立場、凝聚共識的目的，強化其統治。由此看來，只要西方國家提出誘因，以議題領域進行合作而非永遠高舉普世價值的大旗，則中國的行為仍有可能是可以被形塑的。

七、結語

　　當前自由主義國際關係理論，可說是對冷戰期間居於主流支配地位的現實主義無法解釋國家之間合作的現象來做出回應，也日漸成為學界的另一派別。自冷戰結束以來，國際關係的研究不再侷限於強權對峙等國際安全議題，而安全本身由於國際情勢演變亦出現更為廣泛的定義。在國際關係理論的討論當中，亦有將現實主義與自由主義雙方陣營均視為理性主義學派、而與批判理論等反思主義有所區隔之論述。

　　自由主義及新自由主義對於國際合作及其成功運作之條件已有相當的研究成果。而如本章所述，冷戰結束以來，以經濟互賴、國際制度，及民主和平論為主要支柱的自由國際秩序得到壯大，但國際情勢變化甚快，在經濟脫鉤而地緣政治再興、強權退出國際組織、及民粹與民族主義興起等浪潮下，自由主義國際關係理論的適用性正面臨重大挑戰。惟自由主義國際關係理論仍代表人類對於國家合作與世界和平的想望，其發展仍值得學術界與政策圈持續關注。

推薦閱讀

1. Griffiths, Martin, Steven Roach and M. Scott Solomon (2009). *Fifty Key Thinkers in International Relations, 2nd Ed.* NY: Routledge.

2. Gartzke, Erik (2007). The Capitalist Peace. *American Journal of Political Science*, Vol. 51, No. 1, pp. 166-191.

3. Haar, E. (2009). *Classical Liberalism and International Relations Theory: Hume, Smith, Mises, and Hayek*. NY: Palgrave MacMillan.

4. Jervis, Robert, Francis Gavin, Joshua Rovner, and Diane Labrosse (eds.) (2018). *Chaos in the Liberal Order: The Trump Presidency and International Politics in the Twenty-First Century.* New York: Columbia University Press.

5. Kahler, Miles, and Scott Kastner (2006). Strategic Uses of Economic

Interdependence: Engagement Policies on the Korean Peninsula and Across the Taiwan Strait. *Journal of Peace Research,* Vol. 43, No. 5, pp. 523-541.

6. Kastner, Scott (2022). *War and Peace in the Taiwan Strait.* New York: Columbia University Press.

7. Keohane, Robert O. (2012). Twenty Years of Institutional Liberalism. *International Relations,* Vol. 26, No. 2, pp. 125-138.

8. Oneal, John R., Frances H. Oneal, Zeev Maoz, and Bruce Russet (1996). The Liberal Peace: Interdependence, Democracy, and International Conflict, 1950-85. *Journal of Peace Research,* Vol. 33, No. 1, pp. 11-28.

參考書目

Adler-Nissen, Rebecca, and Ayse Zarakol (2021). Struggle for Recognition: The Liberal International Order and the Merger of Its Discontents. *International Organization*, Vol. 75, Special Issue 2, pp. 611-634.

Baldwin, David (1993). Neoliberalism, Neorealism, and World Politics. In Baldwin, D. A. (eds.), *Neorealism and Neoliberalism: The Contemporary Debate.* NY: Columbia University Press, pp. 3-25.

Doyle, Michael (1986). Liberalism and World Politics. *American Political Science Review,* Vol. 80, No. 4, pp. 1151-1169.

Doyle, Michael (2005). Three Pillars of the Liberal Peace. *American Political Science Review,* Vol. 99, No. 3, pp. 463-466.

Doyle, Michael (2023). *The Cold Peace: Avoiding the New Cold War.* New York: W. W. Norton.

Glaser, Charles (2019). A Flawed Framework: Why the Liberal International Order Concept Is Misguided. *International Security*, Vol. 43, No. 4, pp. 51-87.

Ikenberry, G. John (2005). America's Liberal Grand Strategy: Democracy and

National Security in the Post-War Era. In G. John Ikenberry (ed.). *American Foreign Policy: Theoretical Essays, 5ʰ Ed.* New York: Houghton.

Ikenberry, G. John (2017). The Plot Against American Foreign Policy: Can the Liberal Order Survive? *Foreign Affairs,* Vol. 96, No. 3, pp. 2-9.

Keohane, Robert O. and Joseph Nye, Jr. (2011). Power and Interdependence: World Politics in Transition. 4th Ed. NY: Pearson.

Lake, David, Lisa Martin, and Thomas Risse (2021). Challenges to the Liberal Order: Reflections on *International Organization. International Organization*, Vol. 75, Special Issue 2, pp. 225-257.

Levy, Jack S. (1988). Domestic Politics and War. *Journal of Interdisciplinary History*, Vol. 18, pp. 653-673.

Mansfield, Edward and Jack Snyder (2005). *Electing to Fight: Why Emerging Democracies Go to War.* Cambridge, MA: MIT Press.

Moravcsik, Andrew (1997). Taking Preferences Seriously: A Liberal Theory of International Politics. *International Organization,* Vol. 51, No. 4, pp. 513-553.

Moravcsik, Andrew (2010). Liberal Theories of International Relations: A Primer. *Unpublished Paper*, https://www.princeton.edu/~amoravcs/library/primer.doc.

Nye, Joseph S., Jr. (1988). Neorealism and Neoliberalism. *World Politics,* Vol. 40, No. 2, pp. 235-251.

Oneal, John R., Frances H. Oneal, Zeev Maoz, and Bruce Russet (1996). The Liberal Peace: Interdependence, Democracy, and International Conflict, 1950-85. *Journal of Peace Research,* Vol. 33, No. 1, pp. 11-28.

Owen, John M. (1997). *Liberal Peace, Liberal War: American Politics and International Security.* Ithaca, NY: Cornell University Press.

Rosato, Sabestian (2003). The Flawed Logic of Democratic Peace Theory. *American Political Science Review,* Vol. 97, pp. 585-602.

Walt, Stephen (2018). *The Hell of Good Intentions: America's Foreign Policy Elite and the Decline of U.S. Primacy.* New York: Farrar, Straus and Giroux.

Weiss, Jessican Chen, and Jeremy Wallace (2021). Domestic Politics, China's Rise, and the Future of the Liberal International Order. *International Organization*, Vol. 75, Special Issue 2, pp. 625-664.

第三章

建構主義

莫大華（國防大學政治學系）

一、前言

　　當代國際關係的主流理論是現實主義、自由主義與建構主義，相較於前兩者，建構主義是較晚崛起的主流理論。建構主義是1980年代末、1990年代初崛起的國際關係新理論與學術時尚而擴展到安全研究及戰略研究，到了2010年代，建構主義理論發展似乎有了危機，學者正在尋求新世代的建構主義理論（莫大華，2020）。

　　建構主義肇始於國際法學者尋求結合國際法學與國際關係理論，其中國際法學者尼古拉斯・奧佛（Nicholas G. Onuf, 1989）和費德瑞奇・柯瑞托奇維（Friedrich V. Kratochwil, 1989）引用社會理論的建構主義連結國際法與國際關係理論，他們主張建構主義是研究社會關係的研究方法或途徑，國際關係也是一種社會關係，以建構主義作為理解世界運作的方式，解放國際法脫離原有的法條解釋及判例研究。但使建構主義聲名大噪，並且帶動後續的研究與發展，主要是國際關係學者亞歷山大・溫特（Alexander Wendt）的著作。

　　即使三位開創建構主義的重要學者，並不是以國際關係理論看待建構主義，但作為社會理論的建構主義對國際關係研究的重要性與附加價值，就在於它質疑國際關係理論對於國際真實（reality）客觀存在的既有假定，而強調其相互主觀建構存在。例如國際關係理論所假定的國際體系真實是客觀存在的無政府狀態（anarchy），建構主義就質疑它是國家相互主體互動所造成的，而非客觀存在的；也質疑國家主權的客觀存在本質，認為主權是國家互動產生的社會建構，因為國家相互承認主權是國家建構

本身認同的重要因素。也在於它徹底改變了國際關係研究既有以理論對立或競爭發展而來的知識體系。例如建構主義致力於國際關係理性主義（自由主義與現實主義）與反思主義（後現代主義及規範主義）、其本身內部，以及理性主義與建構主義之間溝通對話的理論建橋計畫，出現理論綜合的觀點。但仍有建構主義學者是以研究國際關係實質議題的理論觀點，運用建構主義理論探索與理解國際政治運作的動態過程。簡言之，建構主義理論是個較複雜的國際關係理論。

小知識　理性主義vs.反思主義

理性主義是假定國家在國際體系無政府下，基於衡量利弊得失，採取符合利益極大化，代價極小化的計算行為。現實主義以增強國家權力獲取利益，自由主義以強化國際合作獲取利益；**反思主義**是假定國家或非國家行為者具有行為主體性，能相互主體互動建構認同與規範獲取利益。

　　建構主義學者對於建構主義的定義並無完整一致的共識，難以統一律定其定義，甚至對於建構主義的基本特質也沒有共識（莫大華，2003：102-107）。對於建構主義理論的理解不應該侷限於單一學者的定義或觀點，而是應該注意建構主義內部不同的觀點。建構主義不僅受到不同理論學派學者的批評，甚至建構主義內部不同主張的學者也相互批評，其中尤以溫特受到的內外批評為最（莫大華，2010）。

　　面對多元差異的各種建構主義，學者要如何選擇適當的建構主義觀點進行經驗研究，本章嘗試以現代建構主義與後現代建構主義作為研究中共「一帶一路」倡議個案的分析架構，探索中共重塑「中國集體認同」的建構過程，藉以說明兩種建構主義的差異及其個案應用的例證。

二、建構主義的崛起、發展與批評

　　建構主義並非憑空崛起，它質疑及批判主流理論（現實主義與自由主義）而成爲新典範，並且帶動建構主義與理性主義的大辯論及後續的理論綜合觀點。根據伊曼紐・阿德勒（Emanuel Adler）（2002: 98-100）的看法，建構主義的崛起因素有：（一）在冷戰時期前，國際關係研究引進了社會學理論；（二）在1970年代末，運用法國後結構主義（poststructuralism）學者觀點，引起國際關係研究社群關注；（三）國際關係理論原有的淵源與「英國（英格蘭）學派」（English School）的影響；（四）做爲國際關係理論的建構主義本身是也吸納了其他人文社會學科理論（社會學、心理學、哲學、人類學、法律學等等），甚至是自然學科理論（生物學、複雜科學、物理學等等）（莫大華，2003：72-91）。這也就不能將建構主義單單視爲是國際關係理論，它比較像是容納其他學科理論的國際關係研究架構，只要涉及人類意識與行爲的相互作用或是社會建構，就能涵蓋於建構主義的範圍之內。

小知識　後結構主義

後結構主義認爲人類世界是由各種意識形態權力互動所構成的社會建構體（social construction）或結構，此結構並非理性固定而是不斷變化、動態的發展，也不存在整體的結構或絕對眞理，而是強調行爲者各自主觀意識或權力與結構互動構成的差異性。

　　難以明確指出建構主義出現於何時，但國際關係學者早已研究理念因素對國際關係或外交政策的影響（Goldstein and Keohane, 1993）。阿德勒（2013: 118-119）認爲1950年代強調傳動（transaction）與溝通的卡爾・杜意奇（Karl Deutsch）及爾尼斯・哈斯（Ernst Hass）對建構主義的發展有影響。黑迪米・舒嘎納米（Heidemi Suganami, 2001）認爲查理

斯‧曼寧（C. A. W. Manning, 1975）強調國際社會、國際法與主權國家是相互主體的心智建構，他是最早的建構主義學者之一。斯狄法諾‧古希尼（Stefano Guzzini, 2000: 148）認為史迪芬‧凱瑞斯納（Stephen Krasner, 1982）探討國際建制（regimes）對行為者偏好的影響，也被視為早期的建構主義學者。甚至羅伯‧傑克森（Robert Jackson）和喬格‧索雷辛（Georg Sorensen, 2016: 207-208）認為建構主義的方法論根基是十八世紀義大利哲學家詹巴蒂斯坦‧維柯（Giambattista Vico）、德國哲學家伊曼努爾‧康德（Immanuel Kant）及馬斯‧韋伯（Max Weber），藉由這些觀點強調「意義」及「理解」的重要性。由此可知，建構主義的理論並非創新的觀點，而是在於其吸納其他學科的理論觀點，批判國際關係既有的主流理論（現實主義與自由主義）未能解釋與預測冷戰的結束，只是當時並未以「建構主義」一詞稱呼這類的研究而已。

國際關係學界普遍認為是奧佛（1989）將「建構主義」一詞引進國際關係研究，逐漸成為國際關係的主要理論之一。在建構主義發展成為國際關係主要理論過程中，五項顯著改變影響了建構主義在國際關係理論的位置，第一，國際關係理論（包括建構主義與理性主義）之間的辯論顯著減少而趨向分析折衷或建立溝通橋樑；第二，建構主義已經「被馴化」了（naturalized），建構主義學者不再「激烈狂熱」（flag waving），而有成熟的研究策略，也將社會行動置於研究系絡之中；第三，建構主義內部的知識爭論並未影響其研究方法，後實證主義的論述分析與實務分析研究方法也為主流建構主義學者所採用；第四，各類型建構主義學者大都參與經驗研究，而改變建構主義只研究後設理論的誤解；第五，建構主義研究仍聚焦於由規範與權利所建構的社會真實，以及此建構的規範性意涵（Adler, 2013: 112-113）。

亦如其他的國際關係理論一樣，建構主義也受到不同理論學派的批評，還不包括其內部的相互批評。例如批評過於強調後設理論問題，無助於解決國際關係實質問題（Sorensen, 1998: 91）；未能解釋認同、規範與利益的建構過程，以及外交政策或國際關係所期待的內容（Jervis, 1998:

976）；已經正常化（normalization）了，而缺乏批判的論點（Hynek and Teti, 2010）；並未深入分析理念在社會關係中的作用，尤其是社會結構（社會不平等及層級）在世界政治的力量，需要重新增強其原有的批判理論觀點（Kurki and Sinclair, 2010）；認為建構主義的社會化概念將被社會化者（socilizee）視為嬰兒，假定了進步的目的論，忽略了權力在國際體系的角色（Epstein, 2012），甚至批評溫特不是建構主義論者而是理性主義及現實主義論者，不是在結合理性主義與反思主義，反而以理性主義可以接受的方式狹義界定建構主義、認同與利益，並將國家視為世界政治的既定事實（Smith, 2002: 242-246）。

奧佛就指出建構主義理論發展已經到了十字路口，前方的路愈走愈慢而有想改道的誘惑了（Onuf, 2016）。雖然建構主義不復1990年代的盛況，但仍是國際關係主流的理論之一，其未來的發展仍然受到學者的關注（莫大華，2020）。

三、建構主義的內涵

誠如前言所述，對於建構主義的定義並無完整一致的共識，它既是後設理論又是經驗研究理論，要如何界定建構主義？不同學者也就有著不同的定義，例如Onuf認為建構主義是研究任何種類社會關係的方法，人類因為其社會關係而成為人，社會關係造就或建構了人，人運用相互行動與語言造就或建構了今日的世界與社會，並以社會規則連結人與社會而建構出各種社會安排（social arrangement）（1989: 58-63），也就是人與社會之間是藉由規則相互建構而成的（1989: 36）。套入國際關係研究之中，所謂「人」就是國家及非國家行為者，所謂「社會」就是國家體系與國際體系，所謂「規則」就是國際文化與規範。

阿德勒（1997: 322-323）認為國際關係主要由人類協議的社會事實所構成，人類行動與互動形成國際關係世界的行為；建構主義較關注的是「怎會變成是這樣」（how things became what they are）而不是「怎會是

這樣」（how things are）（Adler, 2002: 100-101）。簡言之，就是建構主義關注「演變」或「變遷」的過程，尤其重視理念（ideas）在形塑國際體系的作用，國際關係事務或現象是行為者之間、行為者與環境之間社會互動建構而成，國際體系的變遷是國際關係實務運作過程與結果所造成。

溫特認為建構主義是國際體系的結構理論，國際體系的相互主體性結構構成國家認同與利益，此結構附著於國家的特質，國家特質依賴於此結構特質，兩者相互構成（1987: 335-370; 1999: 155-156）；可以視為某種的結構理念主義（structural idealism）（1999: 1），國際體系的無政府狀況，是國家相互建構而成的，只要出現集體新認同體及共同理解，國際體系結構也將產生變遷（Wendt, 1999: 313-369）。不同於Kenneth Waltz認為物質結構約制了國際體系變遷，Wendt認為理念結構比物質結構重要，理念結構較易改變國際體系結構變遷。

簡言之，建構主義是國際關係的社會理論（social theory of International Relations），建構主義的原型特質在於其國際關係上相互主觀的理念主義，以及行為主體者與結構之間的相互建構觀點（莫大華，2003：106），或是「（國際）社會世界如同是相互主觀地及集體地有意義的結構與過程」（Adler, 2013: 121），有「理念結構界定了行為主體者的社會認同，影響其詮釋物質環境；社會認同構成行為主體者的利益及策略行動；行為主體者的知識實踐與社會結構相互建構」（Price and Reus-Smit, 1998: 266-267）。此相互建構的過程，正是建構主義所強調的論點。

即使建構主義有了原型特質，但學者仍不免爭論理念主義的程度，以及行為主體者與結構建構的過程、建構的方法、建構的程度……等等，尤其是在相互建構的觀點上，又更加複雜了。建構主義學者遂發展出國際社會化或社會化、知識社群（epistemic community）、學習、跨國倡議網絡（transnational advocacy networks）、認知演化及內化、集體認同、模仿、社會學習等概念探討相互建構的方法與過程，遂有不同類型的建構主義。

總之，國際關係建構主義理論既是後設理論（metatheory）、社會理

論，也是經驗研究理論（empirical theory）或實質理論。在後設理論上，建構主義認為真實（reality）是社會建構而成，都是行為主體者之間及行為主體者與結構之間，藉由互動而形成的社會建構體。在社會理論上，建構主義探討行為主體者之間與行為主體者及結構之間的互動關係與過程，即是相互建構的關係與過程。因此，在經驗研究上，由於國際關係的基本概念真實（conceptual reality），例如無政府狀態、主權、國際規範、國際建制、國際體系文化、國際組織、國際社會、權力、權威都是社會建構體（construction），建構主義藉由國際關係實務而探討這些基本概念真實的相互建構過程，尤其是行為主體者在相互建構過程中形塑的集體認同（主要是國家認同）之影響，包括國家的利益與行動。例如2022年俄烏戰爭涉及自1654年以來，「大俄羅斯」、「烏克蘭」與「俄羅斯」國族認同的演變，所展現的社會建構過程。

小知識 後設理論vs.社會理論vs.經驗理論

後設理論探討理論的基礎、性質及理論化方式及過程；**社會理論**探討社會結構與行為主體之間的互動；**經驗或實質理論**探討理論運用於國際實務的過程。

簡言之，建構主義假定國際與國內文化及規範所建構而成的社會環境結構，影響了國家之間的互動及認同，進而影響國家的利益，國家利益影響國家的行動（國家戰略與外交政策），國家行動又會影響國家認同而成為影響的循環（如圖3-1）。就建構主義的相互建構觀點而言，圖中的箭頭都應該是雙箭頭（⇆），但為了便於說明建構主義的基本理論觀點，遂以單箭頭說明其影響方向。

圖3-1　建構主義基本理論觀點架構圖

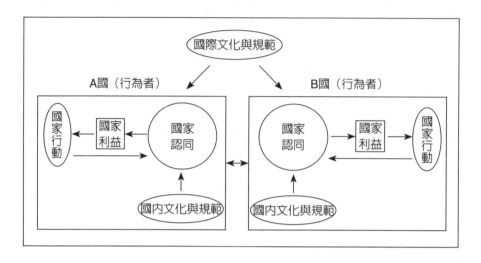

四、建構主義的知識論分類與研究方法

　　即使建構主義有其共同的本體論特質，但仍存在著不同的類型與主張。誠如柯瑞托奇維（2000: 89）所言：「問題不是某人是否說，或相信他是一位建構主義者，而是這樣的指證或自我指證是否符合所界定的建構主義涵義。」因此，建構主義內部的知識論差異也促使其研究方法的多元性，以探索其所形塑社會建構體（各種國際關係事實與現象）的演變過程，即是圖3-1中各概念之間的關係與方向。

　　國際關係學者基於不同的分類基準，例如知識論差異、科學推理方式、國家的國內與國際行為主體權力、國家認同體形成過程中的國家特質與角色、社會科學哲學基礎、認同體的構成等，而呈現不同類型的建構主義學者與觀點（莫大華，2003：107-126）。也有以研究議題分類為「以認同為基礎」（identity-based）、「以規則為基礎」（rule-based）、「以規範為基礎」（norm-based）及「以理念為基礎」（idea-based）建構主

義，皆是以社會建構的觀點探討認同、規則、規範、文化及理念對於行為主體者互動與關係的相互影響。

小知識　本體論vs.知識論vs.方法論

本體論探討事物存在的本質（一元、二元或多元元素存在、客觀物質存在的實在論或主觀理念存在的非實在論）；**知識論**探討獲知事物真實（reality）的性質、起源、過程及驗證標準（存在知識基礎的基礎論或不存在知識基礎的反基礎論、依據理性或經驗或批判的致知過程、知識與真實一致的符應論或知識與真實不一致的共識論）；**方法論**探討獲知知識（事物真實）的原則及方法（見林不見樹的整體分析層次觀點或見樹不見林的個體分析層次觀點、數量統計推理的量化研究方法或語文詮釋推理的質化研究方法）。

　　基於本章的研究目的，遂從知識論觀點對建構主義者進行分類，區分為現代（溫和）建構主義與後現代（激進）建構主義。前者以實證主義為知識論哲學基礎，強調有系統的觀察、揭露規律性與通則，藉以發現因果關係；後者則是後實證主義為基礎，反對實證主義作為研究社會過程的有效途徑，強調信念、語言與意義（Kurki and Wight, 2016: 20-22）。前者主張因果關係的解釋邏輯，即是探索因果機制或因果的理論化，藉以「演繹─律理」（deductive-nomological）解釋「為什麼的問題（因果問題）」（why-questions）及「如何的問題（發生過程問題）」（how-questions）；後者主張構成關係（constitution）的詮釋理解邏輯，探討構成機制或構成的理論化解釋「如何可能的問題（可能發生過程問題）」（how possible-questions）及「什麼的問題（本質問題）」（what-questions）（Wendt, 1998）。

　　兩者都認為國家認同體與利益是國家互動的內在因素，認同構成國家權力與利益，影響國家的行動。然而，後現代建構主義則探討國家行動對

國家認同的影響，以及國家認同本身的暴力性質與認同形成（formation）有關的迷思（Campbell, 1992; Weber, 1995）。簡言之，兩者只存在著知識論的差異，並不存在著本體論（相互主觀及社會建構）與研究議題（認同、規範、理念與規則）的差異，重點在於各自發展其認同體與利益之間的社會建構過程。

建構主義學者在研究行為主體者的「相互主觀意義」時，由於不同的知識論觀點差異而運用各種不同的研究方法或混合使用不同的研究方法（莫大華，2009）。現代建構主義以過程追蹤法（process-tracing）為典型的研究方法之一，藉由重新建立事件的時間序列，以說明社會建構過程的因果機制。過程追蹤法源自認知心理學，原是指涉檢視認知心智過程（cognitive mental process）中各步驟，以更加理解啟發（heuristics）而藉以做出決策。政治學者亞歷山大·喬治（Alexander L. George, 1979）將之引入政治心理學說明運用個案研究內的證據進行歷史解釋的推論（Bennett and Checkel, 2015: 5），使用歷史、文獻資料、訪談稿及其他資料來源檢視理論所假設或隱含的因果過程明顯出現在中介變數的結果及數值（George and Bennett, 2005: 6），即是確認獨立變數與依賴變數結果之間的中介因果過程（因果鏈及因果機制），以殊途同歸性（equifinality）考量可能的因果路徑（George and Bennett, 2005: 206-207）。

就以過程追蹤法研究理念（認同、文化、規範、信念等）的效果（the effects of ideas）為例，先測量獨立變數（確認決策者的理念承諾）、建立獨立變數的「外因性」（exogeneity）（確認決策情勢外的理念來源）、找出因果機制的證據（建立相關理念是與決策有關），以及降低多元共線性（multicollinearity）（確認與探索可能物質原因與理念原因的獨立變異）（Jacobs, 2015）。例如911恐怖攻擊事件，從恐怖分子劫持飛機撞擊紐約世界貿易雙子星大樓及國防部等地開始，由美國喬治·小布希（George W. Bush）總統推動的「反恐戰爭」（War on Terror），將「恐怖主義」社會建構成威脅、戰爭、罪行、邪惡、疾病，而需要民主文明國家組成「志願聯盟」（the Coalition of Willing）以各種方式（尤其軍事作

戰）反制恐怖主義。相反地，屬於非國家行為者的蓋達（al-Qaeda）組織則是建構其伊斯蘭認同體，界定所有伊斯蘭國家與穆斯林的利益，藉以形塑其「暴力」並非西方國家所指稱的「威脅」與「邪惡」，反而具有對抗西方國家壓迫的正當性。終究美國的軍事力量強大擊敗蓋達組織，但仍無法解決伊斯蘭世界受壓迫的問題。「理念」界定了「反恐戰爭」的根本問題，以及後911的世界秩序，物質因素只能暫時處理而非解決理念的問題。

　　論述（discourse）是藉由語言與言語行動（speech-act）創造、維持與轉換相互主觀意義而構成社會真實，論述分析法即是探索構成此社會真實的語言與溝通的過程（Holzscheiter, 2014）。後現代建構主義以論述分析法為典型的研究方法之一，論述分析法源自後結構主義哲學解構文本或詮釋文本的觀點，是要展現文本程序與社會程序之間的相互關聯過程，以及

2001年9月11日，美國世界貿易雙子星大樓遭恐怖分子劫機撞擊。

此過程對思考方式及世界行動的影響；聚焦於藉由語言或言說行動的文本脈絡（contextual）閱讀，文本構成知識特定時空的論述與論述實踐或機制，權力關係造就論述機制，論述機制反映了權力關係結構，或是知識與權力之間的關聯（Milliken, 1999）。即論述是產生認同與意義的社會實踐形式之一，它藉由語言或言語行動呈現或再呈現知識與權力實踐中所建構的認同與意義。國際世界的存在與構成就是行為主體者（主要是國家）的論述所建構而成，在此過程中，語言或言語行動如何呈現或再呈現知識與權力實踐就是關鍵了。

就論述分析法探討國家認同（state identity）建構國家利益與國際利益而言，以解構國家認同建構利益的過程或是論述的過程。國家認同可解構內部與外部認同，前者指涉國內的國家認同（national identity）或國族認同（nation-state identity），國內政治菁英與民眾對於本國國家本質的認知、信念與形象；後者指涉本國在國際體系的國家認同（state identity），本國在國際體系其他國家的認知與形象，內部與外部的國家認同是相互建構國家利益及行動。例如美國「反恐戰爭」，隨著小布希政府與國內社會的不同論述，以及蓋達組織及國際社會其他國家的不同論述。尤其蓋達組織不是國家，沒有固定的領土，更以網路方式串連，致使歐巴馬政府就不再以「反恐戰爭」，而是改以與伊斯蘭極端分子蓋達組織為戰作為論述；也要求國防部要以「海外應變作戰行動」（Overseas Contingency Operation）為論述用語，是以恐怖犯罪行動組織認知蓋達組織。

五、建構主義的運用案例──「一帶一路」倡議與重塑中國的集體認同及利益

（一）「一帶一路」倡議的提出

2013年9月7日，習近平訪問哈薩克首次提出為加強各國經濟合作關係，「共同建設絲綢之路經濟帶，以點帶面，從線到片，逐步形成區域

大合作」（華夏經緯網，2013）；10月3日，習近平訪問印尼首次提出：「中共願同東盟國家加強海上合作，使用好中共政府設立的中共—東盟（協）海上合作基金，發展好海洋合作夥伴關係，共同建設二十一世紀『海上絲綢之路』。」並且提議創立「亞洲基礎建設投資銀行」（簡稱「亞投行」）（國務院新聞辦公室，2013a）。11月15日，第十八屆三中全會會後公布《中共中央關於全面深化改革若干重大問題的決定》第26小項「擴大內陸沿邊開放」指出，「建立開發性金融機構……推進『絲綢之路經濟帶』、『海上絲綢之路』建設，形成全方位開放新格局。」（國務院新聞辦公室，2013b）12月13日，習近平在中央經濟工作會議上指出，「推進『絲綢之路經濟帶』建設，抓緊制訂戰略規劃，加強基礎設施互聯互通建設。建設『二十一世紀海上絲綢之路』，加強海上通道互聯互通建設，拉緊相互利益紐帶」（新華網，2013）。2014年5年21日，習近平強調，「中共將同各國一道，加快推進『絲綢之路經濟帶』和『二十一世紀海上絲綢之路』建設……」（新華網，2014a）；10月24日，中國與新加坡等21國簽署《籌建亞投行備忘錄》，資本1000億美金作為亞洲地區基礎建設融資（商務部，2014）。11月8日，習近平宣布出資400億美金成立「絲路基金」，並於12月29日註冊成立及運行，支持一帶一路建設（中華人民共和國中央人民政府，2015a）；11月29日，習近平指出，「切實加強務實合作，積極推進『一帶一路』建設，努力尋求各方利益的匯合點，通過務實合作促進合作共贏」（新華網，2014b）。

　　2015年2月1日，國務院成立「推進一帶一路」建設工作領導小組，負責議事協調，由「國家發展和改革委員會」負責該小組日常工作；3月28日，中共「國家發展和改革委員會」、外交部及商務部發布《推動共建絲綢之路經濟帶和二十一世紀海上絲綢之路的願景與行動》（簡稱《願景與行動》），「陸上依託國際大通道，以沿線中心城市為支撐，以重點經貿產業園區為合作平臺，共同打造新亞歐大陸橋、中蒙俄、中國—中亞—西亞、中國—中南半島、中巴、孟中印緬等六個國際經濟合作走廊」，「全方位推進務實合作，打造政治互信、經濟融合、文化包容的利益共同體、

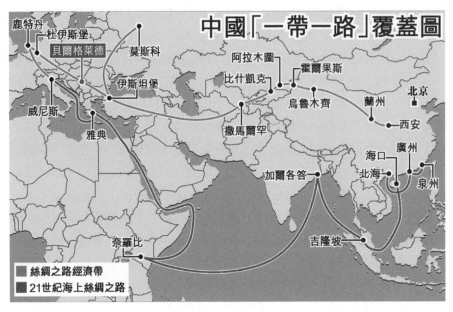

中國「一帶一路」覆蓋圖。

圖片來源：http://hk.apple.nextmedia.com/international/art/20141219/18974079.

命運共同體和責任共同體」（中華人民共和國中央人民政府，2015b）。
自此「一帶一路」倡議成爲中共正式的國內國際地緣政治經濟戰略的布
局，藉由投資資金融資及技術進行基礎建設，如港口、機場、高速鐵路、
鐵路、公路、能源、設備及經濟開發區等，帶動沿線國家與地區的經濟合
作與繁榮，建構爲經濟、政治及文化的利益共同體、命運共同體和責任共
同體。

（二）現代建構主義理論的詮釋（過程追蹤法）

　　中國大陸從二十一世紀開始獲致經濟改革開放的成果，經濟國力逐
漸崛起而連帶其政治與軍事國力增強。美國則在後冷戰時期外交政策失
敗，國力與聲譽重挫（Mandelbaum, 2016），2008年因爲雷曼兄弟控股公

司（Lehman Brothers Holdings, Inc.）破產事件引發金融危機，使美國經濟國力更加不振。中美國力消長之間，遂有「兩國集團」（Group of 2）稱述，顯示出中國國力的崛起已成事實，不免引起國際社會出現「中國威脅論」，認為中國崛起會對當前國際秩序造成威脅。

中國大陸為反制「中國威脅論」而提出「中國和平崛起論」及「中國和平發展論」，「崛起」易造成爭論，2005年12月及2011年9月遂陸續發布《中國的和平發展道路》，「中國將堅定不移地走和平發展道路，努力實現和平的發展、開放的發展、合作的發展、和諧的發展。」（國務院新聞辦公室，2005），以及《中國的和平發展》白皮書為國家發展戰略，尋求國際社會的「科學發展、自主發展、開放發展、和平發展、合作發展、共同發展。」（國務院新聞辦公室，2011）作為因應國力增強後處理國際關係或外交的理論基礎，2013年9月開始提出的「一帶一路」倡議則是嘗試具體實踐和平發展的理論。

「一帶一路」倡議以投資基礎建設及重點經貿產業園區為合作平臺，共同打造新亞歐大陸橋、中蒙俄、中國—中亞—西亞、中國—中南半島、中巴、孟中印緬等六個國際經濟合作走廊，提升沿路國家與地區的經濟發展及獲致經濟利益。此外，其所隱含文化的意涵，正是中國大陸意圖展現其「和平發展中國」的論述象徵。無論是絲綢之路經濟帶或是二十一世紀海上絲綢之路，所蘊含的「絲綢之路」是一種歷史文化符號，中共意圖藉由「一帶一路」倡議讓世人重新想像古代中國的「絲綢之路」符號象徵，「是促進沿線各國繁榮發展的重要紐帶、是東西方交流合作的象徵、是世界各國共有的歷史文化遺產」，並以「和平合作、開放包容、互學互鑑、互利共贏」為「絲綢之路」精神（中華人民共和國中央人民政府，2015b）。尤其2017年5月11日，文化部公布《一帶一路文化發展行動計畫》，加強與一帶一路沿線國家和地區的文明互鑑與民心相通，切實推動文化交流、文化傳播、文化貿易創新發展（國務院新聞辦公室，2017）。

中國大陸意圖藉由提出「一帶一路」倡議改變其在國際社會的國家認同，建構符合其利益的國際規範與集體認同。即是在國際社會對抗「中國

威脅論」所形塑「中國是威脅」的形象及論點，尤其是對沿線國家與地區，更強化「中國和平崛起與和平發展論」的「和平發展中國」形象及論點，具體落實「現代中國」是促進世界經濟發展的「和平發展大國」而非西方帝國。同時，中國大陸藉由「一帶一路國際合作高峰論壇」（簡稱「高峰論壇」）、「絲綢基金」與「亞投行」獲得參與國際強權協調區域利益的空間，並以「共商、共建、共享」原則建立國際規範與建制，更有助於其建構國際社會的「和平發展中國」國家認同。

　　但隨著「一帶一路」倡議實際執行後，若干地區國家（例如寮國）出現爭論此倡議是中國大陸設下的「債務陷阱」（debt trap）及「軟實力戰略」（soft power strategy），而出現反中國政府利用此倡議增加該國債務，要求該國政府停止向中國借貸興建基礎建設。顯示出中國大陸所要建構的國家認同體並不必然為其互動的國家所接受，即使是同屬開發中國家或前共黨國家所接受。只要物質利益得失影響到其理念認知，也就無法產生中國大陸所建構的國家認同體。如果中國大陸要繼續維持此「和平發展中國」的國家認同體，就必須增加沿線國家物質利益，使理念認知因素不致改變，藉以強化及鞏固在沿路國家的理念結構與國家認同體。甚至擴展到其他各大洲地區，增加參與的國家數目與範圍，更有利於建構的過程。

（三）後現代建構主義理論的詮釋（論述分析法）

　　就在中國國力逐漸強盛之際，中國大陸官方與學界就已經在探討「大國崛起」理論，其中2006年11月13-24日，中國中央電視臺經濟頻道（CCTV-2）播放了《大國崛起》12集紀錄片，探討近代500年大國崛起與衰敗的原因，探索和思考中國自身的復興道路。2007年10月5-10日，中國中央電視臺綜合頻道（CCTV-1）播放了《復興之路》6集紀錄片，探討中國復興成為社會主義現代化國家的歷程。2012年10月30日至11月6日，中國中央電視臺國際頻道（CCTV-4）播放了《中國之路》8集紀錄片，呈現當前的真實中國。這些紀錄片正是中國大陸建構「中國崛起」與「中國將

變成大國」的國家認同論述，藉以向國內人民論述「中國崛起」。

　　習近平於2013年9月選擇哈薩克及10月選擇印尼，分別宣布「絲綢之路經濟帶」及「二十一世紀海上絲綢之路」作為「一帶一路」倡議的論述開始，顯示出論述的時機與地點是經過設計。尤其是習近平與政府官員不斷利用時機發布有關「一帶一路」倡議的論述，或是中國大陸與沿路國家及地區的新聞報導，都成為國際媒體的新聞報導內容，增強了中國大陸「崛起大國」的國家認同與形象。

　　《願景與行動》是「一帶一路」倡議的根本論述，提出一個核心理念（和平、合作、發展、共贏）、五個合作重點（政策溝通、設施聯通、貿易暢通、資金融通、民心相通）和三個共同體（利益共同體、命運共同體、責任共同體），這是中國大陸單方面的論述，但隨著成立「高峰論壇」、「絲綢基金」與「亞投行」，其意圖要主導國際規範及建制的論述實踐。當參與「一帶一路」倡議計畫的沿路國家與地區愈多，也就顯示此論述已經具備論述的權力，例如參與「亞投行」的創始國家有57個，至2017年6月16日現有會員國共80國；參與「高峰論壇」有29國領袖、130多個國家及60多個國際組織的代表，「一帶一路」倡議就有可能成為二十一世紀的「布雷頓森林體系」（Bretton Woods System）而非「馬歇爾計畫」（Marshall Plan）。

　　如此，中國大陸就重新建構其在國際體系的國家認同與形象，隨著「一帶一路」倡議陸續執行，作為「具有中國特色社會主義」的中國國家認同也就需要新的論述建構其內部的國家認同與利益及行動。但隨著「一帶一路」倡議實際執行後，沿路地區國家出現此倡議是中國大陸設下的「債務陷阱」及「債務陷阱外交」的論述（Brautigam, 2020），即使中國大陸政府與學者積極反駁（李艷芳，2020），仍無法改變國際社會與沿路國家的論述，致使中國政府必須強化其「一帶一路」倡議的論述，甚至必須加強其國際宣傳的論述。尤其是沿線學術合作交流及師生獎學金，更是有助於其論述的重要內容。

六、結語

　　建構主義歷經二十多年的發展，從批判國際關係既有主流理論，也遭致各種批評而逐漸成為主理論之一。雖基於社會建構的本體論共同基礎而有一致的特質（強調理念因素對於國家利益及行動的影響，行為主體者與社會結構的相互建構過程），但其內部的知識論差異而發展出不同的類型與研究方法。其中現代建構主義與後現代建構主義是較為人知的類型，前者主張因果關係的解釋邏輯，即是探索因果機制或因果的理論化，藉以「演繹—律理」解釋「為什麼的問題（因果問題）」及「如何的問題（發生過程問題）」；後者主張構成關係的詮釋理解邏輯，探討構成機制或構成的理論化解釋「如何可能的問題（可能發生過程問題）」及「什麼的問題（本質問題）」。現代建構主義以過程追蹤法為典型的研究方法之一，藉由重新建立事件的時間序列，以說明社會建構過程的因果機制。後建構主義以論述分析法為典型的研究方法之一，是要展現文本程序與社會程序之間的相互關聯過程，聚焦於藉由語言或言說行動的文本脈絡閱讀，文本構成知識特定時空的論述與論述實踐或機制，或是知識與權力之間的關聯。本章遂以中國大陸「一帶一路」倡議作為個案，說明現代建構主義與後現代建構主義的觀點與研究方法，藉以展現建構主義在研究國際關係事務的優越性。

推薦閱讀

1. Fierke, Karin M. (2016). "Constructivism," in Tim Dunne, Milja Kurki, and Steve Smith, eds., *International Relations Theories: Discipline and Diversity*, New York: Oxford University Press, pp. 161-178.

2. Reus-Smit, Christian (2013). "Constructivism," in Scott Burchill and Andrew Linklater, eds., *Theories of International Relations*, New York: Palgrave Macmillan, pp. 217-240.

3. Scott Burchill, et al. (2009). *Theories of International Relations*, New York: Palgrave Macmillan；莊皓雲（譯）（2010）。《國際關係理論》，臺北：時英出版社。

4. 莫大華（2007）。「探索國際關係理論的建橋計畫：理性主義與建構主義的理論綜合」，政治科學論叢，第31卷，頁175-216。

5. 莫大華（2010）。「國際關係建構主義理論的心物二元論：Alexander Wendt的量子社會科學理論的分析與批判」，問題與研究，第49卷1期，頁29-58。

6. 莫大華（2015）。「Nicholas Onuf與Friedrich Kratochwil的社會理論、國際法與國際關係理論連結之比較分析」，問題與研究，第54卷2期，頁1-31。

7. 莫大華（2020）。「國際關係建構主義理論發展的世代危機或轉機：十字路口或死巷？」，政治學報，第70期，頁77-119。

參考書目

Adler, Emanuel (1997). "Seizing the Middle Ground: Constructivism in World Politics," *European Journal of International Relations*, Vol. 3, No. 3, pp. 319-363.

Adler, Emanuel (2002). "Constructivism and International Relations," in Walter Carlsnaes, Thomas Risse, and Beth A. Simmons, eds., *Handbook of International Relations*, London: Sage, pp. 95-118.

Adler, Emanuel (2013). "Constructivism and International Relations: Sources, Contributions, and Debates," in Walter Carlsnaes, Thomas Risse, and Beth A. Simmons, eds., *Handbook of International Relations*, London: Sage, pp. 112-144.

Bennett, Andrew and Jeffrey T. Checkel (2015). "Process tracing: From Philosophical Roots to Best Practices," in Andrew Bennett and Jeffrey T.

Checkel, eds. *Process tracing: From Metaphor to Analytic Tool*, Cambridge: Cambridge University Press, pp. 3-37.

Brautigam, Deborah (2020). "A Critical Look at Chinese 'Debt-Trap Diplomacy': the Rise of a Meme," *Area Development and Policy*, 5(1):1-14.

Campbell, David (1992). *Writing Security*, Minneapolis: University of Minnesota.

Epstein, Charlotte (2012). "Stop Telling US How to Behave: Socialization or Infantilization?," *International Studies Perspective*, Vol. 13, No. 2, pp. 135-145.

George, Alexander L. (1979). "The Causal Nexus Between Cognitive Beliefs and Decision-Making Behavior," in Lawrence S. Falkowski, ed., *Psychological Models in International Politics*, Boulder, Colo.: Westview Press, pp. 95-124.

Goldstein, Judith and Robert Owen Keohane (1993). *Ideas and Foreign Policy: Beliefs, Institutions, and Political Change*, Ithaca, NY: Cornell University Press.

George, Alexamder L. and Andrew Bennett (2005). *Cast Studies and Theory Development in Social Science*, Cambridge, MA: MIT Press.

Guzzini, Stefano (2000). "A Reconstruction of Constructivism in International Relations," *European Journal of International Relations*, Vol. 6, No. 2, pp. 147-182.

Holzscheiter, Anna (2014). "Between Communicative Interaction and Structures of Signification: Discourse Theory and Analysis in International Relations," *International Studies Perspective*, Vol. 15, No. 2, pp. 142-162.

Hynek, Nik and Andrea Teti (2010). "Saving Identity from Postmodernism? The Normalization of Constructivism in International Relations," *Contemporary Political Theory*, Vol. 9, No. 2, pp. 171-199.

Jackson, Robert and Georg Sorensen (2016). *Introduction to International*

Relations: Theories and Approaches. Oxford: Oxford University Press.

Jacobs, Alan M. (2015). Process Tracing the Effects of Ideas," in Andrew Bennett and Jeffrey T. Checkel, eds. *Process tracing: From Metaphor to Analytic Tool*, Cambridge: Cambridge University Press, pp. 41-73.

Jervis, Robert (1998). "Realism in the Studies of World Politics," *International Organization*, Vol. 52, No. 4, pp. 971-991.

Krasner, Stephen D. (1982). "Structural Causes and Regime Consequences: Regimes as Intervening Variables," *International Organization*, Vol. 36, No. 2, pp. 185-205.

Kratochwil, Friedrich (1989). *Rules, Norms, and Decisions: On the Conditions of Practical and Legal Reasoning in International Relations and Domestic Affairs*, Cambridge: Cambridge University Press.

Kratochwil, Friedrich (2000)."Constructing a New Orthodoxy? Wendt's 'Social Theory of International Politics' and the Constructivist Challenge," *Millennium*, Vol. 29, No. 1, pp. 73-101.

Kurki, Milja and Adriana Sinclair (2010). "Hidden in Plain Sight: Constructivist Treatment of Social Context and Its Limitations," *International Politics*, Vol. 47, No. 1, pp. 1-25.

Kurki, Milja and Colin Wight (2016). "International Relations and Social Science," in Tim Dunne, Milja Kurki, and Steve Smith, eds., *International Relations Theories: Discipline and Diversity*, New York: Oxford University Press, pp. 13-33.

Mandelbaum, Michael (2016). *Mission Failure: American and the World in the Post-Cold War Era*, Oxford: Oxford University Press.

Manning, Charles Anthony Woodward (1975). *The Nature of International Society*, New York: Wiley.

Milliken, Jennifer (1999). "The Study of Discourse in International Relations: A Critique of Research and Methods," *European Journal of International*

Relations, Vol. 5, No. 2, pp. 225-254.

Onuf, Nicholas G. (1989). *World of Our Making*, Columbia: University of South California Press.

Onuf, Nicholas G. (2016). "Constructivism at the Crossroad; or, the problem of Moderate-Sized Dry Goods?," *International Political Sociology*, Vol. 10, No. 2, pp. 115-132.

Price, Richard and Christian Reus-Smit (1998). "Dangerous Liaisons? Critical International Theory and Constructivism," *European Journal of International Relations*, Vol. 4, No. 3, pp. 259-294.

Smith, Steve (2002). Reflectivist and Constructivist Approaches to International Theory," in John Baylis and Steve Smith, eds., *The Globalization of World Politics: An Introduction to International Relations*, New York: Oxford University Press, pp. 224-249.

Sorensen, Georg (1998). "IR Theory after the Cold War," *Review of International Studies*, Vol. 24 (special issue), pp. 83-100.

Suganami, Hidemi (2001). "C. A.W. Manning and the Study of International Relations," *Review Of International Studies*, Vol. 27, No. 1, pp. 91-107.

Weber, Cynthia (1995). S*imulating Sovereignty: Intervention, the State and Symbolic Exchange*, Cambridge: Cambridge University Press.

Wendt, Alexander (1987). "The Agent–Structure Problem in International Relations Theory," *International Organization*, Vol. 41, No. 3, pp. 335-370.

Wendt, Alexander (1998). "On Constitution and Causation in International Relations," *Review of International Studies*, Vol. 24 (special issue), pp. 101-117.

Wendt, Alexander (1999). *Social Theory of International Politics*, Cambridge: Cambridge University Press.

中華人民共和國中央人民政府（2015a）。「人民銀行：絲路基金起步運行」，2015年2月16日，http://www.gov.cn/xinwen/2015-02/16/

content_2820230.htm（檢索日期：2017年7月15日）。

中華人民共和國中央人民政府（2015b）。「經國務院授權 三部委聯合發布推動共建一帶一路的願景與行動」，2015年3月28日， http://big5.gov.cn/gate/big5/www.gov.cn/xinwen/2015-03/28/content_2839723.htm（檢索日期：2017年7月15日）。

李艷芳（2020）。「斯里蘭卡外債問題的生成邏輯與爭論辨析」，國際展望，第1卷，頁108-130。

商務部（2014）。「21國簽署籌建亞投行備忘錄」，2014年10月25日，http://www.mofcom.gov.cn/article/i/jyjl/j/201410/20141000773570.shtml（檢索日期：2017年7月8日）。

國務院新聞辦公室（2005）。「中國的和平發展道路」，2005年12月22日，http://www.scio.gov.cn/zfbps/ndhf/2005/Document/307900/307900.htm（檢索日期：2017年7月15日）。

國務院新聞辦公室（2011）。「中國的和平發展」，2011年9月6日，http://www.scio.gov.cn/zfbps/ndhf/2011/Document/1000032/1000032_1.htm（檢索日期：2017年7月15日）。

國務院新聞辦公室（2013a）。「習近平：共同建設二十一世紀『海上絲綢之路』」，2013年10月3日，http://www.scio.gov.cn/ztk/wh/slxy/gcyl1/Document/1442461/1442461.htm（檢索日期：2017年7月18日）。

國務院新聞辦公室（2013b）。「中共中央關於全面深化改革若干重大問題的決定」，2013年11月15日， http://www.scio.gov.cn/32344/32345/32347/32756/xgzc32762/Document/1415757/1415757.htm（檢索日期：2017年7月8日）。

國務院新聞辦公室（2017）。「文化部一帶一路文化發展行動計畫（2016-2020）」，2017年5月11日，http://www.scio.gov.cn/xwfbh/xwbfbh/wqfbh/35861/36653/xgzc36659/Document/1551344/1551344.htm（檢索日期：2017年7月8日）。

莫大華（2003）。《建構主義國際關係理論與安全研究》，臺北：時英。

莫大華（2009）。「國際關係建構主義理論內部的知識論差異與方法論多
　　元」，問題與研究，第48卷第3期，頁63-95。

華夏經緯網（2013）。「習近平呼籲共建『絲綢之路經濟帶』全文」，
　　2013年9月7日，http://big5.huaxia.com/zt/tbgz/13-038/3520399.html（檢
　　索日期：2017年7月8日）。

新華網（2013）。「中央經濟工作會議在北京舉行　提出明年經濟
　　工作六大任務」，2013年12月13日，http://news.xinhuanet.com/
　　fortune/2013-12/13/c_118553239.htm（檢索日期：2017年7月18日）。

新華網（2014a）。「習近平在亞洲相互協作與信任措施會議第四次峰
　　會上的講話（全文）」，2014年5月21日，http://news.xinhuanet.com/
　　world/2014-05/21/c_1110796357.htm（檢索日期：2017年7月8日）。

新華網（2014b）。「習近平出席中央外事工作會議發表重要講話」，
　　2014年11月29日，http://news.xinhuanet.com/politics/2014-11/29/
　　c_1113457723.htm（檢索日期：2017年7月15日）。

第四章

地緣政治學：
地理角度的國際關係研究

王俊評（政治大學外交系博士）

一、前言

　　地理是影響國家行爲的一個重要因素，地緣政治學專門研究自然與人文地理對國際關係、外交政策、軍事戰略等的影響。但是由於在第二次世界大戰中受到納粹德國的連累，常背負爲帝國主義侵略辯護的指責。另一方面，其在政治界、新聞界、學界等被大量濫用，又導致一般人對其概念不甚清楚，或者以爲具有某種魔力。其實地緣政治學既沒有被納粹德國用來支持其侵略，也沒有什麼特別或神秘之處，是眾多外交政策研究的理論之一，只是其方法與切入分析的途徑與其他國際關係理論較爲不同。

　　冷戰結束後，地緣政治學擺脫過去的誤解，在現代國際關係研究中愈來愈得到重視。它提供我們理解國家如何建立自己的世界觀並界定利益及威脅的一面透鏡，進而制訂相關政策與戰略，也讓我們理解每一種地緣政治理論都有特定的時空背景，與時俱進，不能任意套用，否則將產生錯誤的認識。因此，了解地緣政治學的本質及研究方法，對於深入觀察國際議題有很大的幫助。

　　本章希望替讀者揭開這門學科的面紗，首先介紹地緣政治學的起源及發展，接著帶領讀者進入最爲人所熟知的**古典地緣政治學**（Classical Geopolitics），再進入由其衍生而來的**新古典地緣政治學**（Neoclassical Geopolitics），以及**批判地緣政治學**（Critical Geopolitics）。

二、地緣政治學的起源與發展

　　地緣政治學起源於十九世紀中葉的歐洲，最有名的奠定者是十九世紀德國著名人文地理學者拉采爾（Friedrich Ratzel）。拉采爾從地理的角度解釋全球歷史的發展，但由於他受到英國生物學家達爾文（Charles Darwin）的影響，認為國家是一種「有機體」（organism），為了生存必須擴張。

拉采爾

　　拉采爾是「地理決定論」（determinism）的擁護者，並在1897年發表的名著《政治地理學》（*Politische Geographie*）中，提出所謂的「生存空間」（*Lebensraum*, living space）概念：人口不斷成長的大國，比其他國家更需要生存空間來供其發展；而已經擁有巨大空間（*Grossraum*）的國家如美國、俄羅斯、中國等，注定會成為全球強國。這種邏輯也導致身處十九世紀中葉的「不列顛治世」（*Pax Britannica*）的拉采爾，盛讚海權（sea power）取得的巨大成就。

　　拉采爾的研究仍屬於地理學範圍，只是觀察角度由政治切入，觀察政治如何影響人文地理的發展。「地緣政治學」的德文名稱「*Geopolitik*」則由拉采爾的學生，瑞典政治學者兼政治家克哲倫（Rudolf Kjellén）賦予，從此由地理學開始跨入政治學的領域，逐漸改為研究地理如何影響國際政治，爾後更與軍事戰略發展出密切關聯：克哲倫認為，「帝國」（Reich）不只要擁有生存空間，還必須取得有利的戰略地理條件，如此才能發展自給自足的封閉經濟制度（autarky）。

　　地理研究與軍事需求相結合，使得外界容易混淆地緣政治學與所謂的「地緣戰略」（Geostrategy）。其實兩者並不難區別：地緣政治學是一

門學科，也可以作為從地理觀點對國際政治局勢的分析途徑，但不提出具體的政策；反之，地緣戰略是國家的行動綱領，與實際政策高度相關（Gray, 1977: 19）。

　　兩次大戰期間，以豪斯霍夫（Karl Haushofer）將軍為首的德國學派，曾經嘗試以拉采爾的國家有機體與生存空間概念為基礎，融合克哲倫的封閉經濟制度、英國地理學者麥金德（Halford J. Mackinder）的**「心臟地帶」（Heartland）理論**，與美國海軍軍官馬漢（Alfred T. Mahan）提出的「海權論」，強調對各種交通線「遏制點」（choke point）的控制，以形成類似勢力範圍的「泛區」（Pan-regions）。其中，德國是「泛歐非」（Pan-Euro-Africa）的核心，美國是「泛美」（Pan-America）的核心，日本則是「泛亞」（Pan-Asia）的核心（Cohen, 2009: 21）。

　　豪斯霍夫的理論被認為是納粹德國的擴張依據，但這其實相當冤枉，他並不提倡武力征服東歐與蘇聯，反而提出多種德蘇聯盟構想，而且在

納粹德國入侵蘇聯。

1941年以後對希特勒（Adolf Hitler）的政策就沒有影響力。但地緣政治學不幸受此牽連，在第二次世界大戰後被視爲惡名昭彰的「僞科學」，銷聲匿跡於歐美主流學界。

今日已經不復見德國學派地緣政治學，但英美地緣政治學理論則存活下來，形成所謂的「古典地緣政治學」，並深刻影響了肯楠（George Kennan）、季辛吉（Henry Kissinger）、布里辛斯基（Zbigniew Brzeziski）等著名美國外交官與政治家，形成美國在冷戰時期對蘇聯的「圍堵政策」（Containment），至今仍在西方政策圈發揮強大的影響力。

三、古典地緣政治學

古典地緣政治學興起於十九世紀末，主要是爲了解釋當時國際體系的最重要特徵：英國如何從位處西北歐的島國，發展爲殖民地遍布世界的大英帝國，而且幾乎控制了世界海洋的各主要遏制點，沒有其他國家能與英國在海上競爭，並藉由世界最強海軍操縱歐洲各大國的權力平衡（Balance of Power），創造出自1815年拿破崙戰爭（Napoleonic Wars）結束，至1914年第一次世界大戰爆發爲止，將近一個世紀和平的不列顛治世。

古典地緣政治學家從海洋、陸地等最基本的地理性質著手，試圖建構海陸性質差異如何影響國家的發展軌跡、如何影響國家對威脅的認知與利益的界定，以及如何展開戰略行動的宏觀巨型理論，最著名的理論有三種：馬漢的「海權論」、麥金德的「心臟地帶理論」，以及美國政治學家史派克曼（Nicholas Spykman）融合前兩者的「**邊緣地帶理論**」（Rimland Theory）。

（一）海權論

馬漢的海權論認爲海洋乃是世界歷史與全球國際政治的最關鍵變數，其不僅促成美國在十九世紀末正式從大陸國家轉向海權發展，也改變了整

個國際戰略局勢，並影響了麥金德與史派克曼的理論。直到現在，世人對各國提倡遠洋海軍與海洋發展的主要人物，莫不冠以該國的「馬漢」的稱號，如中國的劉華清上將等。海權論可說是第一個對世界歷史發生深遠影響的古典地緣政治學理論。

馬漢的地緣政治思想有兩種層面：根據歷史的發展，解釋海權對國家發展與國際競爭的影響，屬於國際關係層面；從海軍史歸納出海軍戰略理論，屬於純粹軍事的層面。

馬漢

國際關係層面主要是以英國歷史為例，指出海權在國際戰略競爭中的重要性，以及國家應如何發展海權。馬漢明確指出，海權是三種互相關聯的國家行為的發展所構成的動態循環：經濟生產、航運能力、取得海外殖民地的資源與進行貿易。

也就是說，海權源於人類對海洋的使用，其方式並非將海洋作為領土，而是將海洋作為大量運輸的最廉價通道。而當國家對於這種經濟層面的海權有強大的需求時，才能永續支持以海軍艦隊為代表的軍事海權的發展，否則海軍艦隊的發展終將是曇花一現。

為了說明一個國家是否具備發展海權的條件，馬漢提出著名的六大「海權要素」（Mahan, 1894: 29-81）：

- **地理位置** —— 島國或者不需擔心敵人從陸地發動威脅的國家，比強敵環伺的國家，更有機會發展海權。
- **海岸線形勢** —— 指的是國家的海岸線如果便於和海洋發生聯繫，人民便會更願意到海上冒險與奮鬥。
- **領土組成** —— 最關鍵的是海岸線與領土大小的比例，以及天然港口的數量，這是國家發展海權很重要的物質基礎。

- **海事工作者在人口中的比例**──愈多人從事與海洋相關的工作，愈容易培養海權。特別重要之處是在海上航行、工作、戰鬥需要特別的技術，因此海員非常不容易補充。如果比例過低，很容易因爲幾次挫敗而導致海權萎縮。
- **民族特點**──主要是指對商業貿易的態度，愈是明瞭貿易的價值，對貿易抱持開放胸懷與歡迎態度的國家，愈能發展出強大的海權。
- **政府性質與政策**──國家的中央政府對海洋與貿易的態度。與民族特質類似，如果中央政府對海洋抱持敵視態度，任何國家都不可能發展海權。對比東亞的中國、韓國、日本，和西歐各海洋國家如英國、法國、荷蘭，乃至俄羅斯等國的歷史，這項因素可說極爲關鍵。

　　馬漢特別重視政府素質的影響，認爲這能左右國家發展海權的命運。而作爲美國國民，馬漢擔心美國廣土眾民的大陸性格，會嚴重阻礙其發展爲偉大的海權國家。他極力倡導美國應該發展一支除了英國之外，超越世界其他各國的海軍，同時把美國南方的加勒比海盆地納爲勢力範圍。

　　也就是在馬漢的鼓吹之下，美國在二十世紀初接下了開鑿巴拿馬運河（Panama Canal）的重任，以縮短其東西兩岸的航運距離及時間。馬漢相信，藉由控制巴拿馬運河與夏威夷（1898年成爲美國屬地），美國將可成爲眞正的太平洋強權。

　　軍事性的海權最主要是馬漢探討制海權（command of the sea）的存在如何影響各國在海上戰爭的勝負。這是馬漢作爲海軍軍官所關切的根本議題，但遠不如他在一般性的海權理論有名，反而在歐洲衍生出海軍競賽的惡果。這是馬漢理論的第一個悲劇：沒有明確指出制海權的決定性影響。

巴拿馬運河。

小知識　制海權

馬漢本身對於制海權沒有明確與嚴謹的定義。與馬漢同時代的英國海洋戰略學家柯白（Julian Corbett）則提出現代西方海軍遵循的定義：對海上交通線的控制，無論交通線是軍用或民用。馬漢與柯白皆同意，制海權僅存在於戰時，和平時期無制海權。封鎖與決定性海戰則是奪取制海權的兩大手段，其中又以封鎖居於核心地位，是英國能屢次在海上成功擊敗其他歐洲強國的秘訣。

　　海洋不同於陸地，制海權的特性讓國家無法在其中實施權力平衡操作，只能由一個海上霸權主宰，否則就是對所有國家均不安全。但基於對馬漢的誤解，當時的歐洲列強莫不卯盡全力發展海軍，最終成為第一次世界大戰的遠因。

　　第二個悲劇是馬漢沒有詳細區分海洋在平時的商業使用，與戰時的軍事使用，有極大的差異──前者是基於海洋自由（Freedom of the seas）原則而非軍事控制（Rosinski, 鈕先鍾，1977：36-37）。令人感到詫異的是，海洋自由原則還是美國立國以來最基本的政治主張。

　　這些缺陷造成馬漢的理論雖然一推出就廣受各國重視，但卻也促成美國、德意志帝國、奧匈帝國、日本帝國、俄羅斯帝國等列強在十九世紀後期大肆擴張海軍的主要依據，對於促成第一次世界大戰前的緊張形勢，特別是英德海軍競賽，必須承擔一定程度的責任。

英德日德蘭海戰（Battle of Jutland）。

（二）心臟地帶理論

麥金德

一般認爲麥金德的心臟地帶理論是站在馬漢的對立面，事實上麥金德是繼承英國傳統的權力平衡思維，認爲海洋國家必須聯合起來平衡心臟地帶陸權的潛力，才能維持國際體系的穩定與和平。麥金德的地理學者出身也使其提出較馬漢嚴謹的世界地緣政治結構概念，影響後代的地緣政治學甚鉅。

麥金德的理論主要是爲了因應當時英國部分人士依照馬漢的觀點，與英國自身的歷史經驗，認爲只要掌握全球海權就能無敵於世界的論述。他認爲由於鐵路、內燃機等技術的出現與改進，使得大陸國家比起過去能夠更迅速地整合、動員本身資源，對全球範圍的陸海對抗，特別是十九世紀中葉以來的英俄競爭，具有重要影響。麥金德從地理學的角度出發，將世界分爲三種區域（圖4-1）：

- 「樞軸區域」（Pivot Area）—位於歐亞大陸內陸，純大陸屬性，即後來所謂的「心臟地帶」。
- 「內新月地帶」（Inner Crescent）—環繞在心臟地帶之外的歐洲、西亞、東亞。其中，麥金德把法國、義大利、埃及、印度、朝鮮半島等處賦予沿海「橋頭堡」的地位，認爲它們是海陸交接之處，海權必須支援這些地區以防陸權在此集中軍隊或艦隊。
- 「外新月地帶」（Outer Crescent）—與內新月地帶之間隔著海洋或沙漠的英國、日本、美洲、澳洲、非洲等地。

圖4-1　麥金德的三大區域（1904）

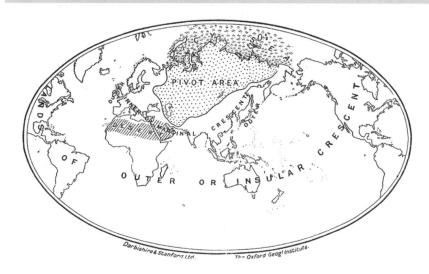

資料來源：Mackinder, 1904: 435.

　　麥金德將人口最多、農業與天然資源最豐富的歐亞大陸視為全球地緣政治的真正核心，並認為從東歐延伸到中亞草原，在當時的技術條件下是難以遭到海權有效打擊的心臟地帶，又是歐亞大陸的核心。

小知識　心臟地帶

麥金德對心臟地帶的定義並非固定不動，他分別在1904、1921、1943年等提出三次範圍不同的範圍。一般認為從東歐延伸到中亞的概念，是1921年所提出，範圍最大。範圍最小的是1943年，麥金德有幸見證空權在第二次世界大戰的迅猛發展，發現其能有效加強海權對歐亞大陸內陸的打擊範圍，於是大幅縮小心臟地帶的範圍，西部及南部大致上與蘇聯在歐洲、西亞、新疆的國境線相符，但東部則僅限於西伯利亞中部。

他呼籲英國不要忽略德國、俄羅斯等中東歐大陸強權的潛在威脅，因為統治歐亞大陸心臟地帶的強國在鐵路的幫助下，既能躲避海權的打擊，又能同時整合內部資源培養實力。而且因為心臟地帶陸權身處大陸的「內線」，讓他們的行動能比位居海洋「外線」的海權更加迅速。但對海權來說最糟的情況是，如果陸權在歐亞大陸沒有敵手，最終將發展出足以壓倒海權的海軍力量（Mackinder, 1904: 436）。

這構成麥金德著名的三段論述：

「誰統治東歐，就控制了心臟地帶；誰統治心臟地帶，就控制了世界島；誰統治世界島，就控制了世界」（Mackinder, 1996: 106）。

小知識　世界島

世界島指的是歐、亞、非三洲，是世界上最大的陸塊。

麥金德並非決定論者，不認為陸權將對海權取得最後勝利，其本意是每個時代都有各自的地理展望，過去的經驗不一定適用於新時代，必須重新調整。相對於陸權的廣土眾民、豐沛的資源與位居內新月地帶的內線優勢，麥金德認為海權如果不具備次大陸等級的本土規模，很難與其匹敵。偏偏本土規模相對狹小，就是英國、法國等西歐海權國家的罩門。

為了反制心臟地帶陸權的威脅，麥金德的辦法就是英國傳統的權力平衡。首先，必須阻止心臟地帶陸權控制內新月地帶，該區域的資源與人力可用來加強陸權的力量。其次，必須在心臟地帶周邊不斷尋找盟友協助平衡陸權的力量。

基於這種考量，麥金德在第二次世界大戰戰火方酣的1943年呼籲，西歐應該與美國聯合起來，加上中國、印度等的幫助，才能壓制可能再度尋求控制心臟地帶的陸權（德國）（Mackinder, 1943: 601-605）。這其實就

是冷戰時美國「圍堵政策」的思想源頭之一。前美國國務卿季辛吉在1970年代努力促成美中關係正常化，聯手圍堵蘇聯，從麥金德的主張來看一點也不意外。

麥金德也像馬漢一樣，曾對東亞的未來做出預測：中國在日本的「組織」下，可能征服

尼克森訪問北京。

俄羅斯，進而對西方構成「黃禍」（yellow peril），因為東亞替中日兩國提供廣闊的海洋，既是屏障也是優越的海洋戰略環境，不像俄羅斯被鎖在歐亞大陸深處。

中國在歷史上當然沒有被日本「組織」，但日本在1941年發動太平洋戰爭，導致英法荷三國在戰後不到二十年內幾乎丟光所有東南亞殖民地，某種程度來說確實是一種「黃禍」。此外，麥金德關於東亞的海陸戰略地理條件的分析，頗為符合中國官方自2013年來的「陸海兼備大國」自我地緣政治認同。不過，今日的中國缺乏當年麥金德想像中的廣闊海洋屏障，因為西太平洋的兩條「島鏈」皆在美國的掌握之中，這對於中國的發展會造成何種影響，有待史派克曼的邊緣地帶理論的解釋。

小知識　陸海兼備大國

「陸海兼備大國」指中國既有廣闊的大陸國土，也有世界上數一數二綿長的海岸線，具有海陸二元性。2000年代，這個說法即已出現在中國學者的討論，但官方直到2013年4月，才由當年度的中國國防白皮書首度定調，並且由中國國家主席習近平在同年7月確認。

（三）邊緣地帶理論

史派克曼

　　「邊緣地帶」是1943年逝世的美國地緣政治學者史派克曼所提出的理論。史派克曼認爲地理恆久不變的特性，使其成爲影響外交政策的最根本變數。他接納麥金德以心臟地帶爲核心的地緣政治結構，但是不像麥金德那樣重視海權與陸權的對抗。史派克曼將「內新月地帶」與沿海橋頭堡合併，改稱爲「**邊緣地帶**」（rimland），強調這個地區的國家若能適當整合發揮本身的潛力，將擁有足以與英美海權、心臟地帶陸權相抗衡的戰略地位。

　　爲了強調邊緣地帶的重要性，他把麥金德的著名三段論改寫爲：

　　「誰控制了邊緣地帶，就主宰了歐亞大陸；誰主宰了歐亞大陸，就控制了世界的命運」（Spykman, 1944: 43）。

　　史派克曼認爲邊緣地帶之所以具有這樣重要的地位，源自該區域國家的特殊地緣政治屬性：由於需要同時面對來自海陸兩方的威脅，必須走上海陸兼備的道路，結果同時對海權及心臟地帶陸權都構成威脅，受到後兩者的圍堵，必須打破這種不利局面。

　　史派克曼是國際政治學者，對於地緣政治結構的權力平衡觀點，比起麥金德更偏向於今日熟悉的類型，也更加具備外交政策意涵：

　　衝突的根源在於邊緣地帶的權力分配模式，一旦出現不平衡的現象，衝突不但必然發生，而且將挑動陸權與海權同時對主宰邊緣地帶的強國的共同圍堵，例如第二次世界大戰時期同盟國對德日兩國的包圍。

　　基於防止邊緣地帶出現主宰強權的論點，他認爲二戰結束後，原有的

同盟國必須轉變爲對抗
蘇聯的同盟，不應把歐
洲與東亞沿海讓給蘇聯
與中國支配。同時，他
也反對西歐整合，認爲
必須讓德俄在戰後的歐
洲相互制衡。

　　換言之，史派克曼
實爲現實主義典範中，
結合地理與權力分配的
先驅。他雖然試圖把

美國海軍在南海實施航行自由作戰演習。

地緣因素在理論中的地位提升至體系層級，成爲邊緣地帶—心臟地帶—
海權的三極結構，與米爾斯海默（John J. Mearsheimer）的攻勢現實主
義（Offensive Realism）僅將地理視爲單位層次的作法不同（張登及，
2009：17），但當他強調衝突乃源自邊緣地帶的權力分配結構時，仍然是
國際關係理論的觀點，與馬漢、麥金德注重控制戰略交通線與遏制點，或
地理本身的影響力，有相當的差異。

　　一般認爲美國對蘇聯的圍堵政策受到史派克曼的巨大影響。不過根據
上文的敘述，這種說法是不正確的。圍堵政策強調的是美蘇對峙代表的海
權與心臟地帶陸權的對抗，美國竭力防止歐亞大陸的邊緣地帶爲蘇聯控
制，故遵循的是麥金德的海陸對抗邏輯，而非史派克曼強調邊緣地帶本身
的發展才是地緣政治競爭主軸的主張。

　　當前的中國崛起則較爲符合史派克曼的理論。東亞屬於邊緣地帶，中
國的地緣政治屬性也是標準的海陸兼備，史派克曼過去即曾預言，中國將
崛起成爲亞洲大陸首強，足以控制由日本海至南海的海域，迫使美國必
須協助日本與東南亞來抵抗中國的壓力。因此中國崛起帶來的區域權力
分配不均，將使美國海權增強對東亞與西太平洋的介入。這不僅體現在歐
巴馬（Barack Obama）政府的亞洲「再平衡」（Rebalancing）戰略，更重

要的是川普（Donald Trump）政府在2017年12月發布的《國家安全戰略》
（National Security Strategy, NSS），以及2018年1月的《國家安全戰略》
（National Defense Strategy, NDS），不僅將中國與俄羅斯並列為兩大首要
競爭對手，甚至暗示中國對美國的威脅超越俄羅斯。

　　不過，中國崛起似乎並未同時導致依然占據大部分心臟地帶的俄羅斯
也加入圍堵的行列，反而與中國靠攏。這顯示因為俄羅斯力量的衰弱，
心臟地帶無力在當前成為全球地緣政治的一極，而迫使俄羅斯必須在某
種程度上與中國聯合。然而，俄羅斯與中國的聯合始終存在猜忌，既不
願意正式結盟，也不願意在中亞的經濟整合，與上海合作組織（Shanghai
Cooperation Organization, SCO）的安全合作中積極運作，俄羅斯為了自己
的航行自由利益，甚至不支持中國對南海議題的立場，更與中國在南海的
主要對手越南，以及擁有激烈邊界主權爭端的印度，保持戰略合作關係，
在在顯示對中國的提防。

　　由此而言，史派克曼的觀點在俄烏戰爭前，並沒有基本錯誤，俄國是
用另一種形式來參與對中國的圍堵，只是沒有與美國、日本進行合作而
已。至於未來情勢是否會轉變，端視中國是否能進一步徹底支配東亞，同
時對美俄構成首要威脅。

小知識　上海合作組織

上海合作組織成立於2001年6月，創始會員國除了中國與俄羅斯，還包
括中亞的哈薩克、吉爾吉斯、塔吉克、烏茲別克等四國，另外，2017
年以後又陸續接受印度、巴基斯坦與伊朗加入。受限於中俄兩國的心
結，以及各成員國不願與美國為首的西方國家敵對，該組織成立以來
始終強調開放性，也不針對任何國家或地區，安全合作更僅限於打擊
恐怖主義、極端主義等，並非真正有力量的集體防衛組織或軍事同
盟。

四、新古典地緣政治學

新古典地緣政治學顧名思義，是古典地緣政治學的延伸，特別深受麥金德的結構觀點影響，但更加強調與政策的結合，與史派克曼較為接近。造成這種差異的重要原因之一是美國政策圈的影響，尤其先後在尼克森（Richard Nixon）與福特（Gerald Ford）政府擔任國家安全顧問與國務卿，在美國與國際政壇上紅極一時的知名國際政治學者季辛吉，打破戰後西方對地緣政治與納粹關聯的禁忌，從地緣政治觀點考量美蘇冷戰與全球競爭。其後擔任卡特（Jimmy Carter）政府國家安全顧問的布里辛斯基，也有類似的傾向。

另一個原因則是1980年代初期，北大西洋公約組織（North Atlantic Treaty Organization, NATO）成員國內部有強烈的左派和平運動，促成美、法、德等國內部的右派保守勢力援引古典地緣政治學的思維論述來對抗左派的和平運動，結果導致與國家的戰略相結合，跳脫單純的學術研究。

小知識　北大西洋公約組織

1949年4月，美國、加拿大、冰島、英國、法國、挪威、丹麥、荷蘭、比利時、義大利、盧森堡、葡萄牙等12個北美洲、歐洲國家，在華盛頓簽署《北大西洋公約》（North Atlantic Treaty），成立北大西洋公約組織。主要目的為對抗蘇聯和其東歐共產附庸國的威脅的集體防衛組織，規定締約國之一如遭到外來武裝攻擊，應視為對全體成員國的攻擊。其後在1950年代納入希臘、土耳其、西德，1982年接納西班牙。冷戰結束後有數次東向擴大，納入原東歐共產國家。最新成員國是俄烏戰爭爆發後，在2023年加入的芬蘭。

不過正如麥金德早已指出的，地緣政治研究必須符合每個時代的要求，新古典地緣政治學並非單純將古典地緣政治學拿來套用，爲了解釋當代的議題，必須符合冷戰後期以來，特別是蘇聯解體以後的全新國際政治。尤其麥金德的理論仍屬於國家有機體概念影響的「封閉體系」，並不考慮其他外部因素對其理論的影響，只考慮行爲者如何透過自身的機制增強力量。這明顯不適用冷戰結束後的國際體系。

冷戰時期的反核武示威。

新古典地緣政治學主要是在古典地緣政治學的基礎上，融合冷戰後包括太空科技在內的新科技，同時吸收包括歷史學與社會科學的新發展，綜合這些複雜的學科發展而來，試圖闡述冷戰後以美國爲首的「單極」（unipolrity）世界如何運作，和面臨何種挑戰。兩大主流一是偏向地緣戰略的研究，另外則是從地緣結構的角度，進行全球地緣政治分析的學院派路線。

（一）地緣戰略

新古典地緣政治學對地緣戰略的研究，在1990年代最著名者或許當推布里辛斯基的《大棋盤》（The Grand Chessboard）一書。

作爲匈牙利裔的學者與政治人物，以及對蘇聯的深入研究，布里辛斯基繼承麥金德的心臟地帶觀點，重心在歐亞大陸而非亞太，主要目標是俄羅斯與歐盟，而非中國、日本。對中國的態度比起對俄羅斯友善許多。

布里辛斯基認為蘇聯解體後，世界地緣政治的重心依然在歐亞大陸；美國地緣戰略的當務之急，是防止歐亞大陸出現有實力把美國趕走的單一國家，或若干國家的組合（Brzezinski, 1997: 198）。在他看來，俄羅斯是最有實力也最有決心達到這個目標的國家，美國必須與德、法兩國密切合作，將歐盟當作美國在歐亞大陸的「民主橋頭堡」；同時與中

1996年，俄羅斯總統葉爾欽與中國國家主席江澤民簽署《中俄聯合聲明》，建立維繫至今的「中俄戰略協作夥伴關係」。

國維持友好關係，防止中俄兩國再度結成冷戰初期的中蘇同盟關係，形成對歐亞大陸的宰制聯盟。

　　布里辛斯基迫使俄羅斯放棄恢復前蘇聯聲威的帝國式野心的戰略主張，就是麥金德概念的重現。他主張美國不僅要支持北大西洋公約組織的東擴與歐洲整合，也必須讓中國更進一步融入世界體系，強調中國的區域力量對於穩定歐亞局勢是一個非常重要的戰略資產，與歐洲不分軒輊。

　　這樣的邏輯讓他認為，美國必須接納中國主宰東亞，誘發中國與俄羅斯對抗。但為了維持美國的利益，他又指出美國不可放任中國擴張在亞太海洋地區的勢力範圍，必須在東亞保有以美日同盟為基礎的聯盟體系，才能安心接納中國成為區域霸權。這其實是史派克曼的思路，也是美國在東亞長期的路線，布里辛斯基並沒有特別的開創性。

　　隨著中國的持續強大與俄羅斯的日漸衰退，地緣戰略派在2010年代的目光開始移向中國與東亞，卡普蘭（Robert D. Kaplan）的《地理的復仇》（*The Revenge of Geography: What the Map Tells Us About Coming Conflicts and the Battle Against Fate*）即是這種產物。

　　卡普蘭強調地圖的重要性：「地圖其實阻礙了人類平等和團結的概念，因為它提醒我們所有不同的地球環境，這些差異使人類在許多方面非常不平等、不統一，造成衝突，而現實主義正寄身其間」（Kaplan, 林添貴，2017：65）。他引用史派克曼的話指出，在當前與未來，無論是全球戰爭或和平，所有區域都相互關聯，不能獨善其身。美國必須作為北美的「統合者」，在歐亞大陸則作為平衡者，協助維持歐亞大陸的權力平衡（2017: 450）。而隨著中國、印度等邊緣地帶大國的崛起，歐亞大陸的權力重心已經從傳統的西歐—俄羅斯軸線，移向邊緣地帶的亞洲部分。美國的戰略重心也會由冷戰時期的歐陸，轉向亞太、印度洋地區。川普政府呼應日本首相安倍晉三的主張，於2017年10月提出的「自由開放的印太地區戰略」（Indo-Pacific），以及建立作為該戰略核心的美日澳印度四國戰略合作框架（The Quad），即是因應新地緣政治結構的產物。

（二）交通線控制與地緣政治結構

　　學院派的新古典地緣政治學，主要是以政治地理為基礎的「地緣政治結構」作為分析架構，這方面的研究以1970年代就致力於地緣政治學復甦的美國地理學者科恩（Saul B. Cohen）最著名。

　　科恩提出類似泛區概念的「**地緣戰略領域**」（Geostrategic Realm），認為要組織這樣的「領域」的基本要求是控制重要的海陸通道（Cohen, 2009: 37）。而能夠組織這種「領域」的國家，也就是地緣政治結構中的超強。

　　國際交通線是包括投射武力、獲得資源在內的各種國際互動的媒介（Grygiel, 2006: 26-27），其分布和路線途徑精確反應出特定時代地緣政治結構中的精華區、政治中心、資源分布區、戰略要地等制訂地緣戰略時必須詳加注意的各種重要戰略目標的相對位置，這些政治地理特徵不會輕易改變，因此對國際交通線的控制，乃是大國能否順利向外投射權力的基本條件，而且控制程度高低能反應出國力強弱，以及國家的地緣政治屬性（王俊評，2014：150-151）。

Train from China to the UK

中歐鐵路專列。

　　中國國家主席習近平在2013年提出的「絲綢之路經濟帶」與「二十一世紀海上絲綢之路」（合稱一帶一路）宏大計畫，在交通線控制脈絡下就具有重要的地緣戰略意義：無論陸地或海洋，都已經有能夠連通歐亞非三洲的交通線。既有路線的品質好壞固然是一個問題，打造全新的交通線則必然讓其他大國聯想到中國可能正在建構自己的「泛區」或勢力範圍。

　　中國也面臨建設完成之後的交通線控制問題。如果要控制「海上絲綢之路」，非以取代美國的地位為終極目標不可；如果要確保「絲綢之路經濟帶」的歐亞大陸新洲際交通線安全，必須把沿線國家納為勢力範圍。進行中的「一帶一路」既是經濟上的機會，也是地緣政治上的挑戰，有關國家將全力進行競爭，結果如何還難以預料。

五、批判性地緣政治學

　　批判性地緣政治學同樣興起於1980年代。按照鄂圖泰爾（Gearóid Ó Tuathail）的說法，既非一般性的地緣政治理論，亦非對既有地緣政治權威智識的否定，廣義上包含能夠把全球政治空間化的理論（Ó Tuathail, 1996: 68）。這使得其範圍非常龐雜，按照學者的哲學立場，可分為解構型、馬克思政治經濟型，以及兩者的混和型等三大類（莫大華，2008：61-62）。

　　解構型受到國際關係學界後結構主義（Post-structuralism）的影響，

試圖透過對文本內容進行詮釋研
究的影響，追求解構地緣政治學
者、政治領導人等的地緣政治理
念，探索其背後的歷史脈絡即意
識形態，解答為何會產生特定
的地緣政治思想，以及這些思想
如何對國家的外交決策散發影響
力，以重新檢視地緣政治學的傳
統，還原其本質。

華勒斯坦

馬克思政治經濟型顧名思
義，主要從馬克思主義出發，
與解構型一樣具備明顯的結構
與世界秩序觀點（Flint & Taylor,
2007: 46），試圖由此角度解釋

經濟全球化帶來的衝擊與挑戰。廣義來說也包括華勒斯坦（Immanuel
Wallerstein）帶有空間化色彩的世界體系（World-system）理論，亦即所
謂核心（core）—半邊陲（semi-periphery）—邊陲（periphery）的世界經
濟秩序理論。

小知識　世界體系理論

世界體系理論主要從大尺度（40-50年以上或更久）的時間範圍，研
究經濟發達、位居世界政治經濟核心的已開發工業國家，如何透過各
種機制，剝削僅能輸出低廉原物料或人力的開發中，甚至未開發國家
（邊陲），以維持本身的經濟發展。半邊陲國家則居於兩者之間，一
方面由於本身的政經實力仍弱於核心，與邊陲同樣受到核心的剝削；
但另一方面它們也剝削更弱的邊陲。

（一）解構國家與個人的地緣政治想像

　　以較狹義的地緣政治學觀點來看，解構型較符合本章主旨。這一派別如上述，強調解構包含既有理論、外交政策在內的地緣政治論述背後的歷史意義與意識形態。步驟上首先解構國家如何看待世界與自身在地緣政治結構中的角色（地緣政治想像），然後再由此深入國家的菁英（地緣政治思想家與官僚體系）爲什麼提出特定的思想或政策論述。

　　爲了達成上述目標，批判性地緣政治學將研究對象分成四種類型：形式（formal）、實務（practical）、通俗（popular）與結構（structural）地緣政治（見表4-1）。[1]

表4-1　批判性地緣政治學的四大類型

地緣政治類型	研究目標	研究問題	研究範例
形式的地緣政治	地緣政治思想與地緣政治傳統	知識分子、研究機構與其政治系絡及文化系絡	麥金德的地緣政治理論與帝國主義論的系絡
實務的地緣政治	國家統治的每日實務	外交政策概念化的實務地緣政治推論	巴爾幹主義及其對美國波士尼亞（Bosnia）政策的影響
通俗的地緣政治	通俗文化、大眾媒體與地緣理解	國家認同與其他人民與地理位置的建構	大眾媒體在投射波士尼亞印象至西方國家人民客廳的角色
結構的地緣政治	當前的地緣政治情況	全球程序、趨勢與矛盾	全球化、資訊化與風險社會如何制約或轉型地緣政治實務

資料來源：莫大華，2008：64。

---

[1]　鄂圖泰爾與達爾比最早只有區分形式、實務、通俗等三種類型，結構是鄂圖泰爾後來自己增加，達德斯則依然維持三類區分。

　　一般認為批判性地緣政治學與政策面的聯繫不若新古典地緣政治學強烈。但由表4-1可以看出，實務地緣政治搭起了批判性地緣政治學與政策面聯繫的橋樑，而且因為形式、實務、通俗三類地緣政治相互聯繫（Dodds, 2007: 46），加強了批判性地緣政治學對政策的貢獻。其中實務地緣政治非常仰賴的一項研究途徑，就是所謂的「**地緣政治密碼**」（geopolitical code）。

（二）地緣政治密碼

　　依照美國地理學者弗林特（Colin Flint）與泰勒（Peter J. Taylor）的整理（Flint & Taylor, 2007: 45），所謂地緣政治密碼具有如下的概念：

　　首先，它包含國家對世界的特定觀點，再根據這種世界觀的高度偏見，以一套政治地理假定所組成的行動密碼（operation code）形成外交政策的基礎，藉由對其他地區在戰略重要性與潛在威脅的評估，體現出國家利益的定義，界定對國家利益的外部威脅，如何回應威脅的計畫，以及對回應的辯護。

　　操作層次則包含周邊、區域與全球：

- **周邊**：對鄰國的判斷，所有國家無分大小都有這一層次的密碼；
- **區域**：只有能將力量越過鄰國，投射至區域中其他的國家才有的密碼，也就是區域大國以及具有成為區域大國潛力的國家；
- **全球**：少數擁有全球政策的國家才會制訂全球層級的地緣政治密碼。

　　由上可知，地緣政治密碼反映出政府與涉及政策的菁英對本國國力、國際體系，與整體地緣政治環境的認知，提供外界認識特定國家對所處時代的世界秩序的觀點，進而理解這種觀點如何影響國家發展與運用各種戰略回應所面臨的挑戰，以符合其世界秩序觀的整體國家戰略目標與

短、中、長程國家利益。也就是說，地緣政治密碼類似國際關係的社會建構主義（Social Constructivism）的身分認同概念：藉由界定本身與結構中他者的身分建構，定義出國家的利益與威脅所在，

中國夢。

以制訂符合利益的政策，與對它國的政策做出回應。

　　這一點對於了解中國對世界的想像，整體世界地緣政治秩序的觀點，以及對中國在世界地緣政治體系中的定位與角色的認知，以及制訂何種政策與對外戰略，和每個層級的主要方向與目標，具有很高的價值。

　　例如，習近平的「中國夢」與「中華民族的偉大復興」，代表現階段的中國政府對世界的認知，以及中國在其中的定位。一帶一路則是中國認為，為了達成上述目標而展開的發展戰略。但一帶一路是關於國家利益的界定，對威脅的認知必須參照中國外交部、商務部、國防部等的相關政策，才能清楚認識中國如何判斷威脅的性質與位置，以及在周邊、各區域、全球等三層次的競爭對手和合作夥伴各自為誰，一帶一路與中國的外交、軍事戰略，又會對他們造成什麼樣的衝擊和挑戰。

　　同理，當前的俄烏戰爭昭示俄羅斯總統普丁欲恢復蘇聯帝國榮光的主要手段（黎蝸藤，2022：170-173），透過俄羅斯外交部對戰爭目標與西方的發言，可界定其戰略中的威脅認知，進而推論普丁政權的全球地緣政治密碼；至於其區域和周邊層次密碼為何，則可藉由普丁政權對烏克蘭地位的主張，以及俄羅斯與西方及烏克蘭在各階段的博弈，觀察其究竟打算把烏克蘭列入黎蝸藤所謂的俄羅斯六層同心圓結構安全環境（核心區域、

非核心區域、衛星國、芬蘭化國家、緩衝地帶、其他國家）的哪一層來界定（黎蝸藤，2022：162-164、195-197）。

六、結語

　　本章簡單介紹國際關係理論中的地緣政治學派。限於篇幅緣故，本章只能做概要性介紹，並捨棄對歐陸、俄羅斯等學派的介紹。讀者如有興趣，可再深入閱讀相關書籍與文章。

　　地緣政治對國家安全的影響非常重大，地理是所有國際關係中唯一幾乎永遠不可能改變的變數，我們只能適應地理環境，再尋求發展。古典地緣政治學與新古典地緣政治學提供吾人關於國際戰略的研究與分析途徑，批判性地緣政治學則協助我們認識自己的過去，爲現在定位，以便判斷未來的目標。對臺灣來說，最重要的或許也就是在此：解構過去，才能清楚認識現在，然後根據古典與新古典地緣政治學的思維邏輯，分析未來的趨勢。

　　地理是死的，人則是活的。唯有不向決定論低頭，才能開創自身的未來。這是地緣政治學從發展以來迄今，給所有學者的寶貴教訓。

推薦閱讀

1. Mackinder, Halforld J. (1904). "The Geographical Pivot of History," *The Geographical Journal*, Vol. 23, No. 4, pp. 435, 436-437.

2. Mackinder, Halford J. (1996). *Democratic Ideals and Reality*. Washington D.C.: National Defense University Press.

3. Mackinder, Halforld J. (1943). "The Round World and the Winning of the Peace," *Foreign Affairs*, Vol. 21, No. 4, pp. 601-605.

4. Mahan, Alfred T. (1894). *The Influence of Sea Power Upon History, 1660-1783, Fifth Edition*. Boston, Little, Brown, and Company.

5. Spykman, Nicholas J. (1944). *The Geography of the Peace*. New York: Harcourt, Brace and Co.
6. 黎蝸藤（2022）。《帝國解體與自由的堡壘》，臺北：八旗文化。

參考書目

Brzezinski, Zbigniew (1997). *The Grand Chessboard: American Primacy and Its Geostrategic Imperatives*. New York: Basic Books.

Cohen, Saul B. (2009). *Geopolitics: The Geography of International Relations*. London and New York: Rowman & Littlefield Publishers, Inc.

Dodds, Klaus (2007). *Geopolitics: A Very Short Introduction*. Oxford: Oxford University Press.

Flint, Colin & Taylor, Peter J. (2007). *Political Geography: World-economy, nation-state and locality*, 5th edition. Harlow, England; New York: Pearson/ Prentice Hall.

Gray, Colin S. (1977). *The Geopolitics of the Nuclear Era*. New York: Crane, Russak & Company, Inc.

Grygiel, Jakub J. (2006). *Great Powers and Geographical Change*. Baltimore, Maryland: The John Hopkins Press.

Ó Tuathail, Gearóid (1996). *Critical Geopolitics*. Minneapolis: University of Minnesota Press.

Herbert Rosinski（著），鈕先鍾（譯）（1987）。「第二次世界大戰海權的擴張」，《海軍思想的發展》，臺北：國防部史政編譯局。譯自 *The Development of Naval Thought: Essays by Herbert Rosinski*. Newport, Rhode Island: Naval War College Press. 1977, pp. 36-37。

Robert D. Kaplan（著），林添貴（譯）（2017）。《地理的復仇》，臺北：麥田出版。譯自 *The Revenge of Geography: What the Map Tells Us About Coming Conflicts and the Battle Against Fate*.

王俊評（2014）。《和諧世界與亞太權力平衡：中國崛起的世界觀、地緣戰略，與戰略文化》，臺北：致之出版社。

張登及（2009）。「理論改良還是缺口？──新現實主義與冷戰後中美地緣競爭的分析」，世界經濟與政治，2009年第3期，頁17。

莫大華（2008）。「批判性地緣政治戰略之研究」，問題與研究，第47卷2期，頁61-62、64。

第五章

馬克思主義國際關係理論

曾怡仁（中山大學政治學研究所）

一、前言

　　馬克思主義是國際關係（簡稱國關）研究中的重要思想來源，其常和自由主義及現實主義並列為國關研究的三大典範或流派。[1]馬克思主義、自由主義與現實主義在關於人性假設、分析單位、價值觀、政治經濟關係、方法論或社會關係特徵的立場上都顯現出差異，由此而延伸至國關的研究當然也就產生不同的主張（見表5-1）。正如美國國關學者吉爾平（Robert Gilpin）所言，這三個主義應為不同的「意識形態」而非嚴格意

表5-1　自由主義、現實主義與馬克思主義之比較

比較項目＼比較理論	自由主義	現實主義	馬克思主義
人性假設	性善	性惡	可塑
分析單位	個人	國家	階級
價值觀	個人自由	國家安全	社會公平
研究典範	個人理性主義	國家理性主義	辯證唯物主義
政治經濟關係	政治與經濟分立	政治決定經濟	經濟決定政治
社會關係特徵	和諧	衝突	剝削

資料來源：作者自繪。

---

[1] 主流學界亦有將現實主義、自由主義與建構主義合稱爲國關的三大研究途徑者，而忽略了馬克思主義。事實上，後者從十九世紀中葉開始至今，對國關問題的觀察與研究就不斷地推陳出新（參見本章下文討論）。

義上的「理論」，因爲他們均是建立在對人性與社會本質的不同假設上，想要追求的目標或試圖解決的問題也不一樣，所以沒有任何的「主義」可以宣稱其是代表唯一或一切的眞理（Gilpin, 1987: 25, 41-42）。如此，忽略了馬克思主義的觀點，對於理解和解決複雜的國際關係問題就會失去一項有用的工具。

冷戰期間，由於東、西方的意識形態對抗，馬克思主義被以美國爲首的國關研究社群所忽略或邊緣化。另一方面，1970年代以前在美國國家利益或西方資本主義陣營的安全現實考量下，國關研究主要是集中於軍事、外交或聯盟等「高階政治」（high politics）議題，因而現實主義很自然就成爲當時的主流國關論述與外交指導原則。然而，1970年代以後隨著冷戰的和緩、美日貿易衝突的加劇、歐洲一體化的發展以及布列敦森林貨幣體系（Bretton Woods System）的瓦解等國際政經秩序的變遷，使得國際貿易、國際金融、對外援助與跨國投資等所謂的「低階政治」（low politics）議題愈形重要，也因此在傳統國關學門底下發展出**國際政治經濟學**（簡稱國政經）（International Political Economy, IPE）這個分支，主要是在國際層次上探討政治與經濟的互動關係。[2]明顯地，主流國關研究

2 　仔細觀察可以發現，所謂的「高階政治」與「低階政治」的劃分是依美國爲首的西方國家利益爲準。事實上，飢荒貧窮、種族衝突與疾病傳染等對許多第三世界國家而言，才是最爲關注的生存與安全問題。如此，國關理論也常被批評爲是美國的國關理論。縱使70年代以後，美國國關學界開始發展國政經，但主要的研究仍是與其國家利益較直接相關且較容易做量化研究的議題，如國際金融、國際貿易與跨國投資等。可喜的是，近來有關國際環保、氣候變遷、生態保育、移工移民、性別人權與貧窮疾病等議題愈來愈受到歐美國政經學者的關注。
　另外，國關與國政經之間的關係，美國學派（the American School）與不列顛學派（the British School）有不同的看法，前者認爲國政經是國關底下的次研究領域，而後者則認爲是新興的國政經包含傳統的國關研究，如此才能開拓更多的研究議題與跳脫之前國關研究方法（國家中心及實證主義）的侷限。據此，不列顛學派偏好以全球政治經濟學（Global Political Economy, GPE）取代國際政治經濟學（IPE）作爲學科的名稱，以示超越國家中心的立場。值得注意的是，國政經

過去是將國際與國內分析層次或者國際政治與國際經濟問題分開處理，而國際政治經濟學的興起就是要補充過去國關研究在這方面的侷限。事實上，自馬克思本人以降，馬克思主義的國關研究傳統都是在探討世界市場、國際體系、國內政治與國內經濟間的辯證互動關係，而這正是近來全球化發展的主要特色，因而馬克思主義國關或國政經理論也就比過去受到較多的重視。

小知識　國際關係理論大辯論

學界通常將國關研究歸為四次大辯論（grand debates）：第一，兩次世界大戰期間的理想主義與現實主義之辯論；第二，二戰後關於研究方法競逐的傳統主義與科學行為主義；第三，1970至1980年代中期圍繞國際間合作是否可能的新現實主義與新自由主義的爭論；第四，1980年代後期以來就研究方法論（包括本體論與認識論）爭議的實證主義與後實證主義國關理論。顯然地，在前三次的所謂大辯論中均忽略了馬克思主義的研究傳統，唯有在1980年代後期才將一些馬克思主義國關理論列為後實證主義研究而受到重視。

嚴格來說，馬克思主義國關理論並不是單一的理論，而是指在繼承馬克思（Karl Marx）與恩格斯（Friedrich Engels）的思想遺產上，隨著世界市場與國際體系的變遷，而不斷創新發展的開放性思想體系。到目

的不列顛學派與國關的英國學派（the English School）並非同一，前者的代表性學者為Susan Strange和Robert Cox等人，而後者則有Hedley Bull、Martin Wight和Barry Buzan等人。國關的英國學派主張以國際社會（international society）取代主流的國際體系（international system）作為國關研究的核心概念，國際間雖處於一種類似無政府的狀態但仍然是可以透過權力平衡、大國外交、聯盟、國際法與外交慣例等方法來建構秩序，因而也被稱為國際社會學派（the International Society School），詳細討論參閱本書第十章。

前為止對於什麼是馬克思主義國關理論在學界還沒有共識,然而大致上我們可以將其發展依時序分為四個主要階段:第一,十九世紀後半,馬克思與恩格斯的國關思想奠基時期;第二,二十世紀初至第一次世界大戰前的古典帝國主義理論時期,包括希法亭(R. Hilferding)、盧森堡(Rosa Luxemburg)、布哈林(Nikolai Bukharin)與列寧(Vladimir Lenin)等人的思想;第三,1960、1970年代開始發展的依附理論(Dependency Theory)、依附發展論(Dependent Development Theory)與世界體系論(World-System Theory)等;第四,1980年代興起的**新葛蘭西主義(Neo-Gramscianism)與國際關係批判社會理論(Critical Social Theory of IR)**。第一、二階段可合稱為古典馬克思主義國關理論;第三階段為新馬克思主義國關理論;第四階段為馬克思主義國關批判理論(見圖5-1)。在依序討論這些馬克思主義國關理論之前,下一節將先介紹馬克思主義的基本內容特徵。

圖5-1 馬克思主義國關理論發展脈絡

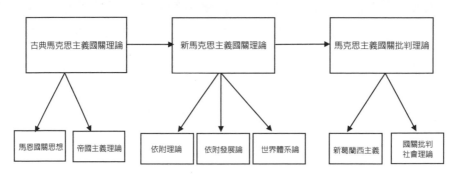

資料來源:作者自繪。

二、馬克思主義基本特徵

（一）採用歷史（辯證）唯物主義的方法論

　　馬克思主義認爲，基礎結構（經濟）的生產力發展會導致生產關係的變遷，而這又會帶來爲爭取社會產品重新分配的階級鬥爭，其中統治階級會透過上層結構的政治制度和意識形態霸權來維護或鞏固其既得利益的合法性，而被統治階級則會挑戰此一歷史結構（historical structure）（由政治、經濟與意識形態三領域共同組成）。正是如此的階級鬥爭而非人們的精神意志推動著歷史往前發展，此即爲**歷史唯物主義（Historical Materialism）**的核心概念。值得注意的是，（新）馬克思主義並不是主張簡化的經濟決定論，其認爲經濟雖然是歷史發展的長期（但非唯一）決定因素，但上層結構的政治或意識形態因素在特定的歷史時空中也可能會起支配作用，甚至會反作用於基礎的經濟結構，此乃所謂辯證的（非機械的）唯物主義（Dialectical Materialism）觀點。[3]基於此，馬克思主義國關理論也大都認爲國際政治或國際經濟均具有階級性，國際關係中對權力

馬克思

---

[3]　例如，1960、1970年代臺灣的威權政體在冷戰特殊的地緣政治氛圍下，推動出口導向的工業化政策而創造所謂的經濟奇蹟。在此過程中國家的角色並不是統治階級的簡單工具，而是享有決策的相對自主性，主要是考量政權本身的維繫和生存安全，我們很難想像當時政府強調的三民主義是爲了服務資產階級利益。當然，隨著冷戰的和緩以及兩岸關係的交往，可以看到經濟因素在臺灣社會的發展中扮演著愈來愈重要的角色，國家的自主性明顯下降，而資產階級更加試圖透過政治（如政治捐獻或直接參政）和意識形態（如經營媒體）領域來捍衛利益。

或財富的爭奪所反映的不僅是民族國家間的對抗，國家僅是代理人，實質上更是反映國際資產階級和無產階級間的利益衝突和鬥爭。所以，任何對於國際關係的討論都必須從具體的世界資本主義生產方式著手並進行階級分析，而不是如主流國關理論從先驗的人性（如自由主義的性善、新自由主義的經濟理性或現實主義的性惡）或國際體系的無政府特性（如新現實主義）假設出發來作討論。同時，馬克思主義國關理論通常主張，世界市場（world market）與國際體系（international system）間並非簡單的上下層決定關係，而是一種遠爲複雜的辯證互動。

（二）強調人的能動性與實踐的重要性

如上所述，馬克思主義所採用的不是機械的，而是辯證的唯物主義。因而，由統治階級將政治、經濟與意識形態三者結合所形成的歷史結構（亦可稱爲霸權結構）並不容易打破，但也並非沒有改變的可能。正如馬克思所言，人類能夠創造自己的歷史，但並非可以隨心所欲爲之，而是必須在自己過去所創造的歷史結構中進行。簡言之，人不僅是結構的承受者，同時也可以是改造者。馬克思主義國關理論就是接受這種能動者與結構（agency/structure）關係的看法，強調行爲者的能動性而不同於主流的結構現實主義（Structural Realism），後者認爲國家的對外行爲缺乏能動性，而是受制於國際體系的無政府結構，國家間的交往僅能是爲了生存安全而接受（再製）這種結構，因而衝突與戰爭不斷地發生難以避免。相對地，各式馬克思主義國關理論主張，可以透過無產階級聯合、反霸權聯盟、全球市民社會或建構世界政治共同體等方式來改造世界，最終邁向人類的徹底解放。

（三）對既有秩序持批判反省的態度

馬克思主義認爲，目前資本主義的私有制與勞動力商品化會造成階級間的剝削與人的異化，因而唯有以社會主義取代資本主義的生產方式才能求得人類的眞正自由與平等。馬克思主義國關理論也是採用這種

批判精神，強調必須追問在既有世界秩序下，到底是「誰獲益」（Who benefits?）的問題。馬克思主義國關學者考克斯（Robert Cox）就曾將國關理論分為兩大類，主流的新現實主義與新自由主義均屬於「問題解決理論」（problem-solving theory），兩者均將目前的世界秩序當作是給定的、理所當然的（如假設國際體系無政府狀態與接受資本主義生產方式），而不去質疑當今的國際政經秩序是否符合公平正義的問題。如**霸權穩定理論**（Hegemonic Stability Theory）與部分**全球治理理論**（Global Governance Theory）分別只是重視「秩序穩定」與「有效治理」的價值，事實上穩定或治理的，可能僅是符合美國或西方國家利益的秩序，對非西方國家而言不見得公平。相對地，馬克思主義國關理論則是屬於一種「批判理論」（critical theory），其反思既存的國際體系或世界市場的秩序到底對誰有益，並思索改變當前秩序的可行性以追求人類更為公平的全球政經結構（Cox, 1996: 90）。

小知識　霸權穩定論

該理論強調國際自由經濟秩序的建立與維持不可能僅依賴國際貿易的比較利益原則，而是需要一個霸權國家願意擔負起穩定的領導作用才能達成，包括以強大的軍事物質力量為基礎，加上自由主義意識形態的領導與進行國際建制來規範主要國家間的利益衝突。

三、馬克思與恩格斯的國關思想遺產

馬克思與恩格斯在世時並沒有特別針對國際關係問題提出系統性的專著來討論，而是散見於他們繁多的不同著作當中，包括《德意志意識形態》、《共產黨宣言》、《資本論》以及其他大量相關的政論或時事評論等。如同他們對於國內政治經濟問題的研究一樣，馬克思與恩格斯對於國

際關係的分析也是採用唯物史觀來進行的，並且視其爲國內（階級）政治的延伸反映。這些觀點包括國際政治的本質、戰爭與和平問題以及殖民主義等。

（一）國際政治的本質

馬克思與恩格斯認爲，近代意義上的國際政治是隨著資本主義的出現而形成的。由於（西方）資本主義的原始積累不斷地往外擴張形成了世界市場，從而超越過去封建時代的地方性領土治理範圍，促成近代民族國家（nation-state）的興起並成爲國際政治的重要行爲體。可以說，自從世界市場形成以來國家間的關係就緊密地相互依賴在一起（馬克思恩格斯選集，1995：276）。如此，對於國際政治的分析就必須將其與世界資本主義的發展聯繫起來看待。

馬克思和恩格斯同時指出，資產階級國家的對外政策本質上就是經由戰爭或其他經貿掠奪政策來壓迫和剝削其他的弱小民族，這是把對國內實行的階級壓迫和剝削政策向外延伸，目的是爲了維護其對內的政治統治。而資產階級國家之間的關係則是既聯合又鬥爭，一方面爲了爭奪勢力範圍和殖民地會尖銳地對立鬥爭，另一方面爲了防止無產階級和被壓迫民族的反抗又會結成聯盟（馬克思恩格斯選集，1995：308）。對此，馬克思與恩格斯主張，各國工人應當聯合起來共同對抗國際間的資產階級聯盟，同時先進資本主義國家的無產階級要支持殖民地人民的民族解放運動，而殖民地的無產階級也要支持資本主義殖民母國的工人在其國內進行社會主義的解放鬥爭，民族解放與工人解放運動必須同時進行。這也就是馬、恩兩人所謂的「全世界無產者聯

恩格斯

合起來」或者「工人沒有祖國」的國際主義口號內容（馬克思恩格斯選集，1995：291、307）。

（二）戰爭與和平問題

至於戰爭的根源，馬克思與恩格斯認為戰爭如同貿易一樣，均是人類社會的交往形式，只要有利益對立衝突和社會地位不同的階級存在，階級之間的戰爭（包括國內和國際間）就難以避免。既然戰爭產生於階級間的壓迫和剝削，因而馬克思認為唯有消滅私有制才能徹底消除戰爭的根源，而這必須透由無產階級的聯合起來革命，建立以公有制為基礎的共產主義社會才可達成（馬克思恩格斯選集，1995：19）。此外，還必須在所有的國家都實現共產主義的情況下，才能確保國際間真正的永久和平，否則共產主義國家始終會面臨著資本主義國家的威脅（馬克思恩格斯全集，1995：609-610）。

雖然馬克思與恩格斯曾經提到，戰爭有時能夠推動歷史前進和促進社會發展，如喚起被壓迫民族（意識）的覺醒、打破舊的封建體制、和引起革命並建立新社會，但是他們並不一味地支持戰爭或暴力，因為戰爭可能會造成長期和沒有益處的人力物力耗損，況且戰爭的結果也是難以預料，所以他們敬告無產階級要謹慎對待國際間的戰爭問題（馬克思恩格斯全集，1995：163、627）。

（三）殖民主義觀點

馬克思早先研究的焦點是西方先進資本主義社會內的階級剝削和革命情勢的分析，然而隨著西方國家對外的領土擴張與資源掠奪，也開始關注殖民主義的相關問題。馬克思認為，近代西方殖民主義與資本主義的發展是相輔相成的，殖民主義既是資本主義制度向外擴展（包括金融、運輸與軍事科技等）的產物，反過來又會對資本主義起了促進的作用。自十六世紀以來，殖民主義不僅為資本的原始積累提供了一個世界性的市場，同時也加速歐洲擺脫封建的束縛向資本主義的生產方式過渡。

　　此外，馬克思認爲殖民主義在殖民地承擔了雙重的使命：一個是破壞的使命，另一個是重建的使命（馬克思恩格斯選集，1995：768）。殖民主義者對殖民地人民進行了血腥的殺戮、奴隸貿易和殘暴的掠奪，這會破壞殖民地的主要勞動生產力和原本的社會生產關係，進而阻礙了殖民地的自主發展。另一方面，殖民主義又充當了歷史發展的不自覺工具，它不僅打破殖民地與世隔絕的封閉狀態（如甲午戰爭英國打破清朝的閉關自守）、在當地建立新的生產方式（如英國在印度修築鐵路促進相關產業的發展）、或以武力幫助實現一些國家的政治統一（如英國殖民使印度達到比之前在大莫臥爾人統治下更加牢固和擴大的政治統一），而且也在思想上促成殖民地的民族資產階級和小資產階級知識分子的民族意識覺醒（如中國五四運動提倡民主與科學），同時培養一批具有管理現代化國家所需知識與科技的本土新領導者和技術官僚（如印度的甘地與新加坡的李光耀），爲民族解放運動預作準備（李延明、劉青建、楊海蛟，2002：156；馬克思恩格斯選集，1995：691-692、768-769）。

　　馬克思上述對殖民主義的正面評價給後人留下了討論的空間，有些人批評其爲一種「歐洲中心觀」，好似非歐社會唯有透過殖民主義才能擺脫歷史停滯而往前發展。事實上，這種說法不太公允，因爲馬克思關注的是全世界如何經由生產力的提升，來追求人類完全的自由和解放，更何況他本人是清楚支持殖民地的民族解放運動。馬克思和恩格斯就曾認爲，殖民地的解放應優先於宗主國的無產階級革命運動，因爲唯有殖民地獲得獨立，其勞工階級才能作爲獨立的力量，公平地參與國際間的無產階級聯合，如此才能打破宗主國家間爲了共同占領殖民地之聯合行動（如清末的八國聯軍），也可避免宗主國與殖民地工人因在世界勞工市場上的競爭而造成分裂，從而可以爲宗主國的無產階級社會革命掃除障礙（李延明、劉青建、楊海蛟，2002：158、160）。不過，二次戰後1960、1970年代興起的新馬克思主義依附論或世界體系論，主要還是採行馬克思對於殖民主義負面評價的觀點，且較少採取世界無產階級聯合革命的目標。

四、帝國主義理論

　　到了十九世紀末、二十世紀初，世界幾乎已被傳統列強瓜分殆盡，而後起的美、德、日等新強權國家爲了配合國內資本主義發展的需要也不斷地往外擴張，要求重新分割世界劃分勢力範圍，因而進入一個帝國主義激烈鬥爭的年代。面對這種新情勢的發展，自然引起一些馬克思主義學者和革命實踐家的關注，包括考茨基、希法亭、盧森堡、布哈林及列寧等，這些人後來亦被稱爲古典帝國主義理論家。當時他們主要爭論的議題是：十九世紀後半以來擴大發展的帝國主義現象與傳統帝國有何差別？帝國主義的根源、本質與後果爲何，其和資本主義的生產方式變遷有何關聯性？帝國主義是資本主義的一個必然發展階段，或者僅是資本主義發達國家爲了應付經濟危機所採行的特殊政策形式？帝國主義國家間的利益衝突可否和平解決，還是必然會引起霸權的爭奪戰爭？由於對這些問題的豐富研究成果，帝國主義理論後來被認爲是馬克思主義最早且相對成熟的國關理論。[4]

　　一般而言，這些帝國主義論者認爲，資本主義的生產內容到了二十世紀初已經有了重大的變革，從過去的自由資本主義階段邁入更高的壟斷資本主義階段。具壟斷性與集中性的大工業集團取代之前競爭性的小手工業或中小企業，成爲支配資本主義經濟體系的主要力量，並且這些工業集團又受到大銀行的控制，兩者緊密結合形成了金融資本和金融寡頭統治。此時資本輸出取代商品輸出，尤其是借貸資本代替商業資本成爲資本國際化的主要形式，而國家成爲壟斷或金融資本家階級的工具，主要功能在於避免資本主義危機的發生（而非僅是傳統的鎮壓或文化霸權功能），包括對

---

[4]　此時期的代表著作包括：希法亭的《金融資本》、盧森堡的《資本積累論》、考茨基的《民族國家、帝國主義國家和國家聯盟》、布哈林的《世界經濟和帝國主義》以及列寧的《帝國主義是資本主義的最高階段》等。一百年前，這些思想家關於金融資本或帝國主義國家間對抗之分析，對於2008年全球金融危機或近來中美經貿衝突問題，仍有警示和啓示作用。

外發動戰爭。

　　毫無疑問，列寧在這些帝國主義論者當中最具影響力，其發表的小冊子《帝國主義是資本主義的最高階段》一文也最具代表性，標示著馬克思主義的帝國主義理論之最終形式。列寧明確地將帝國主義定調為壟斷資本主義發展的必然結果，而非一種資本主義政權的偶發政策選擇，是國家在結構上必須保障金融資本家階級的利益，才使國家不得不採取帝國主義的發展形式。此外，列寧並不完全同意考茨基的超帝國主義論，後者主張資本家是十分明智的，不會為了爭奪殖民地而相互爭戰，反而會結成聯盟共同剝削殖民地（Lenin, 1916/1933: 11）。相對地，列寧認為所有的資本主義聯盟都是短暫的，一旦世界完全被畫分為列強的殖民地後，各國的金融資本家必會強化這種競爭，最終還是會導致大國爭霸戰爭的爆發，這是帝國主義發展的必然後果（Crane & Amawi, 1997: 10）。如同馬克思與恩格斯的殖民主義觀點，列寧亦認為唯有從資本主義最薄弱的環結開始進行世界性的無產階級革命，才可以真正地消除帝國主義戰爭，從而推動國際關係的變革（見表5-2）。

表5-2　馬克思殖民主義理論與列寧帝國主義理論之比較

比較項目 ＼ 比較理論	殖民主義理論	帝國主義理論
資本主義發展階段	自由資本主義	壟斷資本主義
資本主義的主要外擴形式	商品輸出	資本輸出
資本主義社會的支配力量	手工業、中小企業主	金融資本家階級
對殖民地發展影響的評價	正、負兩面並存	負面
革命策略	殖民地民族解放運動同時或先於無產階級革命運動	全世界無產階級革命從資本主義薄弱環節開始

資料來源：作者自繪。

　　總之，列寧等帝國主義論者已經將傳統馬克思主義關於資本主義生產過程中的剩餘價值和階級剝削問題轉爲對民族國家間利益衝突的關注，如此將馬克思主義從一種國內政治經濟學發展爲分析國家間關係的國際政治經濟學理論，而這正是二次戰後依附理論和世界體系論的重要思想來源。

五、依附理論與世界體系論

　　二次戰後，過去的殖民地紛紛爭取獨立建國並追求社會的現代化，但經過二十多年的努力，大多數的第三世界國家仍然陷於經濟困頓而難以發展，於是1960、1970年代一些馬克思主義者，尤其是拉美國家學者，開始思考該問題的成因及試圖提出解決的辦法。他們將早先的帝國主義理論轉化爲對拉美國家依附性發展與南、北國家間不平衡發展問題的探討，而形成馬克思主義國關理論中的依附學派（Dependency School）。如果說列寧等古典帝國主義論者主要是探討核心國家的壟斷資本主義如何發展爲帝國主義，以及帝國主義國家之間的鬥爭，相對地，依附論則是著重於研究該壟斷資本主義的全球擴張如何對邊陲國家的經濟與社會結構產生影響，研究關注對象從核心國家轉向邊陲國家，因而被視爲是對古典帝國主義理論的重要補充，所以也被稱爲新帝國主義理論。不過，雖然依附論者繼承了殖民主義與帝國主義理論的重要思想，但他們較少如後者般主張全世界無產階級聯合的革命路線，主要還是集中於追求邊陲國家本身之政治與經濟發展的獨立自主。

　　事實上，依附論並不是指單一的理論，而是內部存在不同流派的理論體系，主要有傳統依附理論、依附發展論和世界體系論等。

（一）傳統依附論與依附發展論

　　相對於當時主流的**現代化理論**（Modernization Theory）認爲，第三世界國家經濟不發展的原因乃是其內部因素造成的，如宗教迷信、政府貪汙腐敗、行政效率低落與人民享樂天性等。傳統依附論者如普雷畢

許（Paul Prebisch）、桑托斯（Theotonio Dos Santos）和法蘭克（Andre Gunder Frank）等人則是主張，造成不發展的原因是由於外部資本主義世界體系的制約，而這是從殖民時代就遺留下來的國際分工結構。可以說，資本主義世界體系在本質上就是一種核心國家對邊陲國家的剝削體系，核心國家的發展是以邊陲國家的低度發展（development of underdevelopment）或停滯爲代價的，過去如此現在亦然，只是剝削的形式改變了。當今核心國家資產階級的主要利潤來源不在於生產過程中對勞動力的剝削，而是同邊陲國家進行不公平（不等價）的貿易交換得來的。例如，星巴克一杯咖啡的價格就可以換取原產地好幾噸的咖啡豆。也就是說，邊陲國家的初級（農礦）產品能夠換到核心國家工業製成品的數量趨於減少，貿易條件持續惡化。因此，邊陲國家如果要實現經濟發展就必須與世界資本主義體系「脫鉤」。這在作法上有溫和改革和激進革命兩種方式，前者是指邊陲國家可以實行進口替代的工業化發展策略，以高關稅限制外國商品的進口，並扶植國內民族工業以達自給自足的目標（如普雷畢許的主張）；而後者則是主張進行較爲激進的人民革命，實行社會主義計畫經濟，徹底地斷絕和資本主義世界體系之聯繫（如早期的法蘭克和桑托斯的主張）。

此外，傳統的依附論認爲，邊陲國家的內部政治結構也常受到國際資本的從屬關係而被形塑。由於本土的資產階級力量相對薄弱，因此國家政權主要是替跨國資本家服務的買辦代理人或工具，而沒有決策自主性，這會使得邊陲國家的發展問題更形嚴重而難以擺脫（Frank, 1967）。

事實上，到了1970年代跨國公司開始在世界資本主義體系中扮演愈來愈重要的角色，跨國公司的投資和邊陲國家的本土（包括私有和國有）資本有了更密切的聯繫合作，不僅提供了生產所需資金、增加就業機會，而且也做了部分的技術轉移，如此也促成一些新興工業化國家的崛起，包括東亞四小龍的經驗（臺灣、韓國、新加坡及香港）。例如，臺灣在1970、1980年代雖然出口市場主要依賴美國，而一些生產技術仍需仰賴歐美、日本等核心國家，但還是能夠取得快速的經濟發展而被譽爲

「奇蹟」。[5]對此新的發展形勢，卡多索（Fernando H. Cardoso）和伊凡斯（Peter Evans）等學者開始反省傳統依附理論並提出修正，他們認為依附和發展不一定對立互斥，而是可以並存合作，繼而提出所謂的**依附發展論**（Dependent Development Theory）。

　　不同於傳統依附論著重於分析核心／邊陲國家間的不平等交換關係或國際間的剝削問題，依附發展論的代表學者卡多索主張必須隨著歷史的變遷來觀察國際資本在不同階段是如何與本土資本或本土勞動力結合的，事實上邊陲國家是可以好好利用跨國公司來幫助其內部的經濟發展。[6]例如，被投資國政府可以在允許跨國公司投資設廠時，規範其產品必須出口的比例以維護國內廠商的權益，或要求跨國公司必須僱用當地多少的勞工，或在幾年內必須達成多少比例的技術轉移等。很明顯地，在此過程中邊陲國家的政府扮演相當關鍵的中介角色，它必須能夠有效地連結內部和外部的生產條件和機會。換句話說，邊陲國家要追求發展其政府就不能消極地作為國際資本之工具，而是必須具有相當的國家自主性（state autonomy）來做決策與發展經濟。據此，卡多索認為過去拉美國家經濟不發展的原因還在於國內官僚威權政體（bureaucratic-authoritarian regime）對於核心國家的依附性格，因此主張以代議制民主取代威權主義政權，反對傳統依附論主張從世界資本主義體系「脫鉤」的激進政策或採用社會主義的革命目標（Cardoso and Faletto, 1979）。

　　比較言之，如果說傳統依附論在研究方法上採取的是一種簡單的外因論（external explanation）和靜態的經濟結構決定論以解釋邊陲國家的

5　過去臺灣被稱為創造經濟奇蹟不僅是指經濟快速成長，同時也在此過程中大致上能夠維持社會的公平分配（growth with equality），這種「公平的成長」在人類經濟發展史中是較少見的。

6　卡多索認為，不可能建立一個可以解釋所有邊陲國家發展問題及提出同一對策的理論，而是必須針對不同國家的實際依附狀況做具體的分析。如此，依附發展論的研究方法也就從靜態的結構主義轉向較為動態的歷史結構主義（historical structuralism）。

「依附」問題，那麼依附發展論就是強調用內因／外因互動論與動態的歷史結構分析（historical-structural approach）來討論「發展」的問題，並且較重視邊陲區域的國家自主性（State Autonomy）角色。後來，東亞國家的新重商主義或所謂的發展導向型國家模式（developmental state model）等強調國家領導市場的研究，有一部分就是在依附發展論的學術背景下往「國家中心論」（state-centric）延伸之成果（見表5-3）。[7]

表5-3 傳統依附論與依附發展論之比較

比較項目 ＼ 比較理論	傳統依附論	依附發展論
依附與發展關係	依附與發展互斥	依附與發展可以並存
核心／邊陲國家經貿關係	產品不等價交換	跨國投資
邊陲國家政府屬性	買辦代理人	擁有相對自主性（發展關鍵）
國家發展策略	進口替代工業化或社會主義革命	利用國際資本發展經濟、代議制民主取代威權主義政體
分析方法	簡單外因論及靜態的結構主義	外因／內因互動論及動態的歷史結構主義

資料來源：作者自繪。

（二）世界體系論

華勒斯坦（Immanuel Wallerstein）擴大早先依附論的中心／邊陲分析架構，將世界資本主義體系分為核心、半邊陲和邊陲等三個分工緊密

---

7 伊凡斯（Peter B. Evans）就是從依附發展論往國家中心論研究的代表性學者。可參見其前後期著作：Peter B. Evans, *Dependent Development: The Alliance of Multinational, State, and Local Capital in Brazil* (Princeton: Princeton University Press, 1979); *Embedded Autonomy: States and Industrial Transformation* (Princeton, N.J.: Princeton University Press, 1995).

的區域。[8]**核心區域**是由生產技術密集及資本密集產品的先進工業化國家構成，同時也控制著世界貿易與金融秩序的運作（如WTO、IMF或World Bank都由核心國家控制）；**邊陲區域**則是發展程度較低的國家，主要出口農礦初級產品或一些手工業製品；而**半邊陲區域**國家其生產技術水平與資本密集程度則是介於兩者之間，以出口勞力密集或半技術代工產品為主。可以說，核心、半邊陲與邊陲三個區域之間形成一種等級制的勞動分工結構和不平等的交換關係，這是世界體系資本積累的主要動力來源。

另外，**國際國家體系**（international state system）作為世界經濟體系（world economy system）的上層結構（或一體兩面），其主要的功能就在於確保不平等交換機制的持續運作，將剩餘價值或產品利潤從邊陲或半邊陲區域往核心區域輸送。[9]如此，核心區域國家獲得金錢財富的支持可以進一步成為政治軍事強權，而邊陲區域國家則因貧困更淪為弱國，形成權力等級制的國際體系（Wallerstein, 1979: 18）。有兩個機制可以維持這個國際體系的相對穩定，首先是半邊陲區域的存在可以作為一種政治衝突的緩衝角色，因其可使核心國家不必直接面對邊陲國家的可能反抗力量，或可提供邊陲國家期待能晉升為半邊陲國家的機會而削減其不滿（張建新，2011：253）。其次，在核心區域出現一個霸權國家透過武力、國際制度規範及自由主義的意識形態領導，來維持國際體系與世界市場的穩

---

8 華勒斯坦的世界體系論基本上是以西方國家近五、六百年來的資本主義發展經驗為基礎而形成的，事實上在更早時期的阿拉伯世界就存在游牧部落間的貿易體系，而東方也有中華朝貢體系，後兩者的運作方式和前者不同。所以嚴格來說，華勒斯坦的世界體系論是一種「西方中心觀」。對此，一些馬克思主義的國關／國政經學者就試圖從全球史的角度出發而提出全球體系的研究，如法蘭克（Andre Gunder Frank）的〈白銀資本：重視經濟全球化中的東方〉（ReOrient: Global Economy in the Asian Age），該書主張世界體系可以追溯至五千年以前，且不單是由西方往外擴張的單向發展，而是東西方雙向的交流互動。

9 有些學者認為國際國家體系與世界經濟體系不是傳統馬克思主義所謂的上下層結構關係，而是不可分割的一體兩面（互為建構），兩者均是基於符合資本積累需要的邏輯來運作（Christopher Chase-Dunn, 1981: 19-42）。

定。[10]霸權國家通常能在生產、銷售（包括運輸、通訊與保險等部門）和金融（包括銀行和投資業務）等三個經濟領域同時取得優勢。反之，如果依序失去在此三個領域的領先地位就會導致霸權的衰落（張建新，2011：254）。目前美國已失去絕對的商品生產優勢，不過仍保持在商業、金融和科技方面的力量，美國在政治軍事的領導地位也不再是壓倒性的，在一些國際議題處理上常受到過去盟友或中國的挑戰，美國是否為衰落中的霸權有待觀察。[11]

六、新葛蘭西學派與國關批判社會理論

　　1980年代以來，隨著國際政經秩序的變遷，興起一些國關理論開始挑戰主流的新（結構）現實主義地位，質疑其採用的「國家中心」本體論與「實證主義」認識論在研究國關問題時的侷限性，而掀起所謂的國關理論「批判」風潮或「大辯論」（grand debate）。馬克思主義的研究也加入這次的爭論，最具代表性的就是以考克斯（Robert W. Cox）為首的新葛蘭西學派（Neo-Gramscian School）和林克萊特（Andrew Linklater）為主所推動的國關批判社會理論（Critical Social Theory of International Relations）。這兩個分支的思想來源不盡相同，前者沿自於義大利的馬克

---

[10]　霸權國家鼓吹自由主義的意識形態是因其產品通常在世界市場上具有競爭力，如果其他國家政府能夠減少對市場的干預，則霸權國家在世界各地的經濟活動就會無往不利。

[11]　當今美中爭霸，中國是否能夠挑戰美國的地位可以從霸權穩定論所提出的三項指標來觀察，包括超強的經濟與軍事物質力量、支配國際建制的運作與意識形態的領導。事實上，我們已可看到中國近來除了在經濟與軍事上與美國抗衡外，也積極地介入國際組織的運作，包括國際衛生組織與聯合國底下的多種周邊國際組織。此外，中國也在歐美國家的大學廣設孔子學院進行大外宣或認知作戰。可以說，中國對美國的挑戰是全面性的，這和冷戰時期美蘇集團壁壘分明的對抗情形不同。

思主義社會理論家葛蘭西（Antonio Gramsci），而後者則主要是淵源於德國的法蘭克福學派，尤其是哈伯瑪斯（J. Habermas）的思想。

> **小知識**　**本體論與認識論**
>
> 國際關係研究的本體論有兩種說法，一是指國際關係的主要行為者為何，如現實主義主張的國家，自由主義的個人，及馬克思主義的階級；二是指國際關係本質上是由物質（權力或利益）或觀念所構成，因而有物質本體論與觀念本體論之分。
>
> 相對地，認識論指探究主客體之間的關係問題，即人類的思維能否認識世界及如何獲得對世界的認識。

（一）新葛蘭西學派

葛蘭西對傳統馬克思主義做了修正，被稱為是新馬克思主義的重要創始者，其實踐哲學及對霸權、歷史集團與知識分子等概念所做的研究，對後來國關的新葛蘭西學派有深遠地影響。

葛蘭西將傳統馬克思主義的上層結構分為**政治社會**（political society）和**市民社會**（civil society）兩個部分，國家即透過前者的鎮壓機制（軍隊、警察和法院等）和後者的霸權機制（媒體、學校和教會等）來進行統治（Hare and Smith, 1992: 207-208）。比較而言，統治階級經由霸權的意識形態領導使被統治階級接受相同的世界觀或價值觀，這比對其進行直接地（也可說是消極地）暴力鎮壓更易於維持統治地位。通常，

葛蘭西

在資本主義愈成熟的社會裡霸權作用比鎮壓更明顯，因此無產階級的革命
運動就不能僅是武裝鬥爭，更重要的是進行反霸權運動（陣地戰），即提
出一套新的意識形態爭取認同。據此，葛蘭西主張無產階級應培養或尋求
能代表自己的有機知識分子（organic intellectual）進行思想鬥爭。[12]

　　既然基礎結構和上層結構，或者霸權機制和鎮壓機制之間是動態的
辯證關係，同時資產階級內部也不是鐵板一塊，而是存在利益衝突的不
同派系，因此葛蘭西認為光是客觀上握有生產工具並不能成為統治階級，
而是能將這些不同的結構或派系有機地聯合才可成為歷史（統治）集團
（historical bloc）（Cox, 1987: 6）。

　　加拿大國關學者考克斯從1980年代開始沿用葛蘭西的霸權和歷史集
團等概念，認為要理解社會力量（social forces）、國家形式（forms of
state）及世界秩序（world order）的本質和發展，就必須先考察歷史結構
內的觀念（ideas）、物質能力（material capacities）和制度（institutions）
等三個要素間的互動關係。觀念包括**主體間意義**（intersubjective
meanings）和**集體意象**（collective images）兩種，前者指一般人所接
受的共識、規則或慣例；後者則為特定團體的意識形態，若團體間意識形
態存在歧異將會挑戰既存的權力關係。物質能力則為生產的潛能，牽涉組
織動員、財富和使用技術的能力。制度則是觀念和物質能力的混合，一方
面作為不同觀念的鬥爭平臺，另一方面亦是解決衝突的工具，如此制度化
就是鞏固特定秩序的過程（Cox, 1996: 98-99）。統治階級要能夠取得或
維護其支配權力就必須將物質力量、制度和觀念三者做很好的有機結合，
建立從屬於自己的歷史結構或稱霸權結構（見圖5-2）。[13]為了回應這樣

---

[12]　葛蘭西將知識分子分為有機知識分子與傳統知識分子兩大類，前者指能夠質疑反
　　　省既存社會秩序或權力關係的知識分子，而後者則為維護舊有生產關係和社會權
　　　力的知識分子。

[13]　例如，1970年代以來跨國資產階級就試圖將（後）福特主義生產方式、新自由主
　　　義意識形態及國際經貿組織（IMF、World Bank與WTO等）三者做緊密的結合。

的結構需求，國家形式也必會做相應的調整，進而影響國家間互動的世界秩序。如此，歷史結構亦可指某個特定時空中社會力量、國家形式及世界秩序三者間的辯證互動關係（見圖5-3）。考克斯這種國關研究的方式和現實主義、（新）自由主義及建構主義分別只談論物質力量、制度及觀念的作用明顯不同。

圖5-2　新葛蘭西學派的歷史結構組成　圖5-3　新葛蘭西學派的國關歷史結構分析

觀念

物質能力 ⟷ 制度

社會力量

國家形式 ⟷ 世界秩序

資料來源：Cox and Timothy, 1996: 98, 101.

對考克斯而言，霸權的世界秩序不單指某一國家擁有強大的經濟或軍事力量能夠將其規範或意願強加於其他國家，而是其內部統治階級的思維和行為方式廣泛地獲得其他國家統治階層的支持或默許。此外，霸權秩序是通過**生產的國際化**（the internationalization of production）和**國家的國際化**（the internationalization of the state）兩個方式來表現的。前者指霸權秩序建立後，世界的生產就必須依循霸權國內部統治集團的利益需求，大部分的國家都融入到全球分工體系中，且在此過程會形成世界性的歷史統治集團，跨國管理階層就是其中的代表。後者指國家為了適應生產的國際化趨勢，必須調整國家的對外政策和經貿管理模式（張建新，2011：288）。換言之，國家並未消失在全球化的經濟運作中，而是成為

霸權秩序的組成部分。[14]通常國家的國際化會經由一套完整的國際制度，如世界貿易組織（WTO）、國際貨幣基金會（IMF）與世界銀行（WB）等來實現。這些組織不僅監管著世界經濟的運作，而且還會推銷有利於霸權國的自由主義意識形態。[15]

考克斯認為隨著資本主義生產方式的改變，如服務業的興起、全球生產鏈的建構或移工派遣工的增加等，勞工階級的團結力量已逐漸式微，取代階級認同的是對種族、文化、環境和性別的認同。因此，工人階級應該聯合市民社會中所有對既存世界秩序不滿的力量，形成反霸權的歷史集團，通過各種國際新社會運動，如環保運動、女權運動、人權運動、反核運動和反全球化運動等，來重塑世界新秩序，以增進個人和民族的真正自由與平等。[16]

（二）國關批判社會理論

法蘭克福學派代表學者哈伯瑪斯強調，二次戰後西方國家以計畫、補貼和獎勵等方式促進經濟增長，進而有能力實施社會福利政策，有效達到生產和分配之間的平衡，使國家獲得自身存在的合法性。[17]然而，1980年

---

[14] 一般而言，全球化對於主權國家的權力或自主性之影響有終結論和轉型論兩種不同的觀點，新葛蘭西學派明顯是採取後者的立場。

[15] 過去世界銀行或國際貨幣基金組織提出的「結構調整方案」（program of structural adjustment）就是一個例子，該方案要求受援國必須進行國內的金融自由化及經濟去管制化的改革，以此作為獲得貸款的條件。

[16] 英國前工黨導師及倫敦政經學院院長紀登斯（Anthony A. Giddens）當時也曾提出類似的觀點，認為工黨應走「第三條路」（The Third Way）以新社會運動取代傳統的勞工運動，爭取更多中間（中產階級）選民的支持才能重新贏得執政權，並以「異化」取代「剝削」作為新型運動的訴求。簡單來說，異化問題關注的是個人自我認同、人與人之間以及人與自然之間關係是否產生疏離，並尋求改善。

[17] 二次戰後至70年代，西方資本主義民主國家主要是實行凱恩斯式的福利國家體制，透過對總體經濟的管理來維持經濟成長與社會分配間的平衡。同時，在政治體制上實行社會統合主義（societal corporatism）來規範利益團體的活動，最主要

代以來隨著全球化的發展，國家逐漸失去對經濟領域（尤其是資本）的控制能力，再加上面臨停滯性通膨問題，如此也影響了國家的稅收和實施福利政策的能力，從而無法獲得國內社會大眾的支持。另一方面，從1980年代起人類面臨各種新的危機，如能源短缺、恐怖主義、毒品犯罪與環境汙染等全球性問題，但國家卻顯現出其處理能力的不足，人們因而失去對國家的信任。面對這種情勢，哈伯瑪斯認為過去資本主義各發展階段中的經濟危機問題（economic crisis）已被晚期階段的政治合法性危機（legitimate crisis）所取代（Habermas, 1975: 74）。因此，人類的解放不能僅如傳統馬克思主義所主張的由生產過程來解決，而是必須在對話交往中實踐溝通理性尋求共識，以此來實現世界公民社會（或國家共同體）內的真正自由、民主與平等。

　　英國學者林克萊特將哈伯瑪斯所強調的實踐理性運用於國關研究，對他而言，傳統馬克思主義國關理論由於重視社會生產力的歷史作用，世界資本主義的勞動分工發展，及認為人類可經由科技控制自然環境等，因而可被視為是工具理性的代表。而現實主義國關理論則與戰略理性密不可分，因其認為國家在實際或潛在的衝突情境下，總是思索如何掌控其他國家，以求在國際無政府狀態下追求國家利益或權力的極大化。相對地，實踐理性主張可以經由溝通學習來建構國際新秩序與社會公益（Linklater, 1990: 171-172）。在做法上，一方面要建構世界主義的政治共同體，超越主權國家的邊界去認可普世的道德、政治與法律原則，並將他國人民與本國人民同等看待；另一方面要重構現代國家認同，鼓勵各階級之間的對話，努力減少物質上的分配不平等，以及尊重文化、種族和性別的差異性，以此來深化共同體內部的合作發展（Linklater, 1990: 3）。換言之，世界政治共同體與民族國家在短期內可以並存而相輔相成，關鍵在於是否

是調和勞資間的可能衝突。福利國家體制與社會統合主義是相輔相成的，例如國家提供多種的勞工福利政策來提升勞工的生活和工作條件，藉此可緩和勞資間的直接衝突。毫無疑問，西方國家在這段期間政府是享有較高的決策自主性，並且是較有效率的。

表5-4　新葛蘭西學派與國關批判社會理論之比較

比較理論 比較項目	新葛蘭西學派	國關批判社會理論
思想淵源	葛蘭西	哈伯瑪斯
研究典範	辯證的歷史唯物主義 （物質與觀念合一的本體論）	重建的歷史唯物主義 （主體間性的後實證主義）
資本主義發展階段 （研究對象）	全球資本主義階段 （全球生產鏈與金融體系形構）	晚期資本主義階段 （國家合法性危機）
世界秩序變遷動力	反霸權力量	實踐溝通理性
未來理想社會	全球市民社會	世界政治共同體

資料來源：作者自繪。

能在國家之間建構平等的溝通對話平臺，歐盟的成立與發展正代表這種進步的趨勢。[18]

七、結語

　　自馬克思和恩格斯以降，馬克思主義國關理論已歷經一個半世紀的發展，期間不斷地推陳出新，形成自為一格的思想體系。可以發現，在各種馬克思主義國關理論中存在著一些共同的特徵，包括：（一）採用歷史唯物主義的研究方法。有些較側重經濟因素的歷史作用（如傳統依附論與世界體系論的結構主義研究），有些更重視經濟、政治與意識形態因素間的辯證關係（如依附發展論和新葛蘭西學派的歷史結構主義分析）；（二）將國際關係本質與資本主義發展合併觀察。資本主義過去有自由資本主義、壟斷資本主義、跨國壟斷資本主義、全球資本主義和晚期資本主義

---

[18] 然而，之前英國脫歐與美國川普政府退出一連串的國際組織與協定，顯示出離世界政治共同體的建構理想仍有一段距離，主權國家還是目前國際社會的最主要行為者。

等不同的階段發展，相對應就有馬克思的殖民主義、列寧的帝國主義、依附論與世界體系論及新葛蘭西學派與國關批判社會理論等的提出。（三）強調國關理論不僅要解釋世界，還要能改造世界。各種馬克思主義國關理論都可見追求國際永久和平或人類全面解放的具體建議和作法，如無產階級與民族解放運動聯合（馬克思的殖民主義、列寧的帝國主義）、國家自主發展（依附論、依附發展論）、反體系運動（世界體系論）、全球市民社會運動（新葛蘭西學派）與建構世界政治共同體（國關批判社會理論）等。

正如本章一開始所言，馬克思主義和主流的自由主義或現實主義都非嚴格意義上的「理論」，而是一種「意識形態」，它不可能完全取代主流的論述，其對國際關係的解釋力或改造力有多大，就取決於和其他主義間的思想競爭。過去在國際冷戰和兩岸長期對峙的環境下，我們對於馬克思主義國關思想較少接觸，不論是否接受其觀點，現在應該是需要認真「補課」的時候了。

推薦閱讀

1. L. S. Stavrianos（著），王紅生等（譯）（2017）。《全球分裂：第三世界的歷史進程》上下冊，北京：北京大學出版社。

2. Ernest Mandel（著），向青（譯）（2009）。《馬克思主義入門》，臺北：連結雜誌社。

3. Terry Eagleton（著），李尙遠（譯）（2012）。《散步在華爾街的馬克思》，臺北：商周文化出版有限公司。

4. 湯小應（編）（2002）。《馬克思主義政治經濟學》，臺北：啓思出版集團。

5. Robert Went（著），萬毓澤（譯）（2002）。《全球化：馬克思主義的觀點》，臺北：唐山出版社。

6. Edmund Wilson（著），劉森堯（譯）（2000）。《到芬蘭車站》，臺北：麥田出版社。

參考書目

中共中央馬列編譯局（1995）。《馬克思恩格斯選集》，北京：人民出版社。

李延明、劉青建與楊海蛟（2002）。《馬克思恩格斯政治學說研究》，北京：北京人民出版社。

張建新（2011）。《激進國際政治經濟學》，上海：上海人民出版社。

Cardoso, Fernando H. and Enzo Faletto (1979). *Dependency and Development in Latin America*. Berkeley: University of California Press.

Cox, Robert W. (1987). *Production, Power and World Order*. New York: Columbia University Press.

Cox, Robert W. and Timothy J. Sinclair (eds.) (1996). *Approaches to World Order*. Cambridge: Cambridge University Press.

Crane, George T. and Abla Amawi (eds.) (1991). *The Theoretical Evolution of International Political Economy*. Oxford: Oxford University Press.

Frank, Andre G. (1967). *Capitalism and Underdevelopment in Latin America*. London: Monthly Review Press.

Gilpin, Robert (1987). *The Political Economy of International Relations*. Princeton, NJ: Princeton University Press.

Habermas, Jurgen (1975). *Legitimation Crisis*. Boston: Beacom Press.

Hare, Quintin and Geoffrey Nowell Smith (eds. and trans.) (1992). *Selections from the Prison Notebooks of Antonio Gramsci*. New York: International Publishers.

Lenin, Vladimir (1916/1933). *Imperialism*. London: Martin Lawrence.

Linklater, Andrew (1990). *Beyond Realism and Marxism: Critical Theory and International Relations*. London: McMillian Press.

Wallerstein, Immanuel (1979). *The Capitalist World-Economy: Essays*. Cambridge: Cambridge University Press.

第六章

女性主義與後實證主義

周嘉辰（臺灣大學國家發展研究所）

一、前言

　　何謂女性主義？女性主義的想法如何影響我們對於國際政治的認識？本章首先介紹女性主義的各種流派，探討女性主義對於現有主流國際關係理論的檢討與批評。受到女性主義思潮的影響，國際關係學者漸趨重視女性在國際政治中所扮演的角色，發現了許多在過往研究裡所忽視的面向。不僅如此，女性主義國關學者更揭露現有主流國關理論的陽性中心色彩，尤其是他們對於戰爭與安全的定義。這樣的發展與社會科學界關於後實證的反思相互結合，女性主義國關學者進而質疑主流國關理論所自稱的客觀性。他們認為，知識由權力所建構，不可能沒有主觀的因素；主流國關理論雖然號稱是一個性別中立的學科，但其實充滿著各種具有偏見的假設。女性主義國關研究的目標，即在於指出這些偏見，誠實面對這些並非全然中立的預設，以多元的視角來了解國際政治。

　　在上世紀中葉時期，女性主義已是西方各大學深受歡迎的課程。美國克拉克大學（Clark University）著名女性主義國關學者辛西亞・恩露（Cynthia Enloe）曾言，如果你走入某個政治學系，發現他們完全沒有設立任何有關性別的課程，你就可以認定這是一個已經落伍的系所。事實上，女性主義的思想可以追溯至十八世紀。1792年，瑪莉・沃斯通克拉夫特（Mary Wollstonecraft）的《為女權辯護》（A Vindication of the Rights of Woman）一書出版，標示著女性主義已正式發聲。到今日，女性主義思潮經歷二百多年的發展，出現了許多不同的流派。一方面，女性主義者吸收包括後殖民、後現代等思潮的養分，對其原有理論做出修正；另一方

面，女性主義的蓬勃發展也對其他領域產生影響，對於我們理解社會世界漸趨重要。

　　我們可從以下二方面探究女性主義對於國關理論的貢獻。首先，女性主義指出，許多國家在選擇外交官的派任時，經常有性別歧視，認為女性外交官的表現不如男性外交官；而在以男性外交官為主的國家裡，也很少人注意到外交官夫人在派駐地的處境。不僅如此，透過女性主義，我們更發現了那些在國際政治裡擔任重要角色，但卻經常被現有國關理論忽略的女性。在許多戰爭故事裡，男性是國家的代言人、民族的衛士，更是家鄉女性的保護者；女性在這些故事裡，僅僅具有消極、被動與依賴的形象。但事實上，女性是戰爭的支援者，應當被看作是戰爭的參與者；並且，戰爭對女性的傷害，雖與男性的性質不同，但往往同樣地深刻。此外，後殖民女性主義者也發現，在全球資本主義興起的過程中，勞動力的剝削多有性別面向，例如跨國家庭照顧者多為女性，女性的跨國性交易也不容忽視。

　　另一方面，除了肯定女性在國際政治裡的重要角色以外，女性主義更直指現有國際關係理論的陽性中心假設。新現實主義者將國際結構視為無政府狀態，國際政治的主要行為者是原子式的個別國家，這與許多女性的世界觀其實天差地遠。關懷、包容、同情，以及相互關聯性，才是許多女性看世界的出發點。不僅如此，由於現實主義的權力觀重視強制性支配權，國家若在國際政治中表現同情心，則容易被指責為軟弱，或被看成是一種欺騙的行為。在安全的定義方面，現實主義國關理論重視的是軍事安全與領土安全，但女性主義國關學者指出，安全應是一個綜合性的概念，經濟安全、生活安全、環境安全等都應被納入。

　　無論是發現現有國關理論所忽視的女性面向，或者是挑戰主流國關理論的多項預設，女性主義國關研究都有助於我們對國際政治有更深入的認識。本文從以上角度出發，探討女性主義對於國關理論的貢獻。具體而言，本章的安排如下。首先，我們將回顧女性主義的各類思潮，了解女性主義的各種流派與重要主張。其次，我們將探討這些流派如何幫助我們了

解國際政治。由於不同流派對於國際政治的側重不同，我們將檢視它們對於女性主義國際關係研究的影響。

二、女性主義思潮

由於女性主義國關研究深受女性主義思潮的影響，要了解女性主義國關研究的具體內涵，就必須先對女性主義有所認識。綜觀女性主義的發展，自由主義女性主義可說爲起點。而在吸收自由主義的養分以後，女性主義不再滿足於從其他思想中定義自己，改爲將「性別」置於研究的核心，直指父權制度爲所有壓迫的根源，據此**基進女性主義**（radical feminism）誕生。然而，基進女性主義卻也經常掉入「本質化」女性特質的陷阱，並忽視其他因素對於女性群體的影響。在考量這些批評以後，女性主義吸收後殖民主義的想法，正視階級、國族等其他身分對於分析女性處境的重要性。不僅如此，後現代女性主義更進一步反對本質主義，解構現有理論的既有框架。這些不同思潮對於主流國關理論各有不同的批評，值得我們從源頭開始談起。

小知識　性別

對於女性主義來說，「性別」（gender）與「性」（sex）並不相同，前者是社會文化意涵上的性別，後者則是生理上的區分。換言之，「性別」是一種身分認同與氣質，並不一定與生物學意義裡的「性」是一對一的關係。性別會因教育、文化的不同而改變，而性別角色則是社會文化爲生理上的男女所建構出來的相關內涵與標準。

（一）自由主義女性主義：女人與男人具有相同的天性

在眾多流派中，自由主義女性主義是女性主義思潮的起始點。顧名

思義，自由主義女性主義將自由主義的想法運用到提升女性地位的論述裡。對自由主義者而言，人之所以為人是因為具有理性的特質。女性主義者將此「理性人」的想法用來說明女人與男人其實具有相同的天性（nature）。他們指出，為什麼我們經常在現實世界裡發現女人的表現不如男人，並不是因為男女天性不同，而是後天因素的問題。如果女人可以獲得與男人相同的對待，尤其是接受相同的教育、給予相同的機會，女人與男人將有同樣的表現。自由主義女性主義先驅瑪莉·沃斯通克拉夫特，於1792年出版的《為女權辯護》一書，主張女性的首要目標是發展理性，培養獨立自主的人格。為了達到此一目標，女性必須經濟獨立，獲得財產權，而非附屬於丈夫。自由主義者彌爾（John Stuart Mill）於1869年出版的《女性的屈服》（The Subjection of Women）一書也進一步支持應給予女性平等的就業權，因為給予女性同樣的機會將為社會帶來更多優秀的人才。

呂秀蓮的《新女性主義》一書。

圖片來源：http://www.taiouan.com.tw/catalog/
popup_image.php?pID=4080&osCsid=
8d879de9c29343369e630bb9e8ef4abd

　　儘管女性主義的思潮可追溯至十八世紀，但到了二十世紀，女性的地位仍未獲得顯著提升。當代著名自由主義女性主義者傅瑞丹（Betty Friedan）於1963年出版《女性迷思》（The Feminine Mystique）一書，持續批評社會將女性限制於家庭。傅瑞丹鼓勵女性放棄以家庭主婦形象為自我的唯一認同，強調女性應發揮自我潛能，與男性一樣從事公共領域的活動。為了達成此一目標，傅瑞丹認為政府應廣設托兒所，

使女性兼顧家庭與事業，發揮在公共領域裡的才能。對於自由主義女性主義者來說，女性和男性一樣有理性、有能力，只是因為法律與教育的機會不平等，才造成男女不平等的結果。在臺灣，著名自由主義女性主義者呂秀蓮也持相同看法。1974年《新女性主義》出版，最主要的論述即是：先做「人」，再做男人或女人，以此達到男女平等。

（二）基進女性主義：平等不一定需要等同

　　上述自由主義女性主義者的平等觀受到許多其他女性主義者的挑戰。1970年代中期以後，基進女性主義者指出，平等不一定需要等同，而所謂先做「人」再做男人或女人的「人」，其實指的是男人。基進女性主義者認為，女性的差異應獲得肯認，要達到平等不一定需要等同於男人，「**女性特質**」（womanhood）需被正面看待。基進女性主義者凱特‧米列（Kate Millett）在1970年出版的《性政治》（Sexual Politics）一書中，以性別分析為核心，指出女性所受的壓迫是最古老、最深刻的剝削形式，是一切壓迫的基礎；這種壓迫的根源起因於**父權體制**（patriarchy），該體制藉由刻板化性別角色的過程，使女性接受次等的地位。然而，所有的人本來都具有跨性特徵，女性特質不應被負面看待，我們應解放那些具有女性特徵的男人。

　　這樣的觀點強調女性特質不是女性被壓迫的根源，反而是女性力量的來源。與女性生理相關的特質，雖然與男性不同，但不能因此如同自由主義女性主義者一樣，認為這種特質低於男性特質。相反地，女性特質所帶來的創造力與差異性更可能是解放的種子，為社會變革帶來契機。Carol Gilligan於1982年出版《在一個不同的聲音裡》（In a Different Voice），具體指出女性特質與男性特質有著根本的不同。她認為，女性主義的政治觀立基於關懷倫理（an ethnic of care），包括愛、慈悲、寬容、利他、和平、分享、合作與憐憫，而這些都與陽剛特質不同，是被現有文獻所忽視的女性特質。關懷的世界觀認為個人之間具有關聯性，而不是自由主義所認為的原子式的分離個人。在關懷倫理之下，女性主義者要我們正視人類

行為其實多數時候並不是以利害得失的算計為準則，友誼與相互考量反而更為常見，只要我們肯認這些特質，人類事務將可能獲得改變。

（三）後殖民女性主義：反對女性具有普遍相同的特質

關懷倫理雖然正面看待女性特質，但卻難免掉入普遍化女性特質的陷阱，認為所有的女性都是一樣的。然而，現實世界裡的女性卻不是鐵板一塊，女性之間可能因為國籍、種族、階級等而產生差別。受到後殖民主義的影響，女性主義者開始思考其他因素的重要性。後殖民女性主義者發現，自由主義女性主義的某些主張根本僅適用於中產階級女性，例如鼓勵女性出外工作，但其實許多收入較低家庭中的女性，老早就在外工作了（Walker, 1983）。不僅如此，對第三世界的女性主義來說，基進女性主義所提出的父權體制，必須被放進全球權力結構的脈絡來分析。第三世界女性所受的剝削不僅來自於性別，更與全球結構相關，父權體制與其他的權力分配機制，包括地域、年齡與經濟體制等均是女性受壓迫的根源，不能僅僅突出父權體制的角色。

小知識 後殖民主義（Postcolonialism）

第二次世界大戰結束以後，許多殖民地紛紛獨立，然而國家的獨立卻未必帶來真正的自治。後殖民主義者指出，原來的殖民帝國仍然透過各種有形與無形的方式，例如在經濟上持續維持不平等關係，以及對原殖民地統治菁英的影響，將原有的直接殖民轉換為間接控制。為了檢討殖民國的持續影響力，1955年，二十多個剛剛獨立的非洲與亞洲國家，在印尼召開萬隆會議（Bandung Conference），發起**不結盟運動**（non-aligned movement）。他們認為，全球政治不應只有美蘇陣營的聲音，而應重視「第三世界」的視角。在這樣的觀點下，許多學者致力於發掘殖民主義如何持續從殖民帝國的角度來詮釋非西方文化，這也構成了後殖民主義最主要的研究內涵。

後殖民女性主義指出，為了突顯父權體制的重要性，主流女性主義經常只關心與性別相關的議題，例如他們經常將批判焦點放在中國的纏小腳、中東的面紗習俗、或者非洲的陰蒂割除等議題。這種焦點的背後，多少反應了主流女性主義以優等文化自居的心態，認為這些習慣是第三世界國家的落後特徵。但是，在提出這些批評的同時，主流女性主義卻經常忽視帝國主義與全球資本主義對女性的傷害，例如許多跨國企業廉價勞動力的來源都是第三世界的年輕貧困女性。據此，後殖民女性主義認為，第一世界與第三世界女性之間可以有「共同的論題」，但這些論題都必須考慮其間「不同的脈絡」（common themes, different contexts）（Johnson-Odim, 1991）。

（四）後現代女性主義：反本質主義

後殖民主義提醒女性主義者重視女性之間的差異，不應將所有女性看成具有共同生理事實、共同情感特質、共同承擔母親角色的類似群體。除了審視「女性」一詞的普遍性以外，受到後現代主義的影響，女性主義更開始檢討過往女性主義將女性特質本質化的問題。1990年朱迪斯‧巴特勒（Judith Butler）的《性別風波》（Gender Trouble）一書出版，提出應解構女性特質以及「女性／男性」這種立基於生理事實、無法隨時間變動的區分。對巴特勒來說，預設女性本質的結果，將強化男性宰制裡既有的「女性／男性」二元對立，在不知不覺中又規則化並具體化了性別關係。巴特勒尤其反對以生理差異來定義女性特質，因為如果女性特質與男性宰制相關，何來不變的本質？如果我們認為男女區分由生理所決定，等於認為這種差異將一直延續，任何轉變都難以發生。

小知識 後現代主義（Postmodernism）

後現代主義是一個橫跨藝術、建築、與哲學的思潮，其主要發展時期由二十世紀中期開始。從後現代主義的觀點來看，所有知識都是社會、歷史或政治話語的產物，不具有任何本質，而是由語境或社會所建構的。後現代主義因此反對大敘事（grand narratives），以及各種普遍主義的原則，拒絕給予理性、人性、社會進步等概念一個客觀的定義。

　　對後現代女性主義來說，女性主義者為了建構「女性」作為女性主義的主體（subject），假定了一個既存的認同，以此作為女性主義尋求**政治再現**（political representation）的基礎。巴特勒援引傅柯（Foucault）的概念，指出任何被再現的主體均由權力體系所產生，因此，使「女性」再現成為女性主義主體的語言，本身就是某種政治觀點的建構，並沒有一個存在於權力結構之前的主體，等待著被權力結構所再現。換言之，「女性」不應等同於「擁有母性的人」，所謂「女性」只是透過化妝品、髮型、服飾，甚至吃飯習慣、與他人的交談姿勢、語言使用等，不停地表演出女性特質而已。以往被視為結果的性別表演，其實是建構「性別」身分的源頭。這種觀點徹底解構女性特質的本質，而從女性主義的發展來看，如果堅持「女性」具有先於論述之前的真正本質，確實是將白種、中產階級、西方、與異性戀的女性經驗，當成是所有女人的共同特質。

　　這些女性主義思潮對我們如何了解國際現實發生了重要影響。首先，自由主義女性主義國關學者提出應給予女性一樣的參與外交事務的權利，而受到基進女性主義思潮的影響，國關學者發現女性的安全觀與主流國關理論並不相同，並開始重視被舊有國關理論所忽視的女性角色。不僅如此，後殖民女性主義國關研究更提醒我們重視第三世界的女性視角，後現代女性主義國關研究則直指現有國關理論所預設的性別偏見，這些思潮都對當代國關理論進行了深刻的反省。

三、發現被現有國關理論所忽略的女性

　　冷戰時期所興盛的現實主義國際關係理論，在冷戰結束以後開始受到各方的挑戰，女性主義的視角即為其中的重要面向。女性主義國際關係學者指出應給予女性參與外交事務的同等機會，他們更發現女性維和部隊的優越性。此外，女性主義也指出，主流國關理論長期忽視女性在國際事務中的角色，例如關於戰爭的研究僅著重於軍隊與國家，卻略過了從女性觀點所看到的苦難。

（一）女性外交人員與維和人員

　　外交人員是國際政治的一線人員，長期以來，許多刻板印象認為，由於國際政治是一種爾虞我詐的權力遊戲，需要高度的理性才能處理，因此男性較易勝任這項工作。同時，也有觀念認為，由於外交人員經常需要外派他國與輪替職位，而女性較男性更難兼顧婚姻、家庭與工作，因此外交工作並不適合女性。在臺灣，1996年以前，外交人員特考設有女性名額限制，規定女性不能超過10%，由於這樣的做法違背男女平等的原則，從自由主義女性主義的觀點來看也不可取，目前已取消。在此一規定取消以後，事實證明，女性外交人員與男性外交人員的表現一樣傑出。

　　除了外交人員以外，女性在聯合國的維和部隊裡更扮演關鍵角色。許多人發現，聯合國觀察團（United Nations Observer Mission）在進行維和（peacekeeping）工作時，時有騷擾當地婦女以及性侵事件發生。儘管聯合國對此採取零容忍的態度，但這些事件卻未能有效制止。近年來，許多人開始倡議提高女性維和人員的比例，認為女性人員的提高將可能對男性同僚的行為產生示範效果，也就是防止他們涉入性侵相關事件。儘管這樣的觀點因為刻板化了兩性特質而被多所批評，但實際經驗卻顯示其確有一定的效果，甚至，如果維和人員全數為女性，對於當地受害者問題的解決更有幫助。在對聯合國第一個全女性的維和部隊，即全女性印度維和小組（All-female Indian peacekeeping unit）在賴比瑞亞2007年到2016年

的工作進行案例研究以後，研究者發現此一維和小組的出現更可以鼓勵當地女性加入維持治安的行列（Klinner, 2017）。聯合國前秘書長潘基文曾提及，此一維和小組贏得了賴比瑞亞當地民眾的支持，有效制止了性侵與性暴力事件。總之，讓女性有機會加入外交與維和工作，不僅給予了女性平等的權利，更有助於相關工作的推動。

賴比瑞亞總統（Ellen Johnson-Sirleaf）（右）與在賴比瑞亞進行維和工作的全女性的印度維和小組。

圖片來源：Emmanuel Tobey／聯合國賴比瑞亞維和部隊（United Nations Mission in Liberia）（2016）http://www.un.org/africarenewal/news/hailed-%E2%80%98role-models%E2%80%99-all-female-indian-police-unit-departs-un-mission-liberia.

2020年，在新冠肺炎（COVID-19）成為全球大流行之後，女性維和人員的工作更受肯定。3月份，聯合國秘書長António Guterres呼籲全球各地立即停火，以創造人道主義援助的可行條件，將希望帶給那些容易受到大流行影響的地方。在維和行動中，不乏許多女性的身影，例如來自澳洲的Cheryl Pearce維和指揮官持續在塞浦路斯（Cyprus）負責監督停火，並敦促和平協議的簽署。5月12日，聯合國維和行動的推特帳號在一篇致敬文中，特別提及巴基斯坦Samia Rehman少將，因其雖有一位二歲的幼兒，但在剛果民主共和國（Democratic Republic of Congo）的維和合動因疫情而延長時，仍堅守崗位，可稱是「今日維和人員」（Peacekeeper of the Day）。女性維和人員的參與提高了維和工作的穩定，她們可以接觸到當地對男性不開放的區域，緩解緊張局勢，有助於建立維和部隊與當地民眾之間的信任關係。

小知識 聯合國維和部隊（United Nations Peacekeeping Force）

聯合國維和部隊的工作為監測與觀察那些剛經歷過軍事衝突的地區，協助當地人員執行他們所簽署的和平協定。這些協助工作包括建立信任措施，安排權力分享機制、強化法治與經濟社會的發展等。維和部隊成員包括警察、士兵與文職人員，他們常配戴藍色貝雷帽或藍色頭盔，因此被稱為「藍盔部隊」（The Blue Helmets）。根據聯合國憲章，聯合國安全理事會有責任採取集體行動以維持國際和平，因此國際社會多半尋求安理會的授權以開展維和行動。但聯合國自身並沒有軍事力量，維和行動仰賴成員國提供支持；而具體的規劃、準備與管理，則由聯合國的維和行動部（Department of Peacekeeping Operations）負責。

（二）戰爭中的女性角色

除了給予女性相同的機會參與國際政治以外，女性主義者更發現傳統國際關係理論長期忽視女性在國際政治裡已有的角色。由菁英男性所繪製的國際關係，往往只重視男性政治家的活動（Enloe, 2000）。但是，即便在這樣的觀念下，中國正史的寫作也注意到例如文成公主等的和親行為，這是女性在正史裡不可忽視的外交角色。女性主義關國學者指出，這種僅重視特定女性角色的書寫，反映出現有國關理論僅側重於國際政治的特定面向，最明顯的例子就是對於戰爭的描寫。戰爭是國關理論的重要議題，主流國關理論對其著墨甚多，但卻僅將其看做是國家的行為，很少討論戰爭對個人的影響。而在那些涉及個人與戰爭的故事裡，男性的形象也多是國家的代言人，女性則等著男性對她們的保護（Elshtain, 1987）。但事實上，戰爭需要女性的支援，女性也應被視為戰爭的一份子；並且，男性雖然是表面的保護者，但多數戰爭卻是由男性所掌握的國家機器所發動，對女性與兒童造成傷害。

1985年國家地理雜誌
（National Geographic）所刊登的
「阿富汗少女」（Afghan Girl）
眞眞切切地展現了戰爭加之於女
性的痛楚。這張由美國攝影師史
蒂夫・麥凱瑞（Steve McCurry）
於1984年攝於巴基斯坦難民營的
照片，顯示出這位名叫Sharbat
Gula的少女，在經歷蘇聯－阿富
汗戰爭，家鄉被戰機轟炸，父母
被炸死，祖母帶著她與哥哥翻山
越嶺投奔難民營的恐懼。這種
敘事揭露了主流文獻所忽視的
面向。辛西亞・恩露（Cynthia
Enloe）在她的《香蕉、海灘與
基地：建立國際政治的女性主
義視角》（Bananas, Beaches and
Bases: Making Feminist Sense of
International Politics）一書中，描
繪了在國際政治與全球政經體系
裡，不同文化與民族的女性，日
常生活裡的各類活動。這些女性
所扮演的角色包括家務工作者、
外交官夫人、士兵夫人、性工作
者、第三世界旅遊區的女性等。
對埃勒來說，如果我們僅用習以
爲常的，沒有性別的角度來書寫
國際關係，我們就會掉入男性所
建立的論述裡。

文成公主和親。

圖片來源：http://blog.udn.com/musepon/5345110.

阿富汗少女。1984年，攝影師史蒂夫・麥
凱瑞攝於巴基斯坦的難民營

圖片來源：https://news.nationalgeographic.com/2016/
10/afghan-girl-sharbat-gula-arrested/

小知識　蘇聯－阿富汗戰爭（Soviet–Afghan War）

指從1979年12月蘇聯入侵阿富汗開始，持續9年，至1989年2月結束的戰爭。1978年，蘇聯所支持的人民民主黨（People's Democratic Party of Afghanistan）上臺，推行一系列包括無神論等基進改革，卻遭到當地激烈的反抗。1979年9月，人民民主黨內發生政變，新任領導人哈菲佐拉・阿明（Hafizullah Amin）上臺，開始推行外交自主等政策。這樣的政策惹惱了蘇聯時任領導人布里茲涅夫（Leonid Brezhnev），進而派軍入侵阿富汗。戰爭不僅造成大量死亡，估計死亡人數從56萬人到200萬人之間，更導致大量平民流離失所，百萬難民湧入巴基斯坦與伊朗。由於此一戰爭拖延時間甚長，有時也被稱為「蘇聯的越戰」。

四、挑戰現有國關理論的假設

女性主義對於國關理論的貢獻，不僅在於找到被忽視的女性角色，更在於指出國關理論的陽性中心偏差。女性主義更批評現實主義的普遍主義假設，強調國關理論的研究應加入對脈絡的了解，並反思其自以為是的客觀性。在這樣的想法下，女性主義國關研究並不同意實證主義的研究方法，而是應加入對脈絡的詮釋與深厚的描述，甚或以系譜學的方式揭露那些客觀性背後的權力論述。

（一）現實主義的陽性中心思維

1988年6月，英國倫敦政治經濟學院舉辦「性別與國際關係」研討會，安・蒂克納（J. Ann Tickner）提出從女性主義的角度重新表述漢斯・摩根索（Hans Morgenthau）的政治現實主義六原則。第一，摩根索指出，政治現實主義認為，政治運行受到根植於人性的客觀法則所支配；蒂克納則認為，現實主義的客觀法則其實建立在男性觀之上。第二，政治現實主義以權力來界定政治裡的利益；蒂克納則指出，國家利益不能僅由

權力來界定，尚需以合作的方式來呈現。第三，政治現實主義了解利益會隨著政治與文化的脈絡而發生變化，他們並不認為以權力所定義的利益是永遠一成不變的；蒂克納則認為，現實主義的權力概念蘊含著統治與控制，僅適用於男性特權，並且，現實主義忽視了與女性相關的集體權力。第四，政治現實主義意識到政治行動的道德意義，他們也了解在道德訴求與成功的政治行動之間，可能存在著緊張關係；蒂克納則指出，所有政治行動都應接受道德評判，不能因國家利益而迴避。第五，政治現實主義認為，特定國家的道德要求與普遍的道德法則不可混為一談；蒂克納指出，儘管特定國家的道德觀可能不同於普遍法則，但各行為者為尋求普遍法則所進行的努力，卻可以緩解國際衝突。第六，政治現實主義強調政治領域的自主性；蒂克納則認為，西方文化中的政治自主性屬於男性特質，若以此為基礎來界定政治領域會過於狹隘（Tickner, 1988）。

該研討會結束後，同年《千禧年：國際研究期刊》（Millennium: Journal of International Studies）冬季號發表此次會議的文章，正式確立了女性主義國際政治學。自此，女性主義者開始系統性地檢討主流國關理論的陽性偏差。首先，國關理論所假設的無政府狀態，以原子式個人來想像國家的行為，但實際情況中，國家多有不同程度的各類連結。現實主義為何不以這些連結為分析出發點，顯示其從男性價值出發的偏見。並且，現實主義的權力觀強調強制性的支配權，如果在國際政治中表現出同情心則容易被指責為軟弱。現實主義自以為是性別中立的學科，但其實充斥著男性偏見的假設，只關注高政治的權力遊戲，認為性別問題屬於私領域範圍，忽視私人領域中的權力關係。現實主義重視科學與理性，強調國關理論是一門簡約的理論，女性主義由於不反對情緒對於人類行為的解釋，現實主義因而不認為女性主義的主張具有學術性（Tickner, 2001）。在安全觀方面，現實主義認為國家安全是首要目標，其重點僅在於軍事安全與國家領土安全。個體的安全被認為與個人或社區更為相關，而非國家或國際體系。但從軍警對付個人、戰爭中的慰安婦等來看，安全概念是綜合與全面性的，其中也應包括經濟安全、環境安全等（譚偉恩，2007）。

與此同時，女性主義國關學者也檢討了現有理論對於和平的定義。艾爾斯坦（Jean Bethke Elshtain）在上述1988年《千禧年》期刊中指出，主流學者所定義的和平政治秩序，多指男性公民間的平等關係而已，例如希臘城邦中的情況，但其實這種秩序卻立基在對女性的剝削上（Elshtain, 1988）。相反地，女性主義者重視社會正義，給予和平一個更爲積極的意義。女性主義國關學者也從基進女性主義

《千禧年：國際研究期刊》
圖片來源：https://millenniumjournal.org/.

關於女性關懷倫理的論述中獲得啓發，他們指出，「母性」與和平直接相關。一個重視愛、包容與關懷的決策者，絕不會隨意發動戰爭，更不會讓士兵陷入險境。即便在戰場上，對道德的重視也不會讓他們成爲誓死殲滅敵人的狂徒，他們會將敵人看作是需要辛苦周旋的對手（Ruddick, 1983）。在這樣的觀點下，和平的內涵更加豐富，並且女性的參與也有利於和平的推動。

（二）解構主流國關理論的普遍性與客觀性

儘管女性主義國關學者指出了主流國關理論的陽性中心假設，但在他們把女性的特殊性加入國關理論以後，又陷入了本質主義者普遍化女性特質的困境（黃競涓，2011）。在後殖民女性主義的影響下，女性主義國關學者開始檢討這類理論所宣稱的普遍性，而他們對主流國關理論的批評也開始集中於此，尤其是新現實主義的主張。華爾茲（Kenneth Waltz）認爲，國家行爲僅與無政府狀態的國際結構相關，國關理論不會關心個別國家有什麼傳統，政治制度是威權或民主，儘管這些因素可能可以解釋特

定時期的外交決策，但長期而言，國家行為與這些無關。由於無政府狀態是一種普遍現象，新現實主義者並不關心國家的特殊性。並且，新現實主義接受理性人的假設，認為所有國家均是理性算計的個體，無論哪一個國家的目標均是極大化自身利益，所有國家的屬性均相同。由於忽視特殊因素，新現實主義可以找到簡約的預測、建構簡約化的科學理論。但是，忽視脈絡的結果卻使理論的解釋力下降。我們可以人類學家克利福德・格爾茨（Clifford Geertz）關於「眨眼」（wink of any eye）的說明來了解脈絡的重要性。如果沒有給予此一行為一個立基於脈絡的詮釋，我們可能無法分辨眨眼只是一個快速地收縮眼皮的動作，還是正在向對方傳遞訊號的行為（Geertz, 1973）。只有立基於脈絡的「厚描述」（thick description）才可以讓我們對人類的行為，當然也包括國家的行為，有更為細緻的認識。

　　這種把脈絡加入分析的觀點，可以幫助我們了解國際政治裡的階級關係、南北關係、西方與東方等分歧等。由於脈絡的複雜性，有志於從事國際關係研究的學者，應當對國際現象做出多面向的詮釋，而非從一個簡單普遍的假設出發，找一個簡約的解釋而已。從此一角度來看，女性主義國關學者並不相信實證主義的方法論，為了找到脈絡的特殊性，研究者不應迴避把自身對於脈絡的理解帶入，如果只專注於眼前所看到的行為，則可能忽視了該一行為的社會意涵。

　　此外，後現代女性主義國關研究更進一步質疑主流國關理論自以為是的客觀性。蒂克納指出，知識是由權力所建構，不可能無主觀因素（Tickner, 2001）。如前所言，新現實主義假設的無政府狀態其實並非價值中立的看法，而是具有陽性中心的色彩。不僅如此，國關理論並不是由客觀的國際結構所決定，無政府的國際關係是言說與論述的建構結果（discursive constructions）。藉由文化過程與言說的論述與推敲，這種國際關係被表演出來，它們並不先於這些過程而存在。在這樣的認知裡，女性主義國際關係的研究應當採取**系譜學**（genealogy）的方式，致力了解現有的國際政治想像如何被權力論述所建構，將階級、民族、制度、性別等結合起來分析，現有的國際現實其實不過是上述各種權力關係交互影響

的結果。現實主義所理解的國際關係，不是天生不變的自然事實，而是各種科學論述將其建構爲自然事實，此一事實背後既然有各種不同的權力關係，我們當然不能認爲它是客觀的。

在解構新現實主義客觀性的同時，後現代女性主義國關研究也同時解構以基進女性主義爲基礎的女性主義國關研究（Sylvester, 1994）。他們不認爲後者所宣稱的關懷倫理式的女性特質，有任何先於權力論述之前的本質。後現代女性主義者認爲女性主義需要的不是再一次地建立中心，建立二元對立，而是要剝開這些權力論述，如此才可以把不同階級、不同民族、甚至所有不同型態的女性從舊有國際關係理論的定義中解放出來。

五、結語

從十八世紀女性主義思潮漸趨爲人所知後，到女性主義進入國際關係領域，這其間已經歷了二百年。1975年，聯合國召開第一次世界婦女大會，成爲女性運動走向國際政治舞臺的重要里程碑。在思想界，女性主義也不斷挑戰既有國關理論的偏見。他們首先指出，由於認爲女性不懂政治的刻板印象，許多國家限制女性加入處理國際事務的行列。其次，由於認爲國際政治只與權力遊戲相關，主流國關理論忽視女性早已在各個角落裡扮演著支撐國際政治運轉的角色。女性主義者重新把這些角色書寫出來，並從她們的觀點出發，找到了解國際政治的不同視角，包括對戰爭與權力、對安全與和平的不同看法。

從女性主義關於女性特質的描述中，女性主義國關學者發現關懷倫理等包容性特質給予了和平一個更爲寬廣的定義。他們鼓勵更多女性參與外交工作、維和工作，在國際政治裡提倡女性特質。女性主義國關學者也指出，新現實主義關於無政府狀態的假設，其實隱含著陽性中心的偏見，並沒有其所宣稱的客觀性。爲了達到簡約的目標，主流國關理論從無政府狀態所推導出來的解釋，忽視了脈絡的重要性。女性主義國關研究的方法論因而不同於主流國關理論，女性主義更重視發現脈絡的厚描述。在這樣的

角度下，後殖民女性主義的觀點很容易被帶進來，他們批評女性特質的普遍性，不同民族、階級、地域、文化等差異均會影響女性特質的意涵。不僅如此，後現代女性主義也反思女性主義將女性特質與男性特質對立起來的作法，因為這是把自己放在傳統國關理論的對立面，等於繼續鞏固二元體制。他們認為應採取系譜學的方法，解構這些現有論述，彰顯一切權力關係。

女性主義國關學者對主流國關理論的檢討，也為主流學者所認識。早在1989年，新自由主義大將基歐漢（Robert Keohane）即撰文指出，女性主義對於現實主義國關理論關於權力、互賴等概念的批評，對國關理論的發展甚有幫助。他也因此主張，女性主義與新自由主義國關理論可以結盟（Keohane, 1989）。然而，基歐漢同時也認為，女性主義裡的其他某些流派，例如後現代女性主義，對於國關理論則沒有什麼貢獻。這樣的觀點受到辛西亞・韋伯（Cynthia Weber）的批評（Weber, 1994）。韋伯認為，女性主義在指出主流國關理論對權力的狹窄定義時，同時也在反省國關理論對於建立「理論」（theory）的追求，因為理論會製造出一種邊界，用以區分哪些是理論所關注的對象，哪些不是，正如主流國關理論僅關心高階政治，而忽視個人角色一樣。基歐漢只挑揀部分女性主義主張以適合自己的理論，卻忽視女性主義對於國關理論的整體批判，只是一種便宜行事的作法。

從這樣的批評我們可以看出，女性主義對於國關理論的檢討是全面的，儘管不同流派的女性主義思潮之間經常互有詰難，但無論哪一種流派，都讓我們看到了主流國關理論的片面性。至少，如果主流國關理論只能解釋世界上一半的人的行為，這就不是一個可以符合普遍主義要求的理論。女性主義的視野豐富了國際關係理論，在方法論的層次上，女性主義國關研究也提供了新意。他們不同意實證主義的觀點，強調必須對脈絡進行分析，反對價值中立的預設，歡迎研究者因對脈絡的了解而提出詮釋。總結言之，女性主義在理論假設、研究對象、以及方法論等層面挑戰了既有的國關理論，提供研究者更多的思考面向。

推薦閱讀

1. Elshtain, Jean Bethke (1987). *Women and War*. New York: Basic Books.
2. Tickner, Jane Ann (2001). *Gendering World Politics*. New York: Columbia University Press.
3. 藍佩嘉（2008）。《跨國灰姑娘：當東南亞幫傭遇上臺灣新富家庭》，臺北：行人。
4. 顧燕翎（編）（2000）。《女性主義理論與流派》，臺北：女書文化。
5. 黃競涓（2011）。「女性主義／國關理論：若即若離抑或各行其道？」，收錄於包宗和主編，《國際關係理論》，臺北：五南圖書，頁235-253。

參考書目

Butler, Judith. (1988). *Gender Trouble: Feminism and the Subversion of Identity*. New York: Routledge.

Elshtain, Jean Bethke (1987). *Women and War*. New York: Basic Books.

Elshtain, Jean Bethke (1988). "The Problem with Peace," *Millennium: Journal of International Studies*, Vol. 17, No. 3, pp. 441-449.

Enloe, Cynthia (2000). *Bananas, Beaches and Bases: Making Feminist Sense of International Politics*. Berkeley: University of California Press.

Geertz, Clifford (1973). "Thick Description: Toward an Interpretative Theory of Culture," in *The Interpretation of Cultures*. New York: Basic Books.

Johnson-Odim, Cheryl (1991). "Common Themes, Different Contexts: Third World Women and Feminism," in C. T. Mohanty, A. Russo, & L. Torres (eds.), *Third World Women and the Politics of Feminism*. Bloomington: Indiana

University Press.

Keohane, Robert O. (1989). "International Relations Theory: Contributions of a feminist standpoint," *Millennium- Journal of International Studies*, Vol. 18, No. 2, pp. 245-253.

Klinner, Maria (2017). *Female peacekeepers and the Prevention of Sexual Abuses: A Case Study of the All-Female Indian Unit in Liberia*. Master Thesis, International Master's Program in International Studies, National Chengchi University.

Ruddick, Sara (1983). "Pacifying the Forces: Drafting Women in the Interests of Peace," *Signs*, Vol. 8, No. 3, pp. 471-489.

Sylvester, Christine (1994). *Feminist Theory and International Relations in a Postmodern Era*. Cambridge: Cambridge University Press.

Tickner, Jane Ann (1988). "Hans Morgenthau's Principles of Political Realism: A Feminist Reformulation." *Millennium: Journal of International Studies*, Vol. 17, pp. 429-440.

Tickner, Jane Ann (2001). *Gendering World Politics*. Cambridge: Columbia University Press.

Walker, Alice. (1983). *In Search of Our Mother's Gardens: Womanist Prose*. San Diego: Harcourt Brace Jovanovich.

Weber, Cynthia (1994). "Good Girls, Little Girls and Bad Girls: Male Paranoia in Robert Keohane's Critique of Feminist International Relations," Millennium: Journal of International Relations, Vol. 23, pp. 337-349.

譚偉恩（2007）。「女性主義視野下的國際安全」，《國際關係學報》，第23期，頁123-156。

黃競涓（2011）。「戰爭與和平：女性主義多元論述」，《思與言》，第49卷第4期，頁181-214。

第七章

國際關係規範理論

林炫向（中國文化大學政治學系）

一、前言

　　國際關係學界對於理論的功能與作用，不同的學派會有不同的看法，側重點也有所不同。一般而言，實證主義主張，理論的作用在於描述、解釋與預測現象；而後實證主義則主張，理論除了前述的作用之外，還應該發揮批判以及指導人們如何生活的功能，後面這種功能已經進入了規範理論的領域。第二次世界大戰之後，由於主流的國際關係學受到實證主義的影響，規範理論長時期被邊緣化。冷戰結束後，由於後實證主義挑戰了實證主義的霸權，連帶地也讓國際關係學界重新思考規範議題，從而促成了規範理論的復興。平心而論，主流的國際關係學並非完全缺乏對於規範的研究，例如社會建構主義就非常重視規範的作用；然而他們所關注的主要是「規範是否以及如何發揮作用」這樣的問題，基本上，這還是在「描述」與「解釋」的範疇中工作，而這工作本質上還是屬於「實然」問題。本章所關注的則是「應然」的問題，亦即「吾人應該遵循什麼規範？」這類問題往往已超出主流國際關係學的關注之外，卻是政治家做決策時無法迴避的問題。缺少對這類問題的探討，國際關係學仍是殘缺不全的。因此，本章希望能讓讀者對於此一領域涉及的問題能有基本的認識。

　　本章的作法是從實質的規範議題切入，然後引入相關的理論討論，以呈現出對各議題的不同立場或思考方式。由於國際關係中實質的規範議題相當多，囿於篇幅，無法一一介紹。本章只能選擇幾個比較常被討論的議題，包括武力使用的理論、民族自決與不干預原則、人道干預、全球不平等，以及國際難民、全球流行病所引發的規範問題，以之作為示範。讀者

探索了本章所涉及的議題之後,其中的某些思維方式或理論應該可以運用在本章所未討論的議題(例如性別、氣候變遷),有興趣的讀者可以把後者當作自己的練習題。

二、武力使用的理論

國際關係有一個恆久的問題,就是除非成立世界政府,否則武力的使用幾乎無法根絕。因此,對於使用武力的規範思考,就幾乎跟國際關係的歷史一樣久遠。歷史上有些戰爭人們很容易判斷誰是誰非(例如第二次世界大戰),但有些情況就不那麼容易判斷。離我們最近的例子就是美國在911事件後入侵阿富汗(2001年)與伊拉克(2003年)的戰爭,這兩個戰爭是否合乎正義,引發了極大的爭議。有人認為,為了防止迫在眉睫的威脅,先發制人的(preemptive)或預防性的(preventive)的戰爭是可以允許的,但有些人則認為,是否真的存在迫在眉睫的威脅,是十分主觀的認知,以此作為開戰的理由過於寬鬆;一旦樹立一個不好的先例,將會後患無窮。諸如此類的辯論,可以說屢見不鮮。那麼,面對這類使用武力的規範問題時,人們可以憑藉什麼理論或思想資源來進行思考與辯論呢?

在西方的傳統中,一個最常被借用的思想資源是**正義戰爭的理論**(just war theory)。這個傳統有一個基本信念,就是認為參與戰爭的各方有可能都是不正義的,但不可能都是正義的,因此分辨哪一方才是正義的,有其重要性。這種理論源遠流長,一般會追溯到早期基督教神父的論著,例如聖奧古斯汀(St. Augustine)與聖阿奎納斯(St. Aquinas),然後在歷史上被逐漸歸納出幾個基本原則。傳統上此理論分為兩大部分:**開戰正義**(*jus ad bellum*)與**沙場正義**(*jus in bello*),但現在也有人加上第三部分——**戰後正義**(*jus post bellum*)。

所謂開戰正義指的是滿足什麼條件而參戰才符合正義,這部分

圖7-1　越戰經典照片：「燒夷彈女孩」

圖說：這是由美聯社越籍記者黃公崴（Huynh Cong Út，或稱Nick Ut）拍攝的越戰的經典照片「燒夷彈女孩」。照片前方第二位女孩潘氏金福（越南語：Phan Thị Kim Phúc）於1997年11月10日獲任命為聯合國教科文組織親善大使。[1]

圖片來源：https://health.ettoday.net/news/884724?t=%E8%B6%8A%E6%88%B0%E6%8B%8D%E4
%B8%8B%E7%B6%93%E5%85%B8%E3%80%8C%E7%87%92%E5%A4%B7%E5%B
D%88%E5%A5%B3%E5%AD%A9%E3%80%8D%E3%80%80%E9%BB%83%E5%85%
AC%E5%B4%B4%E9%80%80%E4%BC%91%EF%BC%9A%E6%88%91%E6%9C%83
%E6%8B%8D%E5%88%B0%E6%AD%BB%E7%82%BA%E6%AD%A2.

一般會包含幾個判準：1.正當理由（just cause）；2.正當的意圖（right intention）；3.最後手段（last resort）；4.成功機率（probability

---

of success）；5.訴諸戰爭與其所欲達成的之間必須符合比例原則
（proportionality）；6.擁有正當權威的團體與公開宣戰（proper authority
and public declaration）。沙場正義指的是戰爭行爲應該符合哪些原則才
算正義，這部分的判準一般包括：1.區別原則（discrimination）——亦
即必須區分戰鬥人員與非戰鬥人員，並盡力避免傷及無辜；2.比例原則
（proportionality）——應以最低度的暴力達成有限的戰術目標，換言之，
不惜代價達成目標是不可接受的。

　　傳統的正義戰爭的理論雖然提供了許多判準，可以用來檢驗一場戰爭
的參戰各方是否合乎正義，但嚴格說來，這些標準只構成一個進行探討的
架構而已，因爲每一場戰爭在每一個判準上是否符合標準，都有討論的空
間。舉例而言，二次大戰日本是侵略者，美國參戰抗擊日本合乎正義，這
沒有太大的爭議。但在戰爭過程中，美軍轟炸了無數的日本城市（包括一
夜之間炸毀東京），以及最後投下兩顆原子彈，這樣的戰爭行動是否已經
違反區別原則與比例原則，卻引發許多質疑。又如波斯灣戰爭導因於伊拉
克入侵科威特，伊拉克被國際社會判定爲侵略者，這幾乎沒有爭議。但依
然有人認爲，美國並未窮盡外交手段即訴諸戰爭，不符合「最後手段」的
判準。也有人質疑，在伊拉克軍隊撤退的過程中，已經無還擊能力，但是
仍遭美國空軍無情的轟炸，導致「死亡公路」（highway of death）的慘劇
發生。換言之，即使承認美國參戰合乎開戰正義，這場軍事行動的執行方
式並不完全合乎沙場正義。由此可見，一場戰爭要在方方面面都符合正義
戰爭的判準，是非常困難的。

　　關於戰後正義，這個部分過去比較不受到重視，但在美國入侵阿富
汗與伊拉克之後，人們發現戰後的重建也是不容忽視的重要議題，而重
建過程也會牽涉到許多規範議題，例如戰爭賠償的限度、戰爭罪（war
crimes）與反人道罪（crimes against humanity）的起訴與審判、國家權利
與公民權利的恢復以及戰敗國政治體制的改造等。在這些議題中，目前比
較有共識的部分是前兩者。首先，就戰爭賠償的限度而言，按照傳統正義
戰爭理論的比例原則，戰勝國不應對戰敗國索求過度的戰後的賠償，因

爲那樣做不啻於對無辜的戰敗國民眾施加不成比例的懲罰。第一次世界大
戰後凡爾賽和約（the Treaty of Versailles）對於德國施加的懲罰性賠款就
是很好的歷史教訓（Frowe, 2023: 234）。就戰爭罪與反人道罪而言，針
對種族屠殺（genocide）、反人道罪、戰爭罪與侵略罪而訂定的「羅馬規
約」（The Rome Statute）已於2002年7月生效，在此基礎上，國際刑事法
院（International Criminal Court）已經可以對這些罪行予以起訴與審判。
儘管如此，戰後究責在實踐上依然困難重重，例如國際刑事法院的檢察官
曾對美國在阿富汗所犯的戰爭罪刑進行調查，但美國政府不願配合，甚至
還試圖對國際刑事法院的檢察官進行制裁。[2]不僅如此，在學理上，也有
學者認爲，這種戰後究責可能會使得戰爭的調停工作變得更困難，因爲一
旦被指控犯有戰爭罪的政治領導人知道戰後可能被起訴、審判，他們就更
有可能選擇將戰爭進行到底（Bellamy, 2008）。這個問題有相當大的現實
意義，因爲在當前的俄烏戰爭中，俄羅斯無疑屬於侵略的一方，因此國際
刑事法院無疑可以用戰爭罪的罪名起訴普丁（Vladimir Putin）。事實上，
國際刑事法院確實已於2023年3月對普丁發出逮捕令（arrest warrants）。[3]
此一做法固然符合現行的國際規範，但從現實政治的立場看，俄烏戰爭是
否可能因此而更難達成和平協議，不無討論的空間。作者個人認爲，此時
吾人應該像邁克爾‧沃爾澤（Michael Walzer）所說的那樣，在繼續戰爭
的代價與懲罰侵略者的價值之間進行權衡（Walzer, 1977: 119）。

　　關於戰後正義的思考，傳統的正義戰爭理論著重在恢復戰前的現狀
（*status quo ante*），以及懲罰犯罪者。但近年來有些學者提出了「正義

2　相關報導參閱：Nahal Toosi and Natasha Bertrand, "Trump Authorizes Sanctions
against the International Criminal Court," *Politico*, June 11, 2002. https://www.politico.
com/news/2020/06/11/white-house-international-criminal-court-sanctions-313070?fbclid
=IwAR0JjvxctbL1YNZpQX8pB9iRLd3Ma8F2NiVlD-OaJgUd-Dnc5d2eD8rbu8Q.

3　參見：https://www.icc-cpi.int/news/situation-ukraine-icc-judges-issue-arrest-warrants-
against-vladimir-vladimirovich-putin-and。

的和平」（just peace）的觀念，認為戰前的現狀必然蘊含著非正義戰爭的種子，因此戰後的正義需要的不只是「恢復」（restoration）（戰前的現狀），而是「恢復的升級」（restoration plus），目標是建立一個比戰前更為公正的秩序（Orend, 2002: 45）。為了防止未來的侵略，還必須採取一些額外的措施，包括對先前進行侵略的國家進行解除武裝，確保戰敗國的個人和集體權利得到尊重，甚至進行政權改造（regime change）（Hutchings, 2010: 166-167）。此一觀念固然先進，但也很有爭議性，因為為了完成這種工程，戰勝國可能需要長期占領和駐軍在戰敗國（例如美軍長期駐紮在阿富汗和伊拉克），以確保當地的秩序和穩定。這是一種近似「國家建構」（state-building）的大工程。然而長期占領不免就會引發「帝國主義」的疑慮，而且，阿富汗和伊拉克的經驗還顯示，「國家建構」是難度很高的工程，很可能會以失敗收場。不僅如此，長期駐軍與政權改造是耗費巨大的工程，其成本應該由誰負擔？目前阿富汗和伊拉克的案例幾乎主要是由美國承擔其成本，因此這種問題並未引起太多關注。然而可以想像，如果未來再有類似案例發生，而美國卻不願承擔戰後重建工作的成本時，此一問題該如何解決？學界對此問題似乎沒有明確的答案。

　　以上討論的正義戰爭理論主要涵蓋了開戰前（*jus ad bellum*）、戰爭中（*jus in bello*）與戰後（*jus post bellum*）三個階段，看來似乎已經很完備。然而在經驗世界中，俄烏戰爭目前似乎已經陷入拉鋸戰，並有戰爭長期化的態勢。戰爭如果這樣持續下去，恐成為類似一戰時那種無謂地消耗人命的「絞肉機」。為了避免重複歷史悲劇，吾人應該認真思考結束戰爭的方法，而這個問題就會涉及結束戰爭應有的規範。但這部分正是傳統的正義戰爭理論所未涵蓋的範圍，因此有學者提議應該在正義戰爭理論中增加「終止戰爭的正義」（*jus terminatio*或*jus ex bello*），其核心關懷為何時應結束戰爭狀態，以及如何以合乎道德的方式結束戰爭（Rodin, 2011: 359-360）。此一主題的重要性在當前的俄烏戰爭中已顯露無遺，因為即使吾人確信烏克蘭是被侵略的一方，因此援助烏克蘭抵抗俄羅斯的侵略是正義之舉。但畢竟無謂地消耗生命是十分殘酷的事，相關各方必須設法盡

速結束戰爭。然而，爲了結束戰爭，正義的一方是否需要做出些妥協或讓步？（例如承認烏東地區的獨立）以犧牲領土與主權的方式來換取和平，是否合乎正義？這些都是十分嚴肅的規範問題，但學界對此類問題還沒有足夠的重視，這是後續的研究可以探索的領域。

三、民族自決與不干預原則

主權的概念可以說是近代國際關係規範結構最重要的基石之一。在經典的論述中，主權國家體系的出現，一般是追溯到1648年的西伐利亞和約（Peace of Westphalia），然後隨著帝國主義的擴張，才散播到全世界。歐洲之外的地區原本並無主權的概念，但是在與歐洲國家接觸與衝突之後，多半是經歷了重大的挫敗，最嚴重者還淪爲殖民地。這些被西方國家壓迫或侵略的民族逐漸接受了源自西方的思想觀念，並以之作爲與西方鬥爭的工具；歐洲中心論的觀點稱之爲「對西方的反叛」（revolt against the West）。而在眾多可以運用的西方思想資源中，最吸引人的莫過於自由、平等、獨立等價值，這些價值在西方自由主義的傳統中本屬個人價值，然而一旦被套用在國家民族上，就變成國家民族也應該追求自由、平等與獨立。這一整套價值大致就濃縮在「民族自決」（national self-determination）的理念。

小知識 國際關係規範結構（normative structure of international relations）

在主流國際關係理論中，所謂的國際結構一般指涉的是物質力量的分配狀態；然而建構主義者認爲，除了物質結構外，理念結構也很重要，例如主權概念就是現代國際關係理念結構的一個重要的組成部分。由於理念有一大部分具有規範性質，因此克里斯欽·羅伊斯史密

特（Christian Reus-Smit）（1999）引入了規範結構的概念，用來指涉國際間廣為接受的規範所構成的整體。在當代國際關係中，除了主權之外，人權已經是此一結構的重要組成部分。

　　民族自決的理念對現代國際關係產生了巨大的影響，這可以從十九世紀開始風起雲湧的民族統一與獨立運動的發展看出來。第一次世界大戰的導火線也可以說與此有關，戰後又進一步促成大帝國的解體。兩次大戰期間，這股力量似乎遭受頓挫，但是在二次大戰之後，去殖民化運動如野火燎原，終至殖民主義幾乎徹底絕跡。由此可見，這個理念確實具有極大的道德號召力。

　　然而，當吾人從道德與正義的角度來看待國際規範時，就不能只考慮它事實上被普遍接受（畢竟奴隸制度在歷史上也曾經被廣泛接受），而必須進一步思考：這個規範本身是否具有正當性？我們根據什麼理由來證

圖7-2　民族自決理念的力量

圖說：2017年10月1日西班牙加泰隆尼亞（西班牙文：Cataluña，英文：Catalonia）自治政府舉行公民投票，有42%合格選民參與投票，其中90.9%的選民支持獨立。這個例子說明民族自決的理念依然有強大的吸引力。

圖片來源：http://www.hangthebankers.com/80-of-catalonians-want-independence-from-spain/.

明它具有正當性。按照這個方式思維，我們可以追問，民族自決的理念有何正當性？支持這個理念的道德理由為何？對於這個問題，最經典的論述是彌爾（J. S. Mill）所提出的「被統治者有權決定自己的統治者」的觀念，這個「被統治者」意指一個基於特殊感情而形成的群體─亦即民族（nation），而這種感情今天吾人一般稱之為**民族主義**（nationalism）。這個原則如果予以全面落實，將會支持殖民地脫離殖民國家而獨立，甚至鼓勵少數民族追求獨立。因此，儘管在第一次世界大戰後，美國總統威爾遜（Woodrow Wilson）在其十四點和平計畫中即訴諸民族自決的原則來安排戰後的秩序，但因當時歐洲大國多半擁有殖民地，所以並沒有得到廣泛的呼應。一直到二戰之後，甘地領導的不合作運動導致印度的獨立，使得去殖民化運動取得不容置疑的道德正當性。到了冷戰結束前，去殖民化的歷史階段基本上完成。

　　然而，即使去殖民化基本上完成，民族自決的原則仍未喪失其魅力，原因是，所謂的「民族國家」（nation-state）大體上是基於「一個民族組成一個國家」這個理念，然而事實上世界上大多數的國家卻很少真的符合這個理念，而是或多或少都存在著少數民族。如果要將民族自決的原則推到極限，那麼它也可以被用來支持少數民族追求獨立，如此一來，將會打破現存的國界，使世界進一步碎裂化，其後果可能使國際關係更加不穩定。為了避免這種情況，國際間就產生了一個所謂的「鹽水」（salt-water）或「藍海」（blue-water）原則，[4]亦即只有與殖民母國隔著海洋的殖民地才有自決權；而那些被母國包圍的原住民族，則不能算真的被殖民，因此無自決權。從原住民的立場看，這個原則顯然無法令人信服。何以奈及利亞可以獨立，加拿大的因紐特人（Inuit）就不行？何以隔個海洋就可以有這麼大的差別？（Freeman, 2002: 122）從道德的觀點看，似乎沒有理由可以賦予「隔著海洋」如此大的重要性。經過原住民長期的

---

[4]　關於這個原則，可以參閱：https://en.wikipedia.org/wiki/Blue_water_thesis。

努力後，聯合國在1992年通過了《隸屬民族或族裔，宗教和語言少數群體權利宣言》（Declaration on the Rights of Persons Belonging to National or Ethnic, Religious, and Linguistic Minorities），[5]聯合國大會更於2007年9月13日通過《原住民族權利宣言》（United Nations Declaration on the Rights of Indigenous Peoples, UNDRIP）。這個宣言第3條允許原住民擁有自決權，包括「可自由決定自己的政治地位」；然而第4條卻又說，「原住民族行使其自決權時，在涉及其內部和地方事務的事項上，以及在如何籌集經費以行使自治職能的問題上，享有自主權（autonomy）或自治權（self-government）。」[6]這似乎是將原住民的自決權限制在「自治權」的範圍內了。由此可見，國際社會對於原住民是否能追求獨立的國家，依然抱持著疑慮。

從學理的角度來思考，原住民是否有追求分離（secession）的權利，傳統上有兩種理論。其一是**補救理論（remedial theory）**，它主張尊重公民權的國家有權獲得人民的忠誠，因此公民無權追求分離。只有在嚴重並持續侵犯人權的國家，才有主張分離的權利。其二是**自願理論**（voluntarist theory），主張任何想離開的族群都可以主張這個權利，唯其前提是，分離出去的族群也必須尊重內部少數派的分離權利。如此一來，這個主張就有可能產生所謂「俄羅斯娃娃的難題」（"Russian doll" problem），因此一般接受度不高。相較之下，補救理論似乎是比較有可行性的主張。儘管如此，在實踐上，許多人權沒受到保障的少數民族依然無法主張分離的權利。這與其說是民族自決的理念有所不足，不如說是遷就國際政治現實的妥協（Freeman, 2002: 123-125）。

5　條文參閱：http://www.un.org/documents/ga/res/47/a47r135.htm。
6　條文參閱：https://www.amnesty.tw/node/699。

小知識　俄羅斯娃娃的難題

世界上絕大多數的國家都是多民族國家，也就是多少都有少數民族存在，而少數民族的分布又經常是分散的，不是集中在一個地區。在某個地區，也許有某個少數民族占多數，但還有其他民族定居於該地區。如果該地區追求分離或獨立，則該地區內部的少數派可能也會想要進一步分離或獨立出去。如此，追求分離或獨立的過程就會像俄羅斯娃娃一樣，剝開一層之後還有一層。

　　主權與民族自決的觀念衍生出的另一個原則是**不干預**（non-intervention）原則。傳統的主權觀念本身蘊含對內最高、對外排他的意味，因此主張國內事務不容他國干預。事實上，這個原則在主權概念出現後，並沒有得到嚴格的遵守，例如十九世紀歐洲國家為了保護基督徒，會對其他國家進行干預。不過，在聯合國成立後一段時期內，不干預原則成為一個重要的規範，因此，進行干預就變成需要道德論據加以支持的行動。在考慮支持干預的道德論證前，我們先考慮，不干預原則之所以會得到普遍的維護，是否有道德理由？當代最常被提出來為不干預原則辯護的理由，是由沃爾澤所提出，他認為國際法上有一種所謂的「法學家的典範」（legalist paradigm）（Walzer, 1977: 58-63），此一典範確保了政治社群的權利，而政治社群之所以有道德意義，理由在於它保障了組成政治社群的個人的權利。換言之，政治社群的道德價值建立在個人的價值之上。而尊重不干預原則的基礎則在於，國家能夠保障政治社群的共同生命（common life）；只要國家能做到這點，它就有免於外部干預的權利（Walzer, 1977: 54）。沃爾澤這個論點因為賦予政治社群相當的道德地位，因而明顯地偏向社群主義（communitarianism）（社群主義一般認為社群本身擁有獨立於個人存在的道德價值），不過他還對這個「法學家典範」做了些微修正，認為在某些情況下干預是可以被允許的，其中最重要的一個情況就是當大規模的違反人權（massive violations of human rights）、奴役（enslavement）與屠殺（massacre）發生時（Walzer, 1977: 101-108）。這個修正，可以說為後來的人道干預的說法鋪平了道路。

小知識　社群主義（communitarianism）

這種思想立場主張，政治社群（在我們的時代主要是「民族國家」）有獨立於個人之外的存在價值與道德地位，而且道德或正義主張的落實，也有賴於某種制度結構的存在。相較於國內的「厚的」（thick）制度結構，國際間的制度結構還很「稀薄」（thin），因此在國際間吾人所能提出的道德或正義要求無法與國內相提並論。換言之，社群主義對於道德或正義的標準採取一種「內外有別」的思維方式，而區分內外的邊界基本上就是國家的疆界，因而國家內部的道德正義標準自然就遠高於國際間的道德正義標準。

四、人道干預

接續上一節的討論，在二次大戰後相當長一段時間裡，不干預原則是國際間普遍遵循的原則，然而1970年代出現的幾場人道災難，讓情況開始發生變化。當時國際間確實出現了干預的現象，只是正當化的理由是為了維護「國際和平與安全」，而且不干預的原則還是居於主流，干預則被視為例外（Brown, 2002: 144-145）。之所以如此，主要還是因為干預行動本身就是對於主權的挑戰，而主權畢竟是國際規範結構的重要組成部分。除了會與主權的概念相衝突之外，還有另一個不支持干預的重要論證，可以借用英國學派的說法來說明。英國學派早期的立場傾向於反干預，他們大體上認為，正義與秩序都是國際社會的重要價值，但是當正義（人權就是其中的一種表現）與秩序發生衝突時，秩序應該優先於正義的要求。他們還認為，國家彼此承認平等地位，是國家之間和平共存的重要條件，而干預則違背平等原則，因此對國際秩序會產生破壞性的作用；允許干預，

等於是讓正義凌駕於秩序之上。

然而，對於正義與秩序之間的關係，後期的英國學派逐漸傾向於認為，犧牲正義而維護秩序的做法長期而言是難以維繫的，因此對正義的要求應賦予更大的權重；而在人權逐漸成為所謂的普世價值之後，對於人道干預行動的急迫性，也不能再以破壞秩序的理由加以否定。這個前後的變化具有指標性的意義：一個原本在價值觀上傾向保守的英國學派，在人權論述的壓力下，會從秩序高於正義的立場，逐漸滑向「正義有時超越單純的秩序考慮」的立場。這說明人權的概念具有強大的規範力量，其規範效力即使不能說一定高於主權，至少也已經處於平起平坐的地位，以致於「主權高於人權」的提法反而顯得有些不合時宜。

由於人權的價值提供了人道干預一個很好的正當化理由，因此在國際實踐上，人道干預也愈來愈成為一個可以接受的做法。特別是在冷戰結束後，1990年代出現的幾場人道危機（主要包括索馬利亞、盧安達、波士尼亞）顯示，人道干預的正當性已經不再被質疑。儘管如此，人道干預不論是在學理上，還是在決策與執行上，依然存在不少爭議。關於決策與執行的部分，過程頗為複雜，本章無法詳述，讀者可以參考Brown（2002: ch. 8）的討論。此處只就學理的爭議加以討論。

理論上人們可以運用「保護的責任」（responsibility to protect）的新觀念來為人道干預做辯護，例如干預與國家主權國際委員會（International Commission on Intervention and State Sovereignty，簡稱ICISS）的報告就主張：「當民眾因國內戰爭、叛亂、鎮壓或國家失敗（state failure）而遭受嚴重傷害，而有關國家不願意或不能制止或避免這種情況時，不干預原則就會讓位於國際保護責任。」ICISS還指出，「一種從主權免責文化（culture of sovereign impunity）向國家和國際問責文化的平行過渡已經逐漸浮現出來。國際組織、民間社會活動家和非政府組織將國際人權規範和工具作為判斷國家行為的具體參照點。」（ICISS, 2001: xi, 14）這些說法顯示，ICISS試圖以人權的觀念來超越主權，其重要意義在於讓主權國家喪失免責權（無論是對其人民還是對國

際社會）。從自由主義的立場看，或許會認為這種觀念帶有相當的進步（progressive）色彩，但後殖民主義者卻很可能會認為它難以擺脫「文明的標準」（standards of civilization）與「家長主義」（paternalism）的色彩，因為在現實世界中往往是前殖民國家干預前殖民地國家。後者為了防止前者藉口干涉，就會傾向於捍衛不干預原則。

此處可以用一個思想實驗來展現前述的後殖民心態。想像有個比地球人更「先進」的外星文明，他們全都吃素，而且認為吃素是文明進步的表徵。當他們發現地球人還在殺害無辜的動物而且吃牠們的肉時，他們決定採取「人道干預」行動來阻止人類的「野蠻」行徑。如果發生這樣的情況，試想地球人會接受嗎？此一思想實驗並不是要主張吃素比較文明，也不是要主張干預一定不對，而只是想要凸顯，捍衛不干預原則的主張所牽涉的不只是現實的考量，同時也牽涉一個心理學的問題，亦即沒有一個國家會願意被視為是落後的、低人一等的，因而是需要被矯正的。考慮到這種心理機制的存在，作者同意克里斯　布朗（Chris Brown）的主張，認為比較務實的做法是「或許堅持不干預原則，但同時又允許國家能夠在某些情境下違反不干預原則，會是處理這個問題的最佳方法。」（Brown, 2002: 157）

五、全球不平等

近年來，國際樂施會（Oxfam）都刻意選在達沃斯（Davos）世界經濟論壇（World Economic Forum, WEF）開幕前夕，發布關於全球不平等狀況的報告。根據其2023年度的報告《頂級富豪持續存在》（*Survival of the Richest*），在2020年後全球所創造的42兆美元新資產中，26兆美元（63%）為世界最富有的1%人口所擁有，意味他們攫取了2/3的份額；他們的財富幾乎等於其餘99%人口財富的兩倍，也相當於底端50%階層的74倍。在疫情期間，全球億萬富豪的財富增長驚人。儘管富豪擁有的財富占比極高，其稅負負擔卻與其財富不成比例。樂施會提供了一個鮮明的例

圖7-3　蘇丹的飢荒

圖說：這張在蘇丹大飢荒時所拍攝的照片，十分震撼人心，也讓攝影師Kevin Carter獲得1994年
　　　普立茲新聞攝影獎。然而事後攝影師被質疑把攝影工作擺在救人之前，因而在得獎兩個月
　　　後自殺，結束了33歲的生命。
圖片來源：http://www.cw.com.tw/article/article.action?id=5062023.

子：特斯拉（Tesla）的首席執行官埃隆・馬斯克（Elon Musk）從2014年
到2018年支付的真實稅率略高於3%，而烏干達北部一個銷售大米和麵粉
的市場商販支付的所得稅率則約為40%。樂施會主張，如果能對全球千萬
富豪和億萬富豪徵收5%的年度財富稅，每年就能籌集1.7兆美元，這筆資
金足以幫助20億人脫貧、支持遭受氣候危機的較貧窮國家、並為生活在低
收入和中低收入國家的人民提供全民醫療保健和社會保障。[7]

---

[7]　相關報導參閱：https://www.oxfam.org.hk/tc/news-and-publication/davos-2023; https://

　　樂施會的報告所凸顯的全球不平等的狀況可謂駭人聽聞，很難不對人產生道德良心的衝擊。其所提出的對策，更是涉及一個根本性的規範問題：全球財富的分配如此不平均，是否合乎正義？全球的富人與富國對於全球的窮人與窮國是否負有援助的義務？全球分配不均的狀況是否應透過全球稅收之類的方式來改善？對於這類問題，傳統上有幾種基本的思考模式。第一種是所謂的功利主義的思維，這種方式運用了類似於經濟學的「邊際效用遞減」的概念。用實例來說，當我肚子極餓時，吃一顆包子，會得到極大的快樂，吃第二顆包子，就沒那麼大的滿足感，吃第三顆時，已經有點難受，到了第四顆時，可能會覺得反胃了。如果我把第三顆、第四顆包子分給挨餓的人，對我而言，沒有太大的損失，就全人類而言，卻創造出更多的快樂。這個例子說明，快樂並不會與個人擁有東西的量成正比，因此如果把超出需要之外的東西分給其他更需要的人，那麼全世界東西的總量不變，但快樂的總量卻增加了。按照這種推理，功利主義就可以論證，國內的財富重新分配，可以增加全國的總體效用，符合其「最大多數人的最大快樂」的原則。

　　現在問題是，功利主義的論證是否可以運用在國際層面？也就是論證國際間的財富重新分配是符合效用最大化原則，因此富國幫助窮國也是應該的？確實有些學者，例如彼得‧辛格（Peter Singer），就是持這樣的論點。辛格的論證主要是針對飢荒所造成的人道災難，但他的論證同樣可以進一步延伸，用來支持全球的財富重新分配。他所提出的原則是：如果我們能在不犧牲任何「道德上重要的」東西的情況下防止糟糕的事情發生的話，我們就有道德義務這樣做（Singer, 1972）。舉例而言，如果我犧牲吃冰淇淋或巧克力的享受（這應該不屬於「道德上重要的」事情），就能幫助挨餓的難民免於一死，那麼我就有義務這樣做。辛格還用一個很直觀

---

www.theguardian.com/inequality/2023/jan/16/oxfam-calls-for-new-taxes-on-super-rich-pocket-dollar-26tn-start-of-pandemic-davos。樂施會的完整報告參閱：https://www.oxfam.org/en/research/survival-richest。

的例子來說明這種義務，本文稍加調整如下：想像在我前往上課的途中，有個孩子被車撞了，奄奄一息，環顧四周卻又無人可以幫忙，如果我不救她，她可能會死；如果我救她，就會耽誤上課。面對這種情況，功利主義的抉擇很清楚：上課雖然也是一個義務，但這個義務跟救人一命相比，其重要性在道德上實在難以相提並論，因此為了上課而放棄救人，在道德上說不過去。這個直觀的例子還有一個要點：那位奄奄一息的孩子是否是本國人，這個問題與我是否有救人的義務，是毫不相關的；只要她是人，我就有這個義務。

小知識　功利主義（utilitarianism）

在道德推理的基本模式中，有一種主張是從行動或政策的結果是否帶來社會整體的效益（utility）的最大化，來衡量此行動或政策的好壞。其基本原則往往被簡化為「效益最大化」（utility maximization）或者追求「最大多數人的最大快樂」（the greatest good for the greatest number）。此一主張的代表人物為邊沁（Jeremy Bentham）與彌爾（J. S. Mill）。

另一種思維方式是運用羅爾斯（John Rawls）著名的思想實驗，想像我們處在一個「無知之幕」（veil of ignorance）之後，大家都不知道自己的特殊身分（例如不知道自己是富人還是窮人、男人還是女人，也不知道自己屬於什麼種族、階級等等訊息），在這種「原初立場」（original position）下思考什麼樣的社會制度才符合正義。按這種方式思考，如果允許顯著的不平等存在，那麼當「無知之幕」拉開之後，任何落在最不利地位的人都會覺得這樣的不平等是不公平的。因此，羅爾斯主張社會上的不平等只有當它對於處於最不利地位的人也是有利的，才能允許它的存在（Rawls, 1971）。這個主張會要求相當程度的財富重新分配，因此帶有強烈的平等主義的色彩。現在問題是，羅爾斯基本上把這個思維方式限制在

國家的範圍之內；在國際間，他只願意承認國家有責任援助「負擔沉重」的社會或「民族」（people），這個援助有個終止點，就是一旦受援者達到可以自立時，援助就可以停止；即使國家間還存在著巨大的財富差異，進一步的財富重分配並無必要（Rawls, 1999: 113-120）。

小知識　　「原初立場」與「無知之幕」

羅爾斯的名著《正義論》（*A Theory of Justice*）延續了契約論的傳統，主張社會正義的原則應該是由自由平等的訂約者按照公正的程序而選擇出來的。為了保證程序的公正性，必須讓訂約者處在一個想像出來的平等立場，稱之為「原初立場」。處在這種立場中的訂約者對於自己的身分（包括種族、性別等）、地位、能力、乃至所謂的善觀念（conception of the good），都一無所知，宛如處在一個「無知之幕」之後。換言之，藉由「無知之幕」的作用，把一些從道德眼光看來帶有偶然性的因素過濾掉，訂約者在如此情境下所選擇的原則才能視為是公正的。

　　在國際分配正義問題上，有些世界大同主義者（cosmopolitans）一方面採取了羅爾斯的思想實驗，另一方面卻摒棄「內外有別」的作法。他們認為，個人才是道德考量的基本單元，而不是國家或民族。羅爾斯之所以會自限於「援助的責任」（duty of assistance），而不是在世界範圍內運用他的國內正義原則來進行重分配，主要原因就是他在決定國際正義原則時，是讓「民族」（people）的代表來參與「萬民法」（the law of peoples）的制訂。世界大同主義者則認為，吾人在思考「全球正義」（global justice）問題時，不應該賦予國家邊界過高的道德意義，因此應該讓「個人」（individuals）的代表而不是民族的代表，來參與全球原則的制訂。如果讓個人的代表來參與，那麼他們應該會選擇在全球範圍運用羅爾斯的國內正義原則才對。而一旦選擇了後者，將會要求在全球層面上

進行更大規模的財富重分配。透過這種方式，世界大同主義者就可以證成富國有義務幫助窮國，而且這種義務本質上與國內的分配正義沒有區別（Beitz, 1979; Pogge, 1994）。由此可見，是否接受「內外有別」的思維，對於思考實質的國際規範議題會產生顯著的影響。

小知識　世界大同主義（cosmopolitanism）

這是一種帶有強烈的道德的個人主義（以個人——而不是群體——作為道德考量的根本對象）、平等主義以及普遍主義色彩的思維方式，它主張道德與正義原則具有普世性，因此適用於國內的道德與正義原則，原則上也應該適用於國際上（雖然在實踐上可能會需要有所調整或妥協）。這種立場認為不應賦予國界過高的道德意義，因此它不願意接受「內外有別」的思維方式。

　　從以上的說明我們可以看到，羅爾斯本人其實不贊成世界大同主義者將他的國內正義原則推展到國際層面。就此而言，他的立場比較接近社群主義的主張。社群主義者一般而言認為，國家作為一個政治共同體，同時也是一個道德共同體。在這個共同體內，一套政治制度透過權利與義務關係（例如納稅、兵役、社會福利體制等）把人們連結在一起，因此，公民之間有一種特別的義務；相較之下，國際間雖然也存在一些國際制度，但國際制度遠比國內制度來得稀疏鬆散，因此本國人對外國人的義務就遠低於對本國人的義務。如此，要求把外國人與本國人一視同仁對待，就有點不合情理。

六、國際難民與移民

　　國際難民問題近年來不僅引發國際間的高度關注，同時也帶來道德兩難的困境，考驗著人類的良知。根據聯合國難民署（Office of the UN

High Commissioner for Refugees, UNHCR）於2022年6月發布的全球趨勢報告（*Global Trend Report 2021*），截止2021年底，共8,930萬人因受迫害、衝突、暴力和人權被侵犯等因素而被迫逃離家園。比起10年前的4,270萬人，被迫流離失所者的總人口增加逾一倍，同時亦是第二次世界大戰以來最多的。[8]俄烏戰爭爆發以來，聯合國難民署估計，有八百多萬烏克蘭人逃出國外，這是歐洲自二戰以來最大規模的難民潮。針對流離失所的烏克蘭人所提供人道主義援助，光是2023年就需經費五十六億美元。[9]面對如此大規模的人道問題，吾人從道德的角度應如何思考與處理？

　　與難民問題類似的另一個問題是人口移動或移民的問題。如果說難民大體上是由緊急狀況所造成的問題，那麼移民問題的起因往往是與國家間的發展存在貧富懸殊的長期現象有關。根據聯合國國際移民組織（Internatonal Organization for Migration, IOM）《世界移民報告2022》（*World Migration Report 2022*），2020年全球國際移民的數量達到近2.81億，其中近三分之二是移民勞工。[10]移民在國際關係上所帶來的問題，近來最引人注目的案例之一是美墨邊境的邊境管制。在新冠疫情期間，川普（Donald Trump）政府援引所謂「第42法案」（Title 42），可迅速驅逐來自有疫情國家的人民。由於該法案於2023年5月11日到期，5月間美國南部邊境移民蜂擁而至，有近4萬人就待在墨西哥北部等待機會入境美國。拜登（Joe Biden）政府因而宣布增派1500名士兵往墨西哥邊境，以確保兩國邊境安全。[11]除了邊境安全的問題外，在發達國家移民問題之所以引起關注，往往是因為很多人相信移民搶奪本國人的工作機會、壓低本地的薪資水準、導致犯罪率上升以及本地文化的流失等。然而，經驗的研究卻很難

8　報告內容詳見：https://www.unhcr.org/media/40152。

9　相關報導參閱：https://udn.com/news/story/122663/6992003。

10　報告全文下載點：https://publications.iom.int/books/world-migration-report-2022。

11　相關報導參閱：https://news.tvbs.com.tw/focus/2113341?utm_source=Yahoo&utm_medium=Yahoo_news&utm_campaign=newsid_2120434。

證實移民確實要為這些問題負責。但本節關注的不是經驗層面的問題，而是其中所涉及的道德問題，亦即限制人口移動是否合乎正義？

在難民和移民問題上，大致也存在幾種道德推理的模式。其中一個是運用羅爾斯式的思想實驗：如果在無知之幕的遮蔽下，人們不知道個自己是否有可能處在一個令人絕望的社會環境，在這種條件下，人們會選擇什麼樣的難民政策或移民政策？有些理論家認為，如果考慮到這個可能性，那麼理性的參與者應該會主張，「開放國界」（open border）才符合羅爾斯的正義原則（Carens, 1987）。如果換一種比較直觀的思考，人們確實也能合理的質疑，如果不讓人跨越國界追求更好的人生，等於是讓一個人的出生地決定她的命運，這樣公平嗎？這樣做是否侵犯一個人的「自由遷徙」的人權？按照這種理想化的道德推理，很難不得出這樣的結論：阻礙人的自由遷徙是不公平的。

另一種推理模式則是主張，在全球國家或世界政府還沒出現之前，世界必然要分為許多國家；在這個前提下，政治生活的焦點只能建立在領土國家之上，因為很多關鍵性的問題（包括教育、福利與分配正義等）只能在這種地理單元中得到最好的解決。再者，文化對於個人實現其生活計畫而言有其不可否定的重要性，而且文化的獨特性也是一種價值。為了保存民族文化的獨特性，限制移民入境可以視為是自決（self-determination）的表現，有一定的正當性（Walzer, 1983: 39-45; 葉家威、曾瑞明，2019: 57-58）。這種論點相當程度上是建立在文化價值的差異上，其最容易招致的批評是，儘管民族文化有值得珍視的價值，但任何民族的文化都恆常處在變遷之中（Brocks, 2009: 197），尤其在高度全球化的時代，即使在移民入境受到嚴密管制，文化也不可能常保不變。因此以維持民族文化為由來管制移民或難民入境，並不是很有說服力。但這是否意味著開放邊界才是對的？恐怕也不盡然。因為開放邊界是根據理想理論（ideal theory）所推演出來的結論，但理想理論往往沒有充分考慮現實世界的複雜性（Brocks, 2009: 191），而不考慮這種複雜性的代價很有可能會帶來政策災難。以下就分別就難民和移民的問題簡要地說明其複雜性何在。

圖7-4　如果大人物也成為難民？

圖說：敘利亞反戰畫家歐馬利（Abdalla Al Omari）在他的「脆弱」系列（The Vulnerability Series, 2017）畫作裡，把歐巴馬、川普、普丁、梅克爾、卡麥隆、阿薩德、金正恩等大人物都變成了難民，排隊等待救濟。透過這種角色互換的方式，這位畫家試圖喚起人們的同理心：如果你就是難民，你是否也變得脆弱不堪、微不足道？

圖片來源：https://www.artsy.net/artist/abdalla-al-omari.

先就難民問題而言，不難想像，如果真的開放國界，難民將會如潮水般湧入所謂的發達國家，很快就會超過後者的吸納能力。此處我們可以用一個實例來加以說明。2015年9月，一名敘利亞3歲男童亞藍（Alan Kurdi）與其家人原本要偷渡到希臘，不幸沉船，一家四口只有1人存活，男童的屍體被沖到土耳其一處沙灘上。[12]由於男童陳屍海灘的照片太震撼

---

[12] 相關報導參閱：http://www.ettoday.net/news/20150903/559080.htm。

圖7-5 難民的悲歌

圖說：國際難民問題存在已久，每年都有無數的難民在跨越地中海前往歐洲途中發生船難喪生，但從來沒有一次船難事件像這張照片一樣震撼人心，從而引發國際間對於國際難民的高度關注。

圖片來源：http://m.chinadaily.com.cn/cn/hqsj/2015-09/04/content_21787101.htm.

人心，這個報導引發了全世界對於難民議題的關注。稍後，德國政府宣布將撥款60億歐元，收容80萬難民。[13]在此之前，德國與奧地利已經開放邊界接納難民，因此引發大量難民湧入中歐。這個「歡迎政策」（welcome policy）雖然充分展現了人道的精神，但大量難民的湧入卻也給歐洲國家帶來極大的壓力，甚至導致國家間的齟齬。而最具雄心壯志的德國也為「歡迎政策」付出了代價，其中最嚴重的就是「2015科隆除夕夜性侵害事

---

[13] 相關報導參閱：http://www.nbcnews.com/storyline/europes-border-crisis/billions-migrants-germany-spend-6-6b-800-000-newcomers-n422811。

件」與「2016年7月巴發利亞邦Würzburg與Ansbach恐怖攻擊事件」；調查顯示，這些犯案者多有難民身分。[14]結果是，德國的「歡迎政策」不得不調整，梅克爾（Angela Merkel）領導的政黨也在後續的選舉中受挫。這個案例充分說明，國際間的人道精神固然值得讚揚，但凡事都有其代價，當代價超過本國國民所能承受的限度時，人道的政策恐怕就難以維繫。

　　再就移民問題而言，開放邊界，或者僅僅是放寬移民的限制，固然可以增進想移民者的遷徙自由，但這也可能對於輸出國帶來負面作用，其中最為人詬病的就是人才外流（brain drain）的問題。這是因為有能力移民的往往是高學歷或擁有技術的人，而輸入國的政策往往也會偏好吸納這種人。人才流失的結果不僅會影響輸出國的經濟發展，甚至可能危及輸出國的某些基本人權，例如醫護人員的外移會導致輸出國的醫療資源的流失，因而威脅到輸出國人民的基本醫療權利（Brock, 2009: 198-203; 葉家威、曾瑞明，2019: 64-65）。誠然，移民可以將其在海外工作的收入匯回母國，對於母國的經濟發展也不無貢獻，但這可能會造成母國對於這種匯款產生依賴心理，從而忽視了進行經濟改革的必要性，減損了其經濟活力。因此，有一種思維主張，更大規模的人口流動可能只會讓移民輸出國的處境惡化，不值得鼓勵；吾人應該把焦點放在改善導致人口移動的結構性因素。按這思維，人口外移的根本原因是結構性的貧窮，其根本的解決之道應該是改善輸出國的投資環境與貿易條件，對輸出國進行經濟援助，甚至協助其推動大範圍的經濟改革（Brock, 2009: 207-208）。作者認為，這種思維充分考慮到現實世界的複雜性，因此比單純的「開放邊界」或放寬移民限制的主張來得務實。

14　張福昌，〈跌跤的鐵娘子：梅克爾的領導危機〉，《轉角國際》（2016年9月29日）：https://global.udn.com/global_vision/story/8663/1985411。

七、全球流行病所引發的規範問題

　　全球流行病對於公共衛生領域而言並不陌生，但過去一直未成爲國際關係領域的重大議題。然而2020年年初開始的新冠肺炎（COVID-19）大流行病對全世界造成了廣泛而且深遠的衝擊，其影響層面不僅限於公共衛生本身，全球經濟，甚至全球政治本身都受到極大的衝擊，以至於有學者認爲，整個國際關係的學門都可能因之改寫。因限於本章主題，此處僅就其所涉及的規範問題加以討論。

　　新冠肺炎流行病所涉及的規範問題約略有三種，其一是「問責性」（accountability）的問題，亦即對於病毒的起源國以及各國在防疫措施上的疏失是否應（並且是否能）加以究責？由於新冠肺炎在全球造成了大量的感染與死亡，難免有人想要對病毒起源、世界衛生組織（World Health Organization），甚至各國政府的防疫疏失予以究責。對此一問題，作者個人認爲，究責首先必須先確認某方確實有責任，但此一工作可能涉及醫學與公共衛生方面非常專業的知識，應該由專家經過詳細的調查之後才能確定病毒的來源地爲何，以及世界衛生組織與各國政府在發布防疫訊息與採取防疫措施上是否有反應過慢等缺失。在還沒有讓專家做過完整、嚴密的調查之前，吾人似應秉持「無罪推定的原則」來面對此類問題，否則一旦政治化，恐成爲政治鬥爭的工具。尤其如果是針對某個特定的國家予以究責（包括求償），如同德國學者余凱思（Klaus Mühlhahn）所論，這種索賠訴求是史無前例的，而且恐怕會進一步強化該國的民族主義情緒，從而使國家間的對立更爲尖銳。[15]考慮到其嚴重的政治後果，作者認爲，吾人對於究責的問題必須十分審愼地應對。

　　第二種問題涉及到，許多國家（包括自由民主國家）在防疫措施上

---

[15] 參閱：優傳媒國際中心，〈德國學者：因疫情向中國索賠當替罪羊十分危險且可能反而助長中共政權〉，2020年5月4日，https://www.umedia.world/news_details.php?n=202005041140177262。

都採取了「封城」（lockdown）的做法。純就公共衛生的考慮而言，減少人員的流動不失為有效的防疫措施，因此即使民主國家也相繼採取此類的做法。但此一措施所引發的道德爭議是：此做法是否會侵犯人們的行動自由？如果把人身自由視為是基本人權，則此一問題也可以被轉化為「封城措施是否侵犯人權？」而一旦以人權作為訴求，它就會變成具有高度爭議性的問題。就理論層面而言，一種可能的回應是：人權有很多種，人身自由固然是其中的一種，但生命權何嘗不是更基本的人權？麥可‧弗里曼（Michael Freeman）早已指出，不同種類的權利之間可能發生衝突，而這個問題在理論上可能是無法解決的（Freeman, 2002: 68-70）。作者認為，在封城的案例中，可以說是就有兩種不同的權利（人身自由權與生命權）發生了衝突，因為在疫病流行期間如果不限制人員的自由移動，恐怕會讓許多人的生命權受到威脅。而當這種權利間的衝突發生時，並沒有一個絕對正確的理論可以提供裁決。因此，在這種情況下，功利主義的思維反而提供一個最合乎直覺，也最簡潔的答案：應該追求最大多數人的最大利益。[16]由此可見，支持封城者完全可以借用功利主義作為指導原則，並主張：生命權與人身自由權相較，前者顯然重要得多，吾人應按「兩害相權取其輕」的方式來抉擇。反對封城者對於這種論證與主張肯定會有不同的見解。這種爭論涉及根本的價值信念與哲學立場之間的差異，很難有定論，因此爭論必然會持續進行。

　　第三種問題是，大流行病對於「弱勢群體」（disadvantaged groups）（包括窮人、「有色人種」、老人、殘疾人士、原住民等少數族群）帶來不成比例的巨大影響，因而讓原本已經存在的貧富差距、種族與性別差異等問題更尖銳化。例如紐約市報告稱，在新冠病毒患者中，非裔美國人的死亡率遠高於白人；病毒大流行期間，非裔美國人的失業率也比白人

---

[16] Jeremy Bentham就主張，當不同的權利相互衝突時，功利主義提供一個可以裁決衝突的判准（Freeman, 2002: 28）。

高。[17]這也間接成爲喬治・弗洛伊德（George Floyd）事件觸發2020年美國「黑人的命也是命」（Black Lives Matter）種族抗爭運動的背景因素之一。由於弱勢群體受到的傷害遠超過優勢群體，因而貌似「不偏不倚」（impartial）的防疫與醫療措施是否會產生實質的不平等，也引發爭議。例如封城是無差別、一體適用的措施，並沒有意圖要讓任何人受到不公平的對待，然而弱勢群體所受到的打擊卻遠大於優勢群體。有公共衛生學者曾對明尼蘇達州的H1N1流感進行研究，發現非白人占該州的人口比例只有11%，但是在需要住院照護的人中，他們占的比例卻高達31%。他們還發現美國（包括阿拉斯加）的原住民的死亡率是其他非原住民的四倍之多。對於這種染病率和死亡率的巨大差距，學者甚至以Johan Galtung的「結構暴力」（structural violence）的概念來形容，[18]並主張這種問題不能用強調「不偏不倚」（impartiality）的「程序正義」（procedural justice）來應對，而是應訴諸於更實質性的（substantive）正義概念，也就是對於暴露在更高風險下的群體應該給予優先或特別的照護（DeBruin, Liaschenko, Marshall, 2012: 586）。上述的研究雖然是針對H1N1流感，但類似的狀況也發生在這次肺炎流行中，因此這個研究對於吾人思考流行病對於弱勢群體的衝擊所涉及的社會公正問題，可以有相當的啓發作用。再者，上述的討論雖然是以美國爲案例，但在全球層面，由於富國與窮國所享有的公共衛生資源也存在極大的落差，因此它們的國民所受到的傷害也會存在極大的差異，這就提醒我們必須把全球公共衛生問題和全球不平等

---

[17]　參閱：Alice Cuddy, "George Floyd: Five pieces of context to understand the protests," BBC News, June 5, 2020. https://www.bbc.com/news/world-us-canada-52904593。該文還提供一個美國政府的數據：「已有的種族和族裔數據反應出，19,775例新冠病毒病例中，超過34%的住院患者是黑人。」

[18]　所謂的「結構暴力」指的是長期存在的不平等社會結構或制度可能導致有些人無法滿足基本需求，從而受到傷害。結構暴力有很多種形式，例如種族主義、貧富差距、性別壓迫等等（Galtung, 1969）。

（先前第五節所探討的主題）聯繫起來一起思考。[19]

八、結語

　　國際政治必然會牽涉到權力的運作與國家利益的考量，但權力與利益並非就是國際關係的全部。事實上，道德考量在國際關係中從來就不曾缺席，只是在國際局勢緊張的時代，它往往在國家生存優先的考量下被暫時擱置。然而，國際局勢在冷戰結束後已經大為緩和，這種新形勢就給道德考量提供了相當的存在空間。從本章所探討的實質議題來看，道德規範已經不再只是空洞的話語，而是確實愈來愈發揮實質的約束作用，這個發展也反映在國際規範結構上。現在我們就藉由對國際規範結構的演變趨勢做一個概略的考察來結束本章的探討。從本章對實質議題的討論可以看出，傳統國際關係的規範結構是建立在主權獨立與平等的觀念上，由此觀念引伸出不干預的原則。然而，隨著人道災難的出現，人道干預的行動逐漸取得正當性，其背後有一個重要的理念，就是「人權高於主權」。目前，人權的概念已經在全世界得到廣泛的接受，因此，說它已經是一個普世價值，並成為國際規範結構的一個關鍵組成部分，一點都不為過。因此，不管是在戰爭、人道干預、全球不平等、國際難民等實質問題的考量上，人權的概念幾乎都扮演一個舉足輕重的角色，從而撼動了「主權至上」的觀念。儘管如此，主權的概念畢竟已經有幾百年的歷史，在目前的國際規範結構中它依然扮演舉足輕重的角色，因此，人權與主權的對立就成為當代國際規範理論中的一個重要主題，而且這個情況恐怕還會持續一段相當長的時間。

　　此一「主權vs.人權」的對立，如果從政治哲學的角度來考察，它與「社群主義vs.大同主義」或「國家主義vs.全球主義」二元對立都有密切的關聯性。這些二元對立其實就是「國家中心vs.個人中心」的各種表現

---

[19]　關於這個主題的扼要討論，可以參考葉家威、曾瑞明（2019: ch. 7）。

型態，後者一言以蔽之，就是「個人」相對於「政治社群」的道德地位孰輕孰重的問題。此一爭論涉及到非常根本的哲學問題，因此很難有定論，甚至可以說是恆久的爭論。但由於這個爭論深刻地影響學者思考具體議題的方式，也就是說，一個人在這些二元對立中採取的立場，往往會決定她如何思考實質議題的方式。因此，初學者如果想更深入地思考實質問題的解決方案，就免不了需要進一步了解這些二元對立的立場背後所預設的一些基本價值與理念。這部分的深度已經超出本章所設定的目標，因此只能留待有興趣的讀者繼續鑽研。

推薦閱讀

1. Armstrong, Chris (2019). *Why Global Justice Matters: Moral Progress in a Divided World*. Medford, MA: Polity Press.

2. Williams, Huw L. and Carl Death (2016). *Global Justice: The Basics* (1st ed.). New York: Routledge.

3. Singer, Peter (2016). *One World Now: The Ethics of Globalization*. New Haven, CN: Yale University Press.

4. Amstutz, Mark R. (2013). *International Ethics: Concepts, Theories, and Cases in Global Politics*, 4th edition. Lanham, Maryland: Rowman & Littlefield Publishers, Inc.

5. Brown, Chris (1992). *International Relations Theory: New Normative Approaches*. New York: Columbia University Press.

6. 林立（2019）。《當代大哲論國際正義：「普世價值」是否存在？》，臺北：翰蘆圖書出版。

參考書目

葉家威、曾瑞明（2019）。《全球正義與普世價值》。香港：香港中文大學出版社。

Beitz, Charles R. (1979). *Political Theory and International Relations*. Princeton: Princeton University Press.

Brock, Gillian (2009). *Global Justice: A Cosmopolitan Account*. New York: Oxford University Press.

Brown, Chris (2002). *Sovereignty, Rights and Justice: International Political Theory Today*. Cambridge: Polity Press.

Carens, Joseph (1987). "Aliens and Citizens: The Case for Open Borders," *Review of Politics*, Vol. 49, No. 2, pp. 251-273.

DeBruin, Debra, Joan Liaschenko and Mary Faith Marshall (2012). "Social Justice in Pandemic Preparedness," *American Journal of Public Health*, Vol. 102, No. 4, pp. 586-591.

Freeman, Michael (2002). *Human Rights: An Interdisciplinary Approach*. Malden, MA: Polity Press.

Frowe, Helen (2023). *The Ethics of War and Peace: An Introduction*. New York: Routledge.

Galtung, Johan (1969). "Violence, Peace, and Peace Research," *Journal of Peace Research*, Vol. 6, No. 3, pp. 167-191.

Hutchings, Kimberly (2000). *Global Ethics: An Introduction*. Malden, MA: Polity.

ICISS (2001). *The Responsibility to Protect: Report of the International Commission on Intervention and State Sovereignty*. Ottawa, ON, Canada: The International Development Research Centre.

Orend, Brian (2002). "Justice after War," *Ethics & International Affairs*, Vol. 16, No. 1, pp. 43-56.

Pogge, Thomas W. (1994). "An Egalitarian Law of Peoples," *Philosophy & Public Affairs*, Vol. 23, No. 3, pp. 195-224.

Rawls, John (1971). *A Theory of Justice*. Cambridge: Harvard University Press.

Rawls, John (1999). *The Law of Peoples*. Cambridge: Harvard University Press.

Reus-Smit, Christian (1999). *The Moral Purpose of the State*. Princeton: Princeton University Press.

Rodin, David (2011). "Ending War," *Ethics & International Relations*, Vol. 25, No. 3, pp. 359-367.

Singer, Peter (1972). "Famine, Affluence and Morality," *Philosophy and Public Affairs* Vol. 1, No. 3, pp. 229-243.

Walzer, Michael (1977). *Just and Unjust Wars: A Moral Argument with Historical Illustrations*. Basic Books.

Walzer, Michael (1983). *Spheres of Justice: A Defense of Pluralism and Equality*. New York: Basic Books.

第八章

環境理論

蔡育岱（中正大學戰略暨國際事務研究所）

一、前言

環境理論（Environmental Political Theory）、綠色理論（Green Theory）或是綠色國關理論（Green IR Theory）是國際關係理論中的一個子領域，涉及有關國際環境合作的議題。它是國際關係中一個相對較新的研究領域，伴隨1970年代全球發展進入急速成長階段，國際關係開始關注起人類與自然界的相互作用衍生的問題。環境理論涉及相當廣泛，舉凡有關自由主義、女性主義、國際政治經濟學、批判理論政治等學理，或是與社會運動、永續發展（sustainable development）、生態安全（ecological security）、環境正義（environmental justice）等議題皆與其有關（Eckersley, 2020: 264-266）。

早在十九世紀中葉，就有學者針對自然資源與全球安全、政治經濟的關聯進行討論。1962年，卡森（Rachel Carson）女士在一本《寂靜的春天》（*Silent Spring*）一書中，以完善的科學數據，控訴所謂的DDT使用者，將造成春天變得寂靜不再鳥語花香，人類最終會自食其惡果，此嚴重性所發出的警告，立即引起熱烈的討論及迴響（蔡育岱、譚偉恩，2007）。

小知識 DDT

俗稱「滴滴涕」，別名迪迪替，學名雙對氯苯基三氯乙烷，是廣為人類使用最頻繁的農藥和殺蟲劑。由於DDT不易降解，長久積累對魚類

和鳥類生存繁殖不利，易破壞生態平衡，故現今大部分地區已經停止使用DDT。

　　1972年「羅馬俱樂部」（Club of Rome）發表了「成長的極限」（Limits to Growth）報告，同一時間，《生態者》（*The Ecologist*）雜誌出版有關「生存藍圖」（Blueprint for Survival）的研究報告，紛紛引起全球震撼與共鳴（Eckersley, 2020: 264）。這兩份研究報告，針對世界人口成長問題與經濟成長的因果關係，探討了許多未來發展問題，如果人類想要解決複雜的工業社會所產生的生態問題，則需要建立一套新的準則，而文化價值與社會秩序必須要改變。

小知識　羅馬俱樂部

「羅馬俱樂部」成立於1968年，是一個全球性的非官方國際學術研究團體，主要從事有關全球性議題的研究活動。總部設在義大利羅馬，其成員都是知識界菁英以及政策制定者。

　　順著這樣的國際環境氛圍，自1970年代起，透過聯合國的號召，國際社會舉行了一系列與環境相關之國際會議，其中最引人注目的是1972年6月5-13日，在斯德哥爾摩召開的「聯合國人類環境會議」（United Nation Conference on the Human Environment）。此次會議可算是國際環境建制的濫觴，出席會議的國家有113個，共1300多名代表，會議討論當代世界的環境問題，制定相關因應對策和措施，會後並通過了第一個關於保護人類生存環境的原則聲明，即《人類環境宣言》（Declaration on the Human Environment），此宣言象徵人類對環境問題的覺醒，對日後聯合國推動與各國合作保護和改善環境工作有著重要影響。

　　1980年代之前的許多文獻特別關於資源開採和發展問題分析。到了

1990年代，全球環境政治才開始建立自己一套獨特的領域，其出版了一系列專業期刊和出版書，研究的重點擴大到包含全球環境政治（Global Environmental Politics, GEP），譬如臭氧消耗、氣候變遷、生物多樣性變化、砍伐森林和土壤液化等。它已經成為一門跨學科工作的領域，整合來自一系

空氣中懸浮粒子（PM 2.5）。

列領域的研究，包括地理、經濟、歷史、法律、生物學等許多面向。當代環境政治對國際關係發展的重要意義在於，人類過往高度關切國際關係中屬高階政治（high politics）軍事、外交、安全的議題，而忽略環境議題等低階政治（low politics）會同樣危及人類生存發展與健康，譬如我們察覺到空氣中懸浮粒子（PM2.5）會對人類呼吸系統和心血管造成傷害，導致哮喘、肺癌、心血管等疾病的產生。

因此理解國際政治中的環境理論成為當代學習國際關係的必要。全球環境議題與人類社會具有幾個緊密的關聯性，它們分別是國際政治經濟下的經濟與發展問題、資本主義與失衡的環境正義問題、環境倫理（Environmental ethics）與人的關聯性，以及社會正義與永續發展等幾個特色。本章先從環境政治與全球發展問題探討，進而介紹國際關係中有關環境理論的意涵與國際環境建制的發展，這均有助於我們思考環境理論對當代國際關係的所帶來的影響。

二、環境政治與全球發展問題

隨著工業化進程的邁進，全球發展進入了一個嶄新的科技文明階段，

但同時付出代價，從中國紀錄環境汙染的紀錄片「穹頂之下」，就可以得知發展中國家在面臨經濟發展與環境生存的困境，按照世界衛生組織（World Health Organization, WHO）報導，在中國每年有將近100萬人口死於空氣汙染PM2.5與PM10所引發的疾病（the Guardian, 2016）。汙染是當今世界面臨的許多環境挑戰之一。汙染的影響在發展中國家更嚴重，每年導致數百萬人的健康、死亡和殘疾。儘管已開發國家擁有防治汙染的資源和技術，但對發展中國家而言，這些防治的技術或資源一旦援引來制止環境汙染，卻有可能會破壞發展中國家的經濟增長和競爭力。其實在每一個發展階段的國家，都需要在經濟與環境相互衝突的目標間做出選擇。發展中國家希望以有競爭力的價格確保維持經濟增長和減貧，但這些選擇實現經濟增長與人人享有廉價能源的目標，卻可能導致環境汙染和退化。

工業發展與環境汙染的衝突。

資料來源：Breaking Energy 2014, http://breakingenergy.com/2014/09/23/environmental-pollution-is-inevitable-in-developing-countries/.

小知識 PM10/PM2.5

大氣中除了水分子的固態或液態粒狀物之外，若這些空氣中的顆粒直徑小於10微米，就有機會被吸到肺部，造成健康危害，因此過去監測對象主要針對PM10，後來發現更小的2.5微米對健康的影響更大，所以稱為PM2.5「細懸浮微粒」，也稱細顆粒物、可入肺顆粒物。它的直徑還不到人的髮絲的二十分之一，能較長時間懸浮於空氣中，其在空氣中含量（濃度）愈高，就代表空氣汙染愈嚴重，對人體健康和大氣環境質量的影響更大。

　　人類針對環境汙染和生態退化的關注，其實有時間接續上的議題差異，譬如表8-1所示，從較早期1960年代對於殺蟲劑使用造成生態環境的迫害，1970年代人口成長極限下，討論世界人口爆炸問題與經濟成長的關聯性，到1980年代區域性的酸

人口爆炸問題。

雨、核輻射等關切，最後進入1990年代有關臭氧層、森林砍伐、生物多樣性、土壤液化等全球性議題。1990至2000年代後，強調人類環境受到安全威脅的**公地悲劇**（the tragedy of the commons）漸漸受到矚目，1991年的「斯德哥爾摩全球安全與治理倡議」（Stockholm Initiative on Global Security and Governance）開始呼籲一種更寬廣的安全研究途徑，要求擴大安全之領域，探討因發展之失敗、環境之惡化、人口急速成長和遷徙，以及欠缺民主政治所造成安全之威脅（蔡育岱，2014：81）。

小知識　公地悲劇（The Tragedy of the Commons）

是自掃門前雪之意。最初由美國經濟學家哈定（Garret Hardin）提出。
他對「公共」（the commons）的定義不僅僅指公共的土地，還涵蓋公
共的水域、空間等等。

表8-1　環境議題的關注

時間	關注事項
1960	殺蟲劑、生態環境影響
1970	人口成長極限、人口爆炸
1980	酸雨、核輻射等區域關切
1990	臭氧層、森林砍伐、生物多樣性、土壤液化等全球性議題
2000	氣候變遷、全球社會生態危機重新檢視

資料來源：Paterson（2013）。

面對來自不同面向的
安全問題，在1994年《人
類發展報告書》（HDR）
在環境安全（汙染與資
源）部分，指出所有國家
正面臨環境破壞的威脅，
這種衰退的連結是從地方
生態系統與全球環境，在
發展中國家最嚴重的環境
汙染是水的汙染，其次則

地球生態也遭破壞。

是土地的流失；而土地鹽化不斷的在中亞與巴基斯坦發生；另一方面，工
業國家最嚴重的汙染則是空氣汙染，環境汙染給予人類帶來慢性疾病與直

接的傷害（UNDP, 1994: 28-29；蔡育岱，2014：81-82）。

　　針對環境變遷對人類安全的影響，學者布勞赫（Hans G. Brauch），將危及人類安全第四支柱的內涵，分類成四種不同等級的災害：分別是1.「緩慢發生的災害」（Slow-onset hazards），譬如海平面上升、溫度加深、乾旱及土壤侵蝕災害；2.「快速發生的水文氣象災害」（Rapid-onset hydro-meteorological hazards），例如洪水、風暴、旱災等；3.「快速發生的地理物理性災害」（Rapid-onset geophysical hazards），像是地震、火山爆發；以及4.因工業、科技造成的「人為災難」（Man-made disasters）。這種分類是來自於對三種生態系統的分析，如圖8-1全球環境變遷影響的三種生態系統，強調全球環境變遷影響的是「空氣、水、土壤」三種交錯之下的損害，透過都會系統、鄉村系統與人口數增長的交互影響，將危及環境面向的人類安全（Brauch, 2005: 33-34；蔡育岱，2014：82-83）。

圖8-1　全球環境變遷影響的三種生態系統

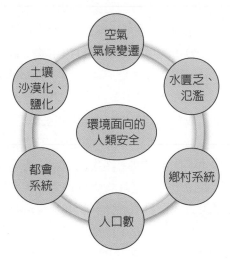

資料來源：作者自行繪製。

這三種生態系統分析，主要是來自「經濟合作暨發展組織」（Organization for Economic Cooperation and Development, OCED）所提出模式，係指國際上永續發展指標使用的「壓力－現狀－回應」（Pressure-State-Response, PSR）架構，認爲人類的社經發展對自然生態造成壓力，進而促成環境的改變；而社會對於這些改變的回應則反映在相關的政策和制度上。此外，也有直接以「人類活動引起」（human-induced）的全球環境不安全分類，共分爲六大項目：氣候變遷、生物多樣性的喪失、平流層臭氧耗竭、淡水匱乏、產食生態系統的損及（impairment of food-producing ecosystem）與持久性有機汙染（persistent organic pollution），強調人類安全與此等脆弱性（vulnerability）的親密關係，以及全球環境變遷將危害人類安全（蔡育岱，2014：83）。

三、綠色政治中的綠色理論

在人類面臨環境政治與全球發展問題同時，學界與知識分子紛紛呼籲對環境生態的重視並開始反思人類與自然的關係。而國際關係學界用來分析環境政治（GEP）的理論，大致沒有超出目前國際關係理論範疇，譬如從權力與主權國家角度分析的現實主義、自由主義、制度主義，或是經濟面向所導致發展失衡的結構主義、馬克思主義、依賴理論、批判理論、女性主義等（譚偉恩，2020：490-501）。這些理論在本書其他章節已經涉及，因此本部分只針對以綠色政治（Green Politics）爲主軸論述的綠色理論介紹。

環境議題起於1960年代，美國海洋生物學家卡森在其著作《寂靜的春天》中，以大量的事實論證了工業汙染對地球生命形式（包括人類）造成的損害，此後引發了國際社會對環境問題的關注，各種國際性的環境保護組織紛紛成立，從而促使聯合國於1972年6月5-13日在斯德哥爾摩召開了人類環境會議，並通過《人類環境宣言》，該宣言象徵人類對環境問題的自覺，並對推動各國後來的保護和改善環境工作有著重要的作用與影響

（蔡育岱、譚偉恩，2007：60-61）。

　　1980年代許多民間團體基於環境維護目的展開了抗爭活動，例如當時西德綠黨的成立，以及爾後進入國會推廣綠色政策，意謂著代表環境的綠色政治開始向傳統政治領域提出挑戰。這些環境議題多半是由環保者（個人）和環保團體所提出，其目的是幫助弱勢或受迫害的人們獲得保障與補償。當代環境問題的起因是啓蒙思想所促成的後果，過度的強調理性和自我意識，使得人類爲了自身需要可以肆無忌憚的「利用」自然，進而追求利益不知節制，造成環境惡化與崩潰的結局（蔡育岱、譚偉恩，2007：61）。綠色政治最爲人熟知的口號是「全球性思考與在地行動」（think globally, act locally），這些問題可藉由打破全球權力結構，透過在地的行動建構出較小規模的政治社群和自力更生的經濟體（Paterson, 2013: 269-271）。

　　綠色理論的第一波發展，試圖強調社會制度因不理性的市場與國家發展下，造成了生態失衡，此時許多綠色政治理論家紛紛讚揚草根民主和主張生態永續社群的貢獻。1990年後第二波綠色政治理論更加專注於批判性思考，將許多核心政治概念和環境制度的範圍與問題，進行全球性跨國化分析。此時一些環境術語與全球性的觀念造成流行，譬如環境權利（environmental rights）、環境行動主義（environmental activism）、環境正義、環境民主（environmental democracy）、環境公民（environmental citizenship），以及綠色國度（green states）等（Doherty and de Geus, 1996; Eckersley, 2000; Mason, 2007; Stevenson and Dryzek, 2014）。綠色理論的根本關鍵和規範性任務是突出上述這些議題，努力減少生態風險的產生，同時還防止在環境問題上的一些不公平與權利正義（Christoff, P. and Eckersley, Robyn, 2013）。

　　目前在學界已開始用「綠色理論」作爲國際關係在環境理論統稱性的用語，「綠色理論」包括「深層生態學」（Deep Ecology）、「生態後現代主義」（Ecological Postmodernism）、「社會生態學」（Social Ecology）、「生態社會主義」（Eco-socialism）、「生態女性主義」

（Eco-feminism）等，如表8-2整理所示。綠色理論在國際關係領域的發展與第三次大辯論有一定程度的相關性，研究者將重心聚焦傳統國關理論所忽視與邊緣化的個人或國家以外的社群，例如原住民、生態學家、消費者、綠色政黨、非政府組織等，這些以促進各國平等發展與環境永續的參與者。綠色理論分支流派，儘管不同派別看法略有差異，但原則上都是強調人與自然間的調和，人與環境的關係，並從人本的思想去延伸，環境上的議題，牽涉到跨越國境的安全，但同時卻也是與人最直接的安全（蔡育岱、熊武，2010：180-183）。

小知識 草根民主（Grassroots Democracy）

是以基層為主，實行地方分權與直接民主制，將權力儘量賦予基層民眾，讓基層民眾得以自行管理自己的社區和參與決策的一種政治模式。

表8-2　綠色政治理論要點說明

理論	論述核心	人與環境的關係
深層生態學（Deep Ecology）	修正以「人類為中心」的環境認知，強調生物體間的和諧	平等關係
生態後現代主義（Ecological Postmodernism）	批評人類過度理性和自我意識，是造成環境惡化的主因，環境倫理應予關注	平等關係
社會生態學（Social Ecology）	反對透過國家作為解決環境問題的方法，推廣不需任何制度化或形式的草根性民主運動	人雖然具有自我意識，但反對人類擁有對環境的主宰力
生態社會主義（Eco-socialism）	環境惡化與人類的生產活動密切相關，資本主義是環境惡化的元兇，環境不是人類的工具	不支持「反人類」的論述，強調既有生產現象的導正。
生態女性主義（Eco-feminism）	人類社會對於女性的不公平和對環境的剝削具有同質關聯性	原則上將女性與環境類比，突顯人類社會歧視婦女和環境的不公正現象

資料來源：蔡育岱、熊武（2010：183）。

　　綠色理論可以推溯至1980年代的「綠色政治」，以及其所強調的幾個訴求：生態責任、社會正義、非暴力、草根民主（Grassroots Democracy），這四個訴求與人類發展有著嚴密切近關係，說明人類與環境、社會穩定、和平與民主的共生共處。綠色理論的核心價值即是以人為主的思維，強調人與自然環境的和諧，有別於傳統國際關係理論（主流）以國家中心為途徑，視環境問題為低階政治的新議題，認為環境的解決在於主權國家合作上；但是綠色理論則以人為中心，洞察人與環境的關係，反映出一種自覺本性，提供以人為主的研究途徑，使環境問題成為真正跨越國界領域的議程，如此才有助於解決環境變遷所帶來的挑戰 （蔡育岱、譚偉恩，2007：61）。相關重要綠色理論詞彙，如表8-3整理所示。

表8-3　重要相關環境理論詞彙

環境倫理 （Environmental ethics）	是一門以關心人類與環境之間的倫理關係問題，涉及的概念包括有法律、社會、經濟、哲學、生態及地理等。而環境倫理學主要探討的是如何適當關懷、重視，並且履行我們保護自然環境的理論與實務做法。
生態倫理學 （ecological ethics）	亦稱生態中心倫理（ecocentric ethics），是以生態系統為中心觀點，討論人類與自然生態的倫理關係，強調人類同時為自然生態的成員，應遵守自然規律，對自然應尊重與道德考慮。
生物環境主義者 （Bioenvironmentalist）	最強調去集中化（decentralization），視為綠色政治的一項原則，譬如德國綠黨計畫，藉由打破全球權力結構，透過在地行動，以建構較小規模的政治社群和自力更生的經濟體。
綠色國度 （green states）	多關注以政治行動在保護環境與建立環境友善家園。
環境行動主義 （environmental activism）	1960年代出現的詞彙，係指目的是保護自然環境行為，特別是人類活動的有害影響。
環境民主 （environmental democracy）	環境民主是指社會大眾在環境管理與環境事務中進行相關參與，以及決策的資格，並據此享有和承擔法律上的權利和義務。

資料來源：作者自行整理。

　　總結而言，綠色理論聚焦在「人類－自然」關係，採納了「生態倫理學」（ecological ethics）對於「成長的極限」的關切、去集中化以脫離民族國家羈絆、人類如何面對處理生存危機，提供另一種國際關係的解釋，對於危機具有一種規範基礎（Paterson, 2013: 282-283）。

四、國際環境建制

　　國際社會對於環境生態的關注、理解地球資源永續的重要，並較積極制訂相關環境法律文件，始於二十世紀中期以後。儘管如此，**環境建制**（environmental regime）在二十世紀至二十一世紀初才演變為一個較完整的法律概念，其展現了各國在建立國際公認的相關定義，是需要經歷過相當程度與時間的考驗，亦反映出國際社會問題的本身，以及對環境維護共識的演進。而國際環境議題往往會先召開跨國間會議、設置議程、舉行談判、制定規範，到最後以國際公約（convention）、附加議定書（protocol）或協定（agreement/ accord）的模式呈現。從表8-4重要全球環境建制顯示出，早期國家間是因為需求而制訂相關環境章程，譬如為了管理邊境跨境水域美、英兩國於1909年起簽訂的《國際邊境水域條約》，是樹立防止汙染、執行成效良好的國際環境合作案例。其次在區域性功能性上，又如1940年代的《西半球自然及野生物種保護暨保育公約》、《國際管制捕鯨公約》以及防止海洋和沿海環境汙染的《防治海洋油汙染公約》與「國際海事組織」的成立。

　　1972年聯合國第一次就環境議題召開指標性會議。會中討論了保護全球環境的行動計畫，通過《人類環境宣言》。逐漸地，有關環境的全球性議題擴大到臭氧層消耗、氣候變遷、生物多樣性變化、砍伐森林和土壤液化等。1985年《維也納保護臭氧公約》制訂，以鼓勵國家間全面合作從事維護臭氧之研究，1987年《蒙特婁議定書》與1989年《禁止有害廢棄物越境運送及處理的巴塞爾公約》，針對有害廢棄物，具有爆炸性、易燃性、腐蝕性、化學反應性、毒性和傳染性等特性之事業廢棄物或家用廢棄物，進行有效管理與規範，別別是向發展中國家出口和轉移危險廢棄物。

表8-4 重要全球環境建制

年份	達成內容
1909	《國際邊境水域條約》（International Boundary Waters Treaty）
1933	《保護天然動植物公約》（Convention relative to the Preservation of Fauna and Flora in their Natural State）
1940	《西半球自然及野生物種保護暨保育公約》（Washington Convention on Nature Protection and Wildlife Preservation in the Western Hemisphere）
1946	《國際管制捕鯨公約》（International Convention for the Regulation of Whaling）
1948	「國際海事組織」（International Maritime Organization, IMO）成立
1948	「世界自然保育聯盟」（International Union for Conservation of Nature, IUCN）建立
1948	《國際鳥類保育公約》（International Convention for the Protection of Birds）
1954	《防治海洋油汙染公約》（International Convention for the Prevention of Pollution of the Sea by Oil）
1961	「世界自然基金會」（World Wide Fund, WWF）成立
1963	《保護萊茵河免於汙染協定》（Agreement Concerning the International Commission for the Protection of the Rhine against Pollution）
1965	「聯合國發展計畫署」（United Nations Development Programme, UNDP）成立
1971	《國際重要水鳥棲地保育公約》（Convention on Wetland of International Importance Especially as Waterfowl Habitat）
1972	《人類環境宣言》（ Stockholm Declaration）
1972	《防止傾倒垃圾及其他物質汙染海洋公約》（Convention on the Prevention of Marine Pollution by Dumping of Waste and Other Matter, London Dumping Convention, LDC）
1973	《防止船舶汙染國際公約》（International Convention for the Prevention of Pollution from Ships, MARPOL）

表8-4 重要全球環境建制（續）

年份	達成內容
1975	《瀕臨絕種野生動植物國際貿易公約》（Convention for International Trade in Endangered Species of Wild Fauna and Flora, CITES）又稱為華盛頓公約（Washington Convention）
1976	《地中海汙染防治公約》（Convention for the Protection of the Mediterranean Sea Against Pollution）
1979	《跨國長程空氣汙染物公約》（Convention on Long Range Transboundary Air Pollution, LRTAP）
1980	《南極海洋生物資源保護公約》（Convention on the Conservation of Antarctic Marine Living Resources）
1983	《國際熱帶木材協定》（International Tropical Timber Agreement）
1985	《維也納保護臭氧公約》（Vienna Convention for the Protection of the Ozone Layer）
1987	《蒙特婁議定書》（Montreal Protocol on Substances that Deplete the Ozone Layer）
1988	「政府間氣候變遷小組」（Intergovernmental Panel on Climate Change）成立
1989	《禁止有害廢棄物越境運送及處理的巴塞爾公約》（The Basel Convention on the Control of Transboundary Movements of the Hazardous Wastes and Their Disposal）
1990	「全球環境基金」（Global Environment Facility, GEF）成立
1991	《禁止有害廢棄物輸入非洲及管制其在非洲內跨國境運送公約》（Convention on the Ban of the Import into Africa and the Control of Transboundary Movement and Management of Hazardous Wastes Within Africa）
1992	「聯合國環境與發展會議」（又稱里約地球高峰會議）（United Nations Conference on Environment and Development, Rio Earth Summit） 會議通過五項文件：《里約宣言》（Rio Declaration）、《二十一世紀議程》（Agenda 21）、《聯合國氣候變遷綱要公約》（United Nations Framework Convention on Climate Change, UNFCCC）、《聯合國生物多樣性公約》（Convention on Biological Diversity）、《森林原則》（Forest Principles）

表8-4　重要全球環境建制（續）

年份	達成內容
1994	《抗荒漠化公約》（International Convention to Combat Desertification）
1997	《京都議定書》（Kyoto Protocol）
1998	《管制化學品及農藥進出口之鹿特丹公約》（The Rotterdam Convention on the Prior Informed Consent (PIC) Procedure for Certain Hazardous Chemicals and Pesticides in International Trade）
2000	《卡塔黑納生物安全議定書》（Cartagena Protocol on Biosafety）
2000	《聯合國千禧年宣言》（United Nations Millennium Declaration）
2001	《消除持久性有機汙染物之斯德哥爾摩公約》（Stockholm Convention for the Elimination of the Persistent Organic Pollutants, POPs）
2002	《約翰尼斯堡永續發展宣言》（Johannesburg Declaration and Plan of Implementation）
2007	「峇里路線圖」（Bali Road Map）
2009	《哥本哈根協議》（Copenhagen Accord）
2015	《巴黎協定》（Paris Agreement, PA）
2016	「聯合國永續發展目標」（Sustainable Development Goals, SDGs），又稱Agenda 30
2021	《格拉斯哥氣候協定》（Glasgow Climate Pact）

資料來源：作者自行彙整。

　　1992年是全球環境建制成果豐碩的一年，該年聯合國在巴西里約召開環境與發展會議，又稱「里約地球高峰會議」（Rio Earth Summit），會議中並通過五項文件：《氣候變遷綱要公約》、《生物多樣性公約》、《森林原則》、《里約宣言》、《二十一世紀議程》。其中《氣候變遷綱要公約》爲因應氣候變遷與防制氣候繼續惡化，開始對「人爲溫室氣體」（anthropogenic greenhouse gases）的排放訂定全球性的管制標準。1997年12月，在日本京都的「第三次締約國大會」（COP3）中簽署《京都議定書》，規範工業國家未來溫室氣體排放的標準與時間表，依據共同但有差

別的責任原則，締約國家承擔不同的責任，以因應氣候變遷。此後「京都議定書締約方會議」（the Conference of the Parties serving as the meeting of the Parties to the Kyoto Protocol, CMP），在2005年京都議定書正式生效後召開第一次大會，而後每年與COP共同召開，讓「COP/ CMP」這兩個詞彙至此如影隨形，如表8-5與圖8-2所示。

2007年12月，在印尼峇里島召開的第十三屆氣候變遷會議（COP13），與會各國接受了「峇里路線圖」，面對即將於2012年至2020年的「後京都議定書時代」，討論如何訂定一個具有約束性的溫室氣體減量目標。2009年12月19日，第十五屆氣候變遷會議（COP15），各會員國通過了一項具法律但不具約束力的條文《哥本哈根協議》，包含「全球暖化應控制在攝氏2度C以內」，各國同意應「儘快」制止全球及各國溫室氣體排放量的增長。2015年12月12日，在COP21/ CMP11會議中，通過《巴黎協定》，將取代《京都議定書》，冀望能共同遏阻全球暖化趨勢。

2016年1月1日，聯合國2015至2030年「永續發展目標議程」（Agenda 30）正式啟動，而當中最受矚目的是聯合國所訂定的17項永續發展目標（Sustainable Development Goals, SDGs），主要內容從消除貧困、饑餓到應對氣候變遷與維護自然資源，而糧食與農業是2015至2030年議程的核心重點。2016年4月22日世界地球日，171國在聯合國總部簽署巴黎氣候協議，創下單日最多國家簽署協議的紀錄，截至目前共有195國簽署，各國普遍有按照「共同但有區別的責任原則」（Common but differentiated responsibilities）、公平原則與各自能力原則等共識，進一步強化《聯合國氣候變遷綱要公約》的全面有效實施。

然而，2019年11月，美國正式通知聯合國，退出《巴黎協定》，成為至今唯一退出這項協定的國家。美國重申《巴黎協定》對美國形成了「不公平的經濟負擔」。由於這項協定不具有法律約束力，美國退出並不會受罰（BBC News, 2019）；由此可見，關於環境建制的國際合作，在原則上均是一種「框架型」的法律規範，其目的在形成環境治理的普遍性原則，以及如何協助國家間進行合作之規範，而非設定締約國較具體的法律上行

爲義務（蔡育岱、熊武，2010：160）。

　　2021年11月13日，在COP26會議中197個與會國家爲了避免氣候變遷危機，共同通過一個新的協議：《格拉斯哥氣候協定》（Glasgow Climate Pact）。此協定除重申《巴黎協定》的降溫目標，以工業革命前的平均值爲準，努力將全球平均氣溫上升的幅度控制在2℃之內，並是史上第一個提及化石燃料議題的聯合國氣候協定。

表8-5　兩個重要環境建制詞彙

COP （Conference of the Parties）	是指氣候變遷綱要公約的締約方會議，自1995年於德國柏林召開第一次大會後，每年締約方仍會召開一次大會，共同商議公約規範的執行。
CMP （the Conference of the Parties serving as the meeting of the Parties to the Kyoto Protocol）	是指協助執行京都議定書締約方大會的會議，自2005年京都議定書正式生效後召開第一次大會後，每年與COP共同召開。
CMA （Conference of the Parties serving as the meeting of the Parties to the Paris Agreement, CMA）	是指巴黎協定締約方會議，每年與COP共同舉行，第1次於2016年與COP22和CMP12一起在摩洛哥舉辦。

資料來源：作者自行彙整。

圖8-2　近期重要COP/ CMP會議Logo

資料來源：作者自行彙整。

五、結語

　　一般國際關係理論學者會視環境理論為一種批判式理論，而非主流國關理論的「解決問題式」理論；然而，環境理論具有以解釋性與規範性為目標的企圖，除了解釋全球政治現象和環境問題，也回應問題所需要的變革野心與做了相當的規範性宣示。此外，環境理論學者對國家體系做出批判，反對全球權力結構的宰制，主張下放到在地層次的公民參與，反對權力集中化、主張多樣性和保存差異性；如此呼籲，主要是因為主流國際關係理論以國家為研究的對象，這種模式所探究的認同與領土關係，自然而然會將領土視為一種單一認同（unitary identities），影響所及將使「公地

悲劇」與「鄰避效應」無法解套。然而未來氣候變遷所造成的環境災害，使致出現環境移民、環境難民、環境孤兒等現象，將證明當代社會是一種以流動性、非地域化為特質所建構的流動世界（shifting world），並透過移動族群（moving groups）所構成，使得人類再也無法去忽視這些問題的存在（Chan, F. H., 2013: 149；蔡育岱，2014：94）。

2021年10月31日，就在《聯合國氣候變遷綱要公約》第26次締約國會議（COP26）、《京都議定書》第16次締約國會議（CMP16）以及《巴黎氣候協議》（Paris Agreement）第3次締約國會議（CMA3）召開之際，美國國家情報總監辦公室（ODNI）發布《氣候變化與國際應對措施對美國國土安全到2040年的挑戰》（Climate Change and International Responses Increasing Challenges to US National Security Through 2040）報告，這份報告共27頁，指出氣候變遷引發的轉變可能重塑美國戰略利益，為中國等競爭對手提供機會，日益加劇的極端天氣將提高美國國土安全的威脅（National Intelligence Council, 2021）。明顯地，環境政治是國家各自的內政核心，涉及國家整體戰略、產業升級、技術創新、金融轉型、國際規則的建立等，比起二十年前的國際關係研究上，其重要性已不可同日而語（蔡育岱，2021：1-4）。

換言之，當代環境問題的探討已由單純的環境保護、責任承擔，到結合一國的經濟發展、國家安全和世界的永續發展；涵蓋的領域由地圈、生物圈、大氣圈等擴及到整個地球生態系統等。儘管環境理論是國際關係理論的後來者（late comer），但已開始受到關注，相信在未來勢必是吾輩研究國際關係所無法忽視的議題。

小知識　鄰避效應（NIMBY, not in my back yard）

1980年代由當時擔任英國環境事務大臣的Nicholas Ridley所使用並廣為流傳。「鄰避效應」（不要在我家後院），被視為是反對某種設施或土地使用時所表現出來的態度，這種又被稱為鄰避症候群（NIMBY Syndrome）的環境衝突，在世界各地已經成為一個不易解決的問題，例如核廢料安置、焚化爐的設置區。

推薦閱讀

1. Eckersley, Robyn (2020). "Green Theory," in *International Relations Theories: Discipline and Diversity*. Dunne, Tim; Kurki, Milja; and Smith, Steve (eds.) Oxford: Oxford University Press, pp. 263-284.

2. Scott Burchill, Andrew Linklater, et al (eds.) (2009). *Theories of International Relations 4th ed*. New York: Palgrave Macmillan；莊皓雲（譯）（2010）。《國際關係理論》，臺北：時英出版社。

3. 蔡育岱（2014）。《人類安全與國際關係：概念、主題與實踐》，臺北：五南圖書。

4. 譚偉恩（2020）。「全球環境政治」，收錄於張亞中、張登及編，《國際關係總論》，臺北：揚智出版社，頁489-520。

參考書目

BBC News中文（2019），〈巴黎氣候協議：美國通知聯合國啓動退出程序〉，2019年11月5日，https://www.bbc.com/zhongwen/trad/science-50298502。

"China Tops WHO List for Deadly Outdoor Air Pollution," *theguardian, 27*

Sept. 2016, https://www.theguardian.com/environment/2016/sep/27/more-than-million-died-due-air-pollution-china-one-year.

Brauch, Hans Günter (2005), *Environment and Human Security: Freedom from Hazard Impacts*. Bonn: UNU-EHS.

Chan, Felicity Hwee-Hwa, (2013). "Spaces of Negotiation and Engagement in Multi-ethnic Ethnoscapes," in Jeffrey Hou ed., *Transcultural Cities: Border-Crossing and Placemaking*. New York: Routledge, pp. 149-163.

Christoff, P. and Eckersley, Robyn (2013), *Globalization and the Environment*. Lanham, Rowman and Littlefield.

Doherty, B. and de Geus, M. (1996) eds., *Democracy and Green Political Though: Sustainability, Rights and Citizenship*. London: Routledge.

Eckersley, R. (2000). "Deliberative Democracy, Ecological Representation and Risk: Towards a Democracy of the Affected," in M. Saward ed., *Democratic Innovation: Deliberation, Representation and Association*. London: Routledge, pp. 117-132.

Eckersley, Robyn (2020). "Green Theory," in *International Relations Theories: Discipline and Diversity*. Dunne, Tim; Kurki, Milja; and Smith, Steve (eds.) Oxford: Oxford University Press, pp. 263-284.

Hardin, Garret (1968), "The Tragedy of the Commons," *Science*, Vol. 162, No. 3859, pp. 1243-1248.

Mason, M. (2007). *Environmental Democracy*. New York: St. Martin's Press.

National Intelligence Council(2021). *National Intelligence Estimate (NIE) – Climate Change and International Responses Increasing Challenges to US National Security Through 2040*, October 21, 2021.

Paterson, Matthew (2013). "Green Politics," in *Theories of International Relations*. Scott Burchill, Andrew Linklater, et al (eds.) New York: Palgrave Macmillan, pp. 260-283.

Stevenson, H. and Dryzek, J. S. (2014). *Democratization Global Governance*.

Cambridge: University of Cambridge Press.

UNDP (1994), *Human Development Report 1994*. New York: Oxford University Press.

蔡育岱（2021），〈美中氣候議題互動與未來合作可能性：COP26後美中競合下的臺灣參與〉。《遠景論壇》，第100期，頁1-4。

蔡育岱、熊武（2010）。《國際關係之理論與實際》，臺北：鼎茂出版社。

蔡育岱、熊武（2010）。《國際法之延續與變遷（二）當代公法》，臺北：鼎茂出版社。

蔡育岱、譚偉恩（2007）。〈再思人類安全研究〉，《淡江人文社會學刊》，第32期，頁56-75。

蔡育岱（2014）。《人類安全與國際關係：概念、主題與實踐》，臺北：五南圖書。

魯皓平（2020）。〈地球真的變美了！10張照片揭開病毒肆虐後的乾淨變化〉，《遠見》，2020年4月22日，https://www.gvm.com.tw/article/72301。

譚偉恩（2020）。「全球環境政治」，收錄於張亞中、張登及編，《國際關係總論》，臺北：揚智出版社，頁489-520。

第九章

全球化與區域化

楊昊（政治大學東亞研究所）

一、前言

　　長期以來，全球化與區域化儘管被視爲是兩種不同的概念，但二者卻是殊途而同歸的跨國力量（transnational force），不僅超越國家疆域的實體侷限，更透過資本、科技、通訊、資訊、人員流通與知識分享的串連與交換，形構出超國家的競合網絡與各種型態的共同體。這也使得全球化與區域化的效應，無論對於語言文化積澱的衝擊、政治經濟結構的改造、社會發展路徑的形塑，以及戰略安全環境的挑戰等，都具有無遠弗屆的影響力。

　　在2023年的今天，因爲中國新冠肺炎疫情的全球擴散對於人類社會的運作秩序已經造成嚴峻的衝擊，這也再度證實了全球化正無聲無息地存在於你我身邊，全球化不只帶來正面的收益，也形成了各種新的威脅與挑戰，也隨時可能改變我們所習慣的日常生活。除此之外，自2022年起突如其來的俄羅斯入侵烏克蘭戰事，影響範圍不僅限於兩國境內，更擴大到歐洲區域，而烏克蘭特有的資源與礦產如半導體製程中的稀有金屬與惰性氣體更一度造成了全球供應鏈的危機，因而也成爲及時觀察區域化與全球化的最佳例證。

　　對於當代國際關係研究而言，全球化與區域化更是全球政治的重要環節。有鑒於此，本章將從「何爲全球化？」與「何爲區域化？」兩項提問著手，探討全球化與區域化的定義、圖象，並且聚焦在兩者於亞太地區的運作邏輯。本章分爲五個部分，第一節將由定義與概念切入，引介當前國際學界對於全球化及區域化的定義與概念，並提供對應的實際發展經驗作

為參照。

　　第二節將以「連結」（connectivity）作為探討全球化與區域化銜接網絡的核心概念，呈現具體觀察全球與區域連結的實際面向，其中包括了硬體的連通、制度的連接、人員的聯繫以及理念的連動等四項特徵。同時，本節亦將呈現三波區域主義的發展邏輯，以進一步呈現整合運動的驅力與形式。

　　第三節將以亞太區域為例，具體呈現其作為「複雜適應體系」（complex adaptive system）的五大特色及其發展情況，包括了包容開放性、多重身分、多元趨力、非正式性，以及鬆散的政府間主義合作關係等。除了概念上的討論，本節亦將提供東南亞、東亞與臺灣的在地經驗作為對照，分析亞太經驗的具體意義。

　　最後，本文第四節將以全球化與區域化脈絡對於臺灣的影響為關注，特別分析全球化與區域化對於臺灣的機會與挑戰，以及臺灣如何強化自身參與全球發展與區域深耕的角色與戰略。本章也將特別分析當前因為武漢肺炎疫情的全球爆發所產生的新型態威脅的全球化，它將造成人類社會運作秩序的衝擊與結構性改變，特別在疫後時代，我們將面臨新的生活型態。當下臺灣發展的新南向政策（New Southbound Policy）正是國家結合產業界、政府部門與公民社會的多重連結，也是加強臺灣對於區域共同體建構計畫的回應舉措。在疫後時期當全球與亞洲區域的政治、經濟、社會與文化因為全球疫情而陷入更脆弱的情勢，在更需要各國建構通力合作關係的當下，台灣的新南向政策若能持續深耕，並且結合台灣的防疫、疫後治理經驗，將會對區域與全球的發展造成極為重要的貢獻。

二、全球化與區域化：定義與概念

（一）全球化的新面貌：柔性與剛性的雙重內涵

　　隨著科技的進步與經濟活動的跨國擴散，**全球化**（globalization）自1970年代開始受到各界的關注。有不少研究者以「時空壓縮」的意象

（time-space compression）
來描繪因傳播科技進步消
弭國家疆域的侷限，進而
帶來的世界改造與關係變
革（Harvey, 1990）。經過
四十年的發展，全球化早已
滲透並深植人們的日常生
活。全球化的正面作用，造
就了無疆化（borderless）的
世界、資訊的跨國連結、促
進了經貿投資的自由流通、
同時也締造了資本市場的全
球改革。這些正面作用使得
人與人之間的距離，不再受
到地理因素的箝制而陌生或

寮國南娥湖畔的餐廳標示，中文、英文與寮文的
共同呈現，展現全球化的兼容並蓄。
圖片來源：楊昊攝影

疏遠。相較之下，全球化的負面作用更引起人類社會的焦慮，如全球氣候
變遷對於各國社會的嚴重衝擊、全球金融危機對於各國政經體制的嚴峻挑
戰、甚至經濟全球化的快速發展更加劇了已開發國家與發展中國家的南北
衝突。

　　正當全球各國面臨到共同的挑戰，諸如社會發展、政治轉型、氣候
變遷與經濟危機等，據以累積的休戚與共關係及能量，在人類社會中已
然形塑新的全球風險社會（global risk society）（Giddens, 1999）。我
們可以進一步從兩個角度來探討全球化的實貌。首先，**柔性的全球化**
（soft globalization）滲透在街頭巷尾的飲食與流行文化（如McDonald、
Starbucks）、資本主義思想的實踐與抵抗（如全球電商網絡的崛起、關於
生產與剝削的反全球化浪潮的再擴散），以及各種資通訊科技與媒體的應
用（如Apple、Facebook、Google、Instagram等）中，這些都是以人（或
使用者）為中心，進一步感受全球化存在或實踐全球化樣貌的具體內容，

同時早已「內建」於每一位全球公民的基本能力中。

相較之下，**剛性的全球化**（hard globalization）則涉及到硬體基礎建設的連結、全球體系中的國家競爭關係與權力壟斷樣態、或者是如何管理全球化內涵的種種治理（governance）舉措等。這些包括了武器軍售的全球流通、航道自由的全球實踐、或者是各種涉及到全球環境、公共衛生與跨國傳

日本對於發展中國家的投資與全球布局，透過政府開發援助的方式推動重要基礎建設投資與興建計畫。
圖片來源：楊昊攝影

染病（如新冠肺炎疫情）、金融、匯率、進出口貿易等議題的管制標準與制度設計、以及各種科技產品與天然資源的供應鏈等。這些都是以國家或機構爲中心，透過嚴謹的協商與談判所建構出的全球規範與制度網絡。

人們或許會感到好奇，全球化是否由具備絕對優勢的大國所獨享？又或者所謂的全球化就等同於遂行大國利益的「大國化」甚至是「美國化」、「中國化」、或者是「日本化」（Beck, Senaider, and Winter, 2003）？不可諱言地，大國挾著權力資源的優勢，具有領銜或改變全球體系的意願與能力，但全球化時代的發展議程並非唯大國所操控。諸如中小型國家、多國企業（MNCs）、非政府組織（NGOs）與公民社會都扮演了不可或缺的參與者與推手角色。舉例來說，KOF全球化指數（KOF Globalization Index）是當前國際間最具代表性的全球化觀察指標之一，它根據經濟、社會與政治三個面向所設定的多重指標，試圖測量全球207個國家或地區的全球化程度（請參照表9-1）。

在表9-1中，我們可以發現於2017年全球化指數最高的幾個國家，並非美國、中國或者是俄羅斯，而是荷蘭、愛爾蘭與比利時（美國僅排名

27）。在經濟全球化指數排名前三的國家，是新加坡、愛爾蘭、盧森堡（美國排名54）。在社會全球化指數最高的三個國家則是新加坡、瑞士及愛爾蘭（美國排名30），而法國、義大利以及比利時是政治全球化程度最高的國家（美國排名19）。

表9-1　2017年各國全球化程度比較：KOF全球指數的對照

全球化指數		經濟全球化		社會全球化		政治全球化	
國家	指數	國家	指數	國家	指數	國家	指數
荷蘭	92.84	新加坡	97.77	新加坡	91.61	法國	97.29
愛爾蘭	92.15	愛爾蘭	94.65	瑞士	91.13	義大利	97.25
比利時	91.75	盧森堡	94.06	愛爾蘭	90.99	比利時	95.79
奧地利	90.05	荷蘭	93.06	荷蘭	90.71	瑞典	95.56
瑞士	88.79	馬爾他	91.74	奧地利	90.62	荷蘭	95.41
丹麥	88.37	比利時	90.08	比利時	90.34	西班牙	95.23
瑞典	87.96	匈牙利	88.75	波多黎各	89.98	奧地利	95.15
英國	87.26	阿拉伯聯合大公國	88.06	加拿大	89.22	英國	94.67
法國	87.19	模里西斯	88.01	丹麥	87.54	巴西	94.30
匈牙利	86.55	愛沙尼亞	87.54	賽普勒斯	87.17	瑞士	93.40

資料來源：http://globalization.kof.ethz.ch/media/filer_public/2017/04/19/rankings_2017.pdf.

（二）區域化的新格局：多元並進的區塊世界觀

　　相較於全球化的進展，遍布在全球各洲的區域合作計畫早已深耕多年，相關區域合作計畫的運作有三個目的：第一，推動區域內部的和平與穩定，也就是降低衝突與避免非預期戰事的爆發；第二，致力於區域經濟的交流、發展與整合，也就是促進各國的共享繁榮與願景；第三，建立區

域性的國際組織或制度化的合作平臺與架構，特別是建立超國家機制或各種政經安排。

　　在二十世紀，國際間最受矚目的區域合作計畫，是在1957年由西歐諸國所啟動的歐洲整合系列方案。到了2017年的今日，歐洲整合進程已超過六十年。自《羅馬條約》開始的六十年裡，歐洲經歷了共同體建構的多重階段，如歐盟（the European Union）的建成、歐元（the Euro）的落實、歐洲憲法的討論，以及英國脫歐所帶來的挑戰，早已成為全球其他區域參照或仿效的對象。

　　在歐洲以外的其他區域，亦不乏深受歐洲經驗所影響的區域集體努力，有的致力於建立共同市場，有的則是希望能深化區域合作的制度性網絡。舉例來說，譬如，東南亞國家協會（Association of Southeast Asian Nations, ASEAN）、亞太經合會（Asia-Pacific Economic Cooperation, APEC）、中美洲共同市場（Central American Common Market, CACM）、南錐共同體（Mercado Común del Sur, MERCOSUR）、南部非洲發展共同體（Southern African Development Community, SADC），以及西非經濟暨貨幣聯盟（Union Economique et Monétaire Ouest-Africaine, UEMOA）等。這些持續累積的合作經驗，突顯了區域合作（regional cooperation）、區域整合（regional integration）以及區域化（regionalization）的具體實踐，甚至形成了各具特色的區塊世界觀（a regionalizing world）。

小知識　歐盟與東協的比較

歐洲聯盟的運作基礎為超國家主義（supra-nationalism），最大的特色在於複雜且高度法制化的超國家體制，包括歐洲議會、執委會等重要機制。相較之下，東協儘管在2015年底已經建成東協共同體計畫，但實際上仍採取相對鬆散的政府間合作架構，與歐盟的超國家主義體制截然不同。

　　從概念上來看，區域合作、區域整合與區域化是當前區域主義（regionalism）的主要構成內容。傳統上而言，區域合作與區域整合是以國家或政府作為主要行為者，分別自上而下地推進政府主導的國際合作與政府領銜的跨部門合作。兩者的差別在於，區域合作關注跨國合作的結果，儘管不一定會以建構超國家體制為目的，但卻會透過明確的功能性或議題性的合作，完成條約、協定以及各種區域安排；而區域整合則是由兩個以上的國家建立（準）區域層次的經貿、市場、社會、或政治的區域制度與法律架構，進而強化成員國的共同體意識與夥伴關係。相較於區域合作與區域整合，區域化則是採取自下而上的運作邏輯，由私部門、企業、特定團體等來自於公民社會的多元行為者，連結政府、並促進跨國的合作

表9-2　區域合作、區域整合與區域化的概念對照

	區域合作	區域整合	區域化
主要行為者	國家	國家	多元行為者
形式	政府主導的國際合作	政府領銜的跨部門合作	以私部門、企業網絡、公民社會團體等促成的跨國網絡與過程
途徑	政府間自上而下	政府帶動民間自上而下	民間連結政府自下而上
導向	結果論	二元論	過程論
目的	不見得以建構超國家體制為目標，但透過特定議題領域的合作，累積共識，達到制度成果	由兩個以上的國家共同建立（準）區域層次的經貿、市場、社會或政治的區域制度與法律互動關係，進而強化成員間的共同體意識	從狹義的市場經濟網絡與產業鏈結的建立，擴大到政治安全、經貿投資與社會文化的共同體發展圖象
成果	條約、協定或各項區域安排	共同市場、關稅同盟或區域共同體	從經濟到整合性的共同體

資料來源：作者製表，修改並參考自Liu and Régnier（2003: xvi-xviii）。

網絡與整合過程。區域化最早是用來說明跨國經濟網絡與產業價值鏈的跨國連結，到目前為止也逐漸擴大到政治安全、經貿投資與社會文化的共同體發展圖象。

值得一提的是，早期的區域主義，關注的是國與國之間在經貿與投資領域的跨國合作計畫；不過，隨著國與國之間的彼此需求與集體利益的逐漸增長，包括政治穩定、社會發展、環境永續等領域的議題，也逐漸納入區域共同體的藍圖與具體行動計畫，進而促成區域主義的動態演化。

三、從全球到區域的整合運動：特色與形式

（一）特色：以「連結」建構銜接網絡

1648年的《西伐利亞條約》（Treaty of Westphalia）奠定了主權國家體系的運作邏輯，同時也進一步規範國家之間歷經數百年的獨立且自主的互動模式（如圖9-1的a）。當代的全球化與區域化的發展，同樣是立基在西伐利亞主權國家體系上，兩者都是透過實體或虛擬的跨國連結

圖9-1　主權國家體系、區域化與全球化

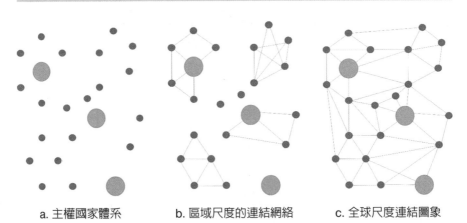

a. 主權國家體系　　　b. 區域尺度的連結網絡　　　c. 全球尺度連結圖象

資料來源：作者自繪。

（transnational connectivity），建構穿越國界的銜接網絡，重新設定或滿足供給與需求的平衡關係。譬如，全球化展現在航運、經貿、商業、政治、社會、文化與日常生活中，以全球為尺度，將一致性與整合性的理念與連結普遍擴散（如圖9-1的c）。譬如，全球資通訊產業的生產及供應鍊、全球工商標準（ISO）的普遍化、或者是聯合國（UN）與世界貿易組織（WTO）對於各種發展議題的深切影響力。而區域化的發展，則是聚焦在特定地理區域內的跨國、跨社會合作，甚至進一步將區域尺度的合作與連結關係，轉型成共同體的整合（如圖9-1的b）。譬如，以提升亞太經濟體的貿易便捷化措施及強化經濟競爭力為目標的各項區域經貿合作計畫等。

　　促成全球化與區域化現象中的「跨國連結」，至少具有四種特徵：第一，**硬體的連通**（physical connectivity），也就是交通、網絡、電訊、能源等基礎建設網絡的搭建，其特色是各種實體可見、便利生活的連結，但這需投入大量資金與資源來開發與維繫。特別是在亞洲，整體基礎建設的需求市場高達8兆美元之多（Asian Development Bank, 2017）。硬體的連通具有特別的戰略意義，舉例來說，全球第一條海底電纜是在十九世紀中期於法國與英國之間建立，隨後包括跨大西洋、跨太平洋的海底電纜，陸續成為全球與跨國傳輸能源與電信的關鍵架構。在個別的區域裡，硬體的交通運輸網絡，被視為是促進區域主義發展的重要基礎。譬如，泛亞鐵路（Trans-Asian Railway, TAR）的理念在1950年代浮現，試圖連結全球最大陸地板塊的歐亞大陸；自此之後，在中亞、東南亞、南亞等區域開始發展各自的對應開發計畫，各國也積極規劃並建設國內運輸網絡，使得泛亞鐵路更加完整。近年來，日本的新東京戰略（New Tokyo Strategy）與中國的一帶一路（Belt and Road Initiative）戰略倡議，都是投入大量資金與資源，協助域內鐵路擴展的重要利害關係方。

　　第二，**制度的連接**（institutional connectivity），也就是國家與區域或全球規範的對應銜接與調適的情況，其特色是各類複雜的法律與制度規範應運而生，這些新的設計與應用都需仰賴國際協商與談判來完成。舉例

來說，全球或區域架構內的自然人（natural persons）移動，牽涉到獨立專業人員、履約人員、商業訪客或者是跨國公司內部調動人員等在身分認定、學經歷或契約認許方面的標準與制度規範問題。這些都是因應實際需求所發展出的全球制度安排與規範，除了在世界貿易組織的架構下，在各別區域的自由貿易協定（FTA）中，也含納了關於自然人移動的定義、類型與管理措施專章。另一個制度連接的區域實踐例子，即歐盟申根區的共同國界管理規範。只要有國際訪客申根簽證（Europe-Schengen Visa），便可在歐盟申根區中的個別國家之間自由移動，穿越邊境無須受檢。相較之下，深受歐盟經驗啟迪的東協，仍未發展出完整版的單一簽證計畫。

儘管如此，東協開始推動次區域先行的單一簽證制度，即「伊洛瓦底江、湄南河、湄公河經濟合作策略單一簽證」（ACMECS Single Visa），這個計畫開放全球35個國家的公民。譬如，若有國際訪客前往相關區域，便可藉由單一簽證同時至泰國與柬埔寨旅行。

第三，人際的聯繫（human connectivity），也就是跨國民間團體、公民社會組織、企業網絡等基層社會的交往，其特色是各種團體與多元管道的交流，超越政府間互動的彈性與能量。舉例來說，在教育全球化的議題領域中，世界大學

橫跨寮國、泰國與緬甸的金三角地區有著豐富的人文地景與頻繁的跨國交通網絡。
圖片來源：楊昊攝影

排名（QS World University Ranking）每年所釋出的排序情況，深受國內外高等教育機構的關注。其中，關於學術表現的相互評鑑、國際生與國際教職員的比例等，反映出機構的全球聲望、專業教研人員的聲譽，以及師生的國際多樣性等人際聯繫，也成為評比的判斷依據。另外，在區域層級方面，儘管臺灣與東南亞國家並沒有正式的外交關係，但我國在印尼、越南、泰國、緬甸、馬來西亞、新加坡、菲律賓與汶萊等國均設有駐外館處，不僅協助雙邊非正式與政府關係的維繫與開展，同時也促進民間社會的交往與合作，降低了外交困境對臺灣參與東南亞區域化過程的影響程度。在2017年上半年，泰國來臺旅遊人數較前一年相同時期成長超過八成，人際的聯繫帶動了觀光產業、航運交通、以及雙向在地經濟的發展，成為自下而上促成區域化的重要動力。

跨國連結的最核心特徵，在於**理念的連動**（ideational connectivity），這是促進全球化或區域化的核心信念，也是爭取認同的核心價值。舉例來說，比特幣（Bitcoin）被視為是當前全球化的最新趨勢，它同時代表著虛擬貨幣與新一代電子計價系統理念的普遍化，形成超越主權貨幣的新體系。儘管某些國家仍限制使用比特幣，但挖礦運動（mining）的全球熱潮，早已穿越國家的藩籬。儘管如此，比特幣的運作理念甚為新穎，再加上外界對於關鍵技術仍缺乏了解，這也連動造成了在全球各地的種種交易詐騙案例。另外一個理念連動的經驗，與區域層次的共同體發展邏輯密切相關。亞太區域近年來出現各項共同體論述，除了已經制度化的東協共同體（ASEAN Community），包括正在醞釀的亞太共同體（Asia-Pacific community）及東亞共同體（East Asian community）等，相關理念、構想與論述，牽涉到國際權力政治的角力關係，以及大國追求區域領導權的競合實踐。甚者，各個共同體理念也與區域組織的發展與運作的正當性緊繫，如東協所建立的以民為本（people-centered）、以民為導向（people-oriented）的東協共同體，便是回應域內衝突與區域共榮願景的具體行動；而亞太經合會則是期望透過亞太自由貿易區（FTAAP）的建立來打造亞太共同體；中國、日本與韓國三強對於東亞共同體與《中日韓自由貿

易區》（CJK FTA）的建構又各有所圖。

上述四個特徵說明了「跨國連結」涉及到不同的議題，同時有不同的形式存在。而連結的深化與擴大，更將凝聚超越國家疆域的多元合作能量，有助於推進全球化與區域化的發展。

（二）形式：整合運動的驅力

從二十世紀迄今，全球化進程從未停滯，儘管有部分輿論認為世界貿易組織的杜哈會談陷入僵局，意味著全球貿易制度化合作的進程延宕，也代表了全球化面臨強大的逆襲而受挫。然而，自由貿易談判的停滯僅是全球化發展的片段，儘管如此，它間接突顯了兩個重要的命題。第一，隱藏在發展落差中的權力政治，決定了資源分配的體系以及全球遊戲規則的設定。第二，由於經貿合作的制度化無法在全球尺度大規模推進，這也使得相對規模較小、以鄰近地緣政經利益為聚焦的區域主義正快速崛起，同時在各個區域內持續深耕。前述第一項命題，彰顯了大國（特別是霸權國）的重要性，特別是大國對於集團的影響，以及大國面對不對稱權力關係時所代表的角色與驅動能量；而第二項命題則反應不同區域中的整合運動，將會透過區域合作、區域整合與區域化等過程，發展出截然不同的形式、願景以及共同體的架構與實踐計畫。

環顧二十世紀以降的區域主義發展情勢，可以發現其中存在三波浪潮，第一波區域主義源自於歐洲經驗，聚焦於歐洲整合的生成動力與超國家共同體計畫的發展。自1950年代起的此波區域主義，具有封閉區域主義（closed regionalism）特色的「對內」政治與整合關注。以國家或政府為主要推手的歐洲整合運動，決定了社會與人民的需求以及未來建構區域合作與區域整合的方向。如圖9-2所示，作為國家領導人或政治菁英（E1、E2、E3、E4、E5），彼此之間所構成的合作網絡，成為推進國家參與區域合作與區域整合的核心驅力，進而自上而下地擴散到公民社會（如C1、C2、C3、C4、C5）。歐洲經驗所代表的傳統區域主義，目的在降低區域內的經貿障礙與市場壁壘，並且建立縝密的政治與制度連結，進一步

圖9-2　區域主義的發展圖象

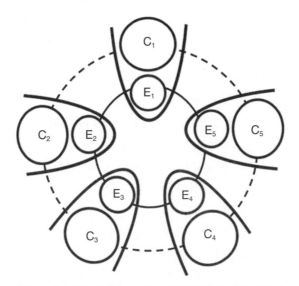

說明：E代表國家菁英；C代表國家公民社會；每一個國家分別由E與C所組成。
資料來源：作者自繪。

形成符合超國家主義精神的歐洲共同體。

　　第二波區域主義的發展則展現出不同的風貌。在1980年代中期以降所形成的開放性區域主義（open regionalism），被視為是新的典範。原有的封閉區域體系隨著多元行為者的出現與串連（如圖9-2中的公民社會C1、C2、C3、C4、C5），建立起豐富多元的聯繫孔道，促成了跨區域之間的連結，也形塑出全球與區域的多樣銜接。儘管國家與政府仍扮演重要角色，但有更多來自於民間社會的驅力，打造出新型態的互賴需求與連動關係，藉由區域化的路徑，影響國家與政治菁英的決策。新型態區域主義的發展，開始強調「對外」多元連結，包括與域外國家的合作、跨區域的對話與協力，以及區域與全球的鏈結等（Söderbaum and Shaw, 2003）。譬如，1989年成立的亞太經合會，便是具有開放性區域主義的國際建制；另外，東協自1990年代開始強化對話夥伴關係的合作，建構出東協加三

（ASEAN Plus Three, APT）、東協區域論壇（ASEAN Regional Forum, ARF）、東亞高峰會（East Asia Summit, EAS）、亞歐高峰會議（Asia-Europe Meeting, ASM）等機制，正是此波區域主義的制度產物。

　　第三波區域主義的發展，出現在二十一世紀的第一個十年裡，並且持續深化到今天。這個時期的區域主義不僅在地緣政經架構上具備「區域以上、全球未滿」的鉅型區域主義（mega regionalism）特色（Plummer, 2016: 266-268），並且充滿戰略意涵。這一波最新的區域主義可被稱為戰略區域主義（strategic regionalism）的特色，在具體運作過程中至少包含兩個特徵：第一，在地理範圍上至少跨越一至兩個區域，帶有開放性區域主義的內容，同時也是銜接傳統區域合作與全球化進程的介面；第二，在這一波戰略區域主義的形塑與運作過程中，可清晰反映出隱藏在全球經貿體系裡的大國角力。這個時期的戰略區域主義具體的經驗參照，包含了由美國所主導的跨太平洋夥伴關係（Trans Pacific Partnership, TPP）、東協成員推動的區域全面經濟夥伴關係（Regional Comprehensive Economic Partnership, RCEP）以及美國與歐盟共同磋商的跨大西洋貿易及投資夥伴協議（Transatlantic Trade and Investment Partnership, TTIP）等。另外，由美國、日本、印度等亞太大國所倡議的「印度太平洋」（Indo-Pacific）戰略布局理念，更呈現出另一波對應中國大陸崛起及其對周邊腹地之間的戰略競爭關係。

小知識　TPP與RCEP

TPP（跨太平洋夥伴關係）原本稱之為P4，於2005年由智利、紐西蘭、汶萊與新加坡所發起，在加入美國之後，迅速成為亞太地區最重要的自由貿易合作架構。不過，2017年美國川普總統宣布退出協商，使得TPP的未來充滿變數，不過，隨後在日本的積極推動下，TPP11成員國於越南峴港APEC領袖會議期間發表聯合聲明，並將TPP更名

為「跨太平洋夥伴全面進步協定」（Comprehensive and Progressive Agreement for Trans-Pacific Partnership, CPTPP），並於2018年完成簽署，並於同年生效。CPTPP除了創始成員外，也陸續有新遞交之申請案，包含了英國（2021年申請，現已獲同意加入）、中國（2021年申請）、臺灣（2021年申請）。RCEP（區域全面經濟夥伴關係）為東協自2011年所發起並且於2012年起正式進入談判，並於2020年完成簽署，2022年1月對完成批准的成員生效。

四、亞太經驗：特色與演進

　　歐洲整合運動乃是希望能協助各國掙脫無政府組織的困境，並且追求和平與穩定發展的願景，進而建立一個具備統合性與超國家機制的區域共同體。這種「想像中的跨國和平工程」在全球其他區域逐漸發酵，同時，隨著區域合作與整合過程出現各種新的挑戰與共同問題，也迫使區域成員不得不思考如何透過細緻、繁瑣的制度設計、政策協力機制，發展出一套有效且符合在地需求與社會文化脈絡的區域治理模式。

　　在亞太區域中，從冷戰迄今的區域主義至少具有下列五種特色：包容開放性、多重身分、多元趨力、非正式性以及鬆散的政府間主義合作策略。值得注意的是，以上六種特色自冷戰迄今隨著域內政經社會情勢的變革而持續演進。

（一）包容開放性（inclusive openness）

　　亞太經驗的發展，在包容開放性方面具有兩項意涵：第一，在地緣政治範疇內漸進吸納成員國的加入；其二，除了對內的漸進發展，區域合作與整合的議程也開放域外勢力的參與及合作。舉例來說，針對東南亞本土萌生的區域主義，早在1967年，由泰國、印尼、馬來西亞、菲律賓與新加坡五國於曼谷簽署《東協宣言》（ASEAN Declaration），正式成立東協。隨後，東協組織的擴大納入了更多的陸地東南亞國家作為正式成員，

直到1999年汶萊、寮國、越南、緬甸與柬埔寨的陸續加入，東協代表的「東南亞」也更具完整性。除了東協內部的整合，該組織也透過對話夥伴關係（dialogue partnership）的規劃，納入域外強權的參與及支持，如中國大陸、日本、歐盟、美國等，不僅是支持東協共同體的重要力道，同時也被視爲是具體鞏固東協核心地位（ASEAN Centrality）的大國勢力。

　　除了東南亞，亞太的鉅型區域主義也具有包容開放性。譬如，在區域組織方面，自1966年成立的亞洲開發銀行（Asian Development Bank,

湄公河金三角地區的東協經濟體標示。東協經濟體所造就的整合圖象，在跨境區域中更能觀察到彼此的交通網絡與經貿連結。

圖片來源：楊昊攝影

ADB）目前有67個成員國。其中，包括48個在亞太區域的國家，以及其他如奧地利、比利時、美國、英國等域外大國，這也說明了區域組織的開放包容性的特色。另外一個例子是跨太平洋夥伴關係，早在2005年5月成立之初，僅有汶萊、智利、紐西蘭與新加坡四國（當時稱爲P4）參與。隨後美國加入，在歐巴馬政府時期將跨太平洋夥伴關係打造成亞太再平衡戰略（rebalancing strategy）中的重要區域經濟架構，大幅強化跨太平洋夥伴關係的戰略地位，使得澳洲、秘魯、越南、馬來西亞、墨西哥、加拿大與日本均簽署了相關協定。儘管美國川普總統在2017年簽署行政命令，正式退出相關協議，但在日本的持續支持下，新型態的跨太平洋夥伴關係（TPP-1）仍持續受到各界的矚目。特別在2017年亞太經合會非正式領袖高峰會期間，新的「跨太平洋全面進展夥伴關係」（CPTPP）的宣示，重啓區域自由貿易的新議程，這不只試圖沖銷美國退出相關協議的政治後座力，同時也藉著日本領銜能量的再強化，深化「全面」、「進展」理念在亞太地區的制度架構，讓區域內進階經貿合作的願景得以持續。

（二）多重身分（multiple identities）

　　亞太作爲一個區域，被視爲是一個「複雜適應體系」（complex adaptive system），其中不僅存在大小不一的個體（譬如，國家與其他行爲者），透過個體間的自我組織與共同演化，以及與環境間的互動，進而呈現出新生的活動型態與制度安排，還有各式各樣的連動關係（鄭端耀，2015：32）。很明顯地，亞太區域從冷戰時期即發展出多元的區域進程，含納了各種區域合作的機制、區域整合的架構、以及各種共同體的建構計畫。

　　亞太區域內的許多國家同時是上述機制、架構、組織與共同體建構計畫的成員。特別是權力資源相對不足的中、小型國家，更積極參與區域與全球進程，藉以確保國家利益不會被邊緣化或爲強權政治的角力所犧牲。譬如，東協十國同時是東協區域論壇、亞太經合會、亞洲開發銀行、東亞高峰會、東協區域全面經濟夥伴關係，以及聯合國的成員。儘管前述由區

域朝鉅型區域與全球體制發展的機制，尚無法如歐盟整合運動所醞釀生成的層疊型區域主義（nesting regionalism）般，建構出具有層級制的超國家體制；不過，成員國在涉入、參與及支持前述進程的身分，確實進而造成了至少三個層次的共同體認同，即東協認同（ASEAN identity）、東亞認同（East Asian identity）與亞太認同（Asia-Pacific identity）。

這裡所提到的東協認同，是以東南亞爲範疇，以東協爲架構，透過集體成員國之力打造東協共同體的區域意識，具體反映在東協政治安全體（ASEAN Political Security Community, APSC）、東協經濟體（ASEAN Economic Community）、東協社會文化體（ASEAN Socio-Cultural Community, ASCC）等支柱的藍圖規劃與行動計畫上。東南亞國家得以藉由這些規劃與行動，發展各式連結，促成以共同體爲目標與架構的穩定發展圖象。相較之下，東亞認同與亞太認同則對應了中國、日本、美國等區域大國的勢力範圍，以及這些主要大國對於周邊中、小型國家的威脅、利誘與說服策略，進而發展出具有共同戰略利益的集體合作過程。對照東協認同的具體內容與實踐計畫，東亞與亞太認同仍相對模糊。

（三）多元驅力（multiple driving forces）

亞太區域主義的趨力，除了早期由各國政府所推動的傳統區域主義型態之外，有更多來自於民間社會的跨國網絡。由跨國網絡所打造出的合作關係與區域化進程，自下而上地成就出亞太經驗的特色。其中，產業、投資與移民，是當前最重要的三股驅力。

產業的鏈結代表的市場與生產網絡的擴展，就此，由日本所領銜的區域化經驗，值得深思。舉例來說，日本在東南亞的產業布局，其實是太平洋戰爭之後的戰債清償產物。自1940年代中期以後，日本開始提供東南亞國家各式賠償與經濟援助，包括代爲生產商品的勞役、商品的賠償，以及有償與無償貸款及經濟援助等，迅速成爲日本深化與東南亞在地網絡的關係、進而轉譯成對日本經濟依賴的具體作爲。當然，1970年代末期的福田主義（Fukuda Doctrine）更強化了日本與戰後東南亞的緊密連結，特別是

誠心外交（heart-to-heart diplomacy）的展現，使得東南亞社會與人民對於日本過去的軍國主義形象有截然不同的態度。日本的中小型企業、大型產業在東南亞的布局，從製造業的發展轉向服務業的推進，結合政府的系統性支持，攜手與東南亞國家共同發展成極具競爭力的生產網絡與價值鏈，成為由日本領銜區域產業網絡與合作的重要趨力。

小知識　日本的福田主義

1977年，日本總理福田赳夫在菲律賓馬尼拉提出新的外交原則，強調日本將跳脫軍事大國的過去包袱，並致力於東南亞與世界的和平與繁榮。同時，誠心外交的推動將是建立日本與周邊國家信賴關係的重要基礎。最後，日本將秉持一致平等的立場，加強與東協國家的合作，促進東南亞的和平與繁榮。

　　第二股驅力是投資的區域化，中國的經驗是最重要的案例。隨著中國的快速崛起，由第五代領導人習近平自2013年起所推進的「一帶一路」戰略倡議，就是藉由基礎建設工程的大量投資，建立起新的供需網絡。一帶一路含納了兩個路徑，分別是絲綢之路經濟帶與二十一世紀海上絲綢之路，分別由中亞與東南亞作為起點，包裹整個亞洲大陸與沿海地區的運輸基礎建設網絡，並且以開發經濟走廊為目的，建立起有利於中國崛起的發展腹地。這種由投資帶動經濟合作的布局，將藉由滿足在地發展的需求，形塑出與日本經驗截然不同的區域化過程。

　　除了前述的產業與投資等經濟層面的影響力，人際交流的移民也被視為是促成亞太區域主義的要素，而臺灣的經驗尤其值得一提。臺灣並非東協的成員國，由於兩岸關係的侷限，臺灣未能與鄰近東協國家保有正式外交關係。不過，外交與政治的困境並未限縮臺灣與東南亞社會及人民的密切往來與交流。舉例來說，臺灣有數千家的臺商於東南亞十國長期深耕，

成為促進各國國家發展與在地經濟轉型的重要力量。而臺灣目前亦有超過15萬來自越南、印尼、泰國、柬埔寨等東南亞國家的配偶，他們除了具有新住民身分，與國人共組家庭孕育的第二代，也形成「東南亞在臺灣」的社會、文化甚至是血緣連結，並且成為驅策政府更積極參與與融入東協及亞太區域主義的關鍵動力。

（四）非正式性（informality）

為什麼非正式性對於亞太國家在推動區域整合過程這麼重要？箇中關鍵與各國對於「舒適度」（comfortable level）的認定與取決，也就是決策者與政治菁英對於即將推動或正在執行的區域合作與整合制度安排的可接受程度。特別是亞太主要大國之間長期受到領土爭端的牽制，互信程度不足，因此要建立正式的國際制度與政府間機構來推進區域整合，誠屬不易。為了滿足各國政治菁英對於相關倡議的可接受程度，如何透過靈活的變通途徑來促成官方（但非正式）的對話及會議、協定與安排，顯得相對重要（Liu, 2003: 20-21）。譬如，每年舉辦的亞太經合會領袖高峰會也被設定為非正式領袖高峰會，目的就是為了促進經濟領袖之間的相互理解與共識，進而以務實的政策宣示來推進區域合作與整合議程。

亞太區域主義的非正式性同時也展現在域內各種低調外交（quiet diplomacy）或第二軌外交（track II diplomacy）的對話與執行上。透過專家小組所形成的跨國知識社群（epistemic community），藉由針對特定議題與治理對策的溝通及腦力激盪，進而發展成非正式的共識與決議。此一共識或決議被提交到東協體系的運作過程中，成為影響決策者重要政策建議。特別像是東協智庫網絡（ASEAN-ISIS）與亞太安全合作理事會（Council for Security Cooperation in the Asia Pacific, CSCAP）就是展現亞太區域主義非正式性過程所啟迪的政策影響力之重要案例。

（五）鬆散的政府間主義合作策略（loose inter-governmental cooperation）

前述的特徵促使亞太區域主義採取鬆散的政府間合作策略來推進整合，這是一種為了確保國家主權、維繫國家利益、鞏固國家建構，而不得不從事的國際與區域合作策略，用以經營區域建構的策略。在亞太區域內，這種策略具備下列四個特色：第一，以特殊的「區域模式」來維繫區域內與國家內的穩定秩序與權力平衡，此一區域模式的淵源乃基於各國對主權與國家利益的堅持；第二，透過區域整合的立場，藉以厚植因應國際政治動態的能力；第三，藉由各種跨國方案的研擬，回應日趨多元的國際合作與區域整合需求，並具體強化國家與區域的競爭力；第四，把共同體願景的未來想像，當作現階段區域集體認同建構的根本，並據此強化跨國合作的實質推進（楊昊，2015：342-343）。此一策略將促成簡約制度化的網絡（minimal institutionalized network），以制度從簡、主權至上的區域建構邏輯，直到今天，隨著東協領銜的共同體發展計畫與對話夥伴網絡的持續擴展，鬆散的政府間主義合作策略與簡約制度化的網絡，仍是進一步推動亞太區域整合的主要原則。

五、結語：全球化與區域化脈絡下的臺灣對外關係

全球化與區域化並非兩股互斥的力量，在許多議題上更呈現出相輔相成的交互作用。而全球各個區域的區域合作與區域整合，促成了三波區域主義的發展，特別是近期的鉅型區域主義或戰略區域主義的進展，被視為是傳統區域主義與全球化的轉譯介面。不論是全球化或者是區域化，未來的發展趨勢將面臨到超越單一區域的大規模地理範疇、更廣泛的議題領域與更為複雜的利害關係網絡，這也使得落實全球治理與區域共同體的規範及政策，必須更為務實且彈性。

全球化與區域化兩大脈絡的交互影響，對於臺灣而言同時是機會也是挑戰。就機會面而論，在不同議題領域中的全球化與更為開放的區域化，

將得以連動臺灣的發展需求，將臺灣的參與與貢獻含納其中。另外，臺灣也可以藉由兩者的多元連結，獲得更豐富的宣傳及參與機會，傳遞臺灣的經濟與文化柔性實力（soft power），進而與全球平臺與世界接軌。舉例來說，2017年的世界大學運動會在臺北的成功舉辦，不只是運動賽事的全球化，更是宣傳臺灣文化、社會繁榮與經濟進步的重要活動。

相較之下，就挑戰面而言，權力政治仍是深刻運作與影響全球化與區域化的關鍵。特別是大國的角色、介入與影響，將具有更多的權重。舉例來說，從美國歐巴馬總統上任後推動的亞太再平衡戰略到川普新政府於亞太區域的可能部署；日本自 2010 年到 2012 年間所落實的「湄公日本行動計畫」（Mekong-Japan Action Plan 63），以及隨後的「東京戰略」（Tokyo Strategy）與2015年啟動的「新東京戰略」；印度在穆迪（Narendra Modi）政府上任後也開展了關注東亞與東南亞的「東行政策」（Act East Policy）；以及中國的關注於交通運輸基礎建設連結與整體開發布局的一帶一路戰略倡議等，這些都是將大國的戰略想像付諸實踐的具體布局與作為，同時也可能造成小國倡議區域合作或參與區域整合進程的戰略擠壓（楊昊，2017：124）。

作為全球地球村的一份子與負責任的區域利害關係國，臺灣的新南向政策（New Southbound Policy）採取結合產業界、政府部門與公民社會的夥伴連結，具體加強臺灣對於區域共同體建構計畫的回應舉措（行政院經貿談判辦公室／經濟部國際貿易局，2016：11-36）。新南向政策的落實，希望透過臺灣與東南亞、南亞及紐澳的經貿合作、人才交流、資源共享與區域鏈結，打造新的夥伴關係，主動改變臺灣被視為是「亞洲離島」的戰略困境。甚者，臺灣期望透過以人民為中心的多元連結，結合全球化與區域化的網絡，重新置入臺灣的能量與貢獻於大亞洲的發展脈絡中，賦予臺灣擴展對外關係更充沛的能量。

小知識 臺灣的（新）南向政策

臺灣的南向政策（Go South Policy）源自1994年李登輝總統任內，主要在於加強臺灣與東南亞國家之間的投資、貿易合作關係。隨後如陳水扁總統、馬英九總統等均關注東南亞與紐澳對於臺灣對外關係的重要性，因而延續南向的政策設計。在2016年蔡英文總統執政後，新南向政策成為臺灣發展區域鏈結與重新尋找有利國際戰略位置的重要政策。在蔡總統兩個任期內，新南向政策成果豐碩、蔡總統視其為臺灣的亞洲戰略，並置於臺灣印太戰略的核心位置。

　　二十一世紀的今天，思考全球化與區域化的概念、動力與發展必須跳脫純理論辯論的場域。循著全球歷史的變遷脈絡，對應著亞太區域發展的軌跡，我們將可從治絲益棻的區域圖象中重新概念化全球化與區域化的邏輯，進而重新確認其在當代國際關係理論系譜中的新在地座標。而新冠肺炎疫情的全球擴散也再度大規模的改變了人類生活的運作常態，各國邊境封閉與嚴格管制、國內大規模的封城計畫與管控，已然造成全球各國的經濟停擺、對政府治理與公衛體系信心不足的全球脆弱性，經濟學人雜誌更以肺炎疫情扼殺了全球化為專題探索（The Economist, 2020）。在個人層次方面，就連戴口罩與保持社交距離的做法，也都成為防疫新生活的全球新習慣。由此可見全球化正無聲無息的潛藏在你我的身邊，特別是跨國傳染病的全球擴散，我們更難獨善其身；在疫情仍方興未艾之際，國際社會都在尋找最佳範例（best practice）以形成新的國際典範協助各國度過難關，而在疫後時代，人們更需要攜手合作，適應因跨國傳染病疫情所影響與改變的各種政經與社會文化秩序。就此，臺灣作為全球與區域共同體的一員，長期在防疫與公衛治理的表現上備受各界肯定。在2020年上半年臺灣已經提供了各種公衛經驗、治理策略與第一線物資方面的協助，希望能為全球疫情治理的議程與合作架構貢獻己力。當然，在疫後時代，臺灣透過對國際發展的持續投入，以及深化既有的新南向政策以尋求與鄰近國家

及利害關係夥伴之間的新型態合作關係，將能有機會讓目前已嚴重受創的全球與區域治理赤字（global and regional governance deficit）藉由成功經驗的分享與共同合作的實踐來厚實亞洲區域化的調適與因應能量，並且逐步累積成善治（good governance）的全球參照。

推薦閱讀

1. Christopher M. Dent (2016). *East Asian Regionalism*. New York : Routledge.
2. Louis Brennan and Philomena Murray (eds.) (2015). *Drivers of Integration and Regionalism in Europe and Asia: Comparative Perspectives*. New York: Routledge.
3. Tanja A. Börzel and Thomas Risse (eds.) (2016). *The Oxford Handbook of Comparative Regionalism*. Oxford: Oxford University Press.
4. 楊昊（編）（2015）。《東亞的理論與理論的東亞》，臺北：洪葉文化。
5. 楊昊、陳琮淵（編）（2013）。《臺灣東南亞研究新論：圖象與路向》，臺北：洪葉文化。

參考書目

Asian Development Bank (2017). *Meeting Asia's Infrastructure Needs*. Manila: Asian Development Bank.

Beck, Ulrich, Natan Sznaider, and Rainer Winter (2003). *Global America? The Cultural Consequence of Globalization?* Liverpool: Liverpool University Press.

Giddens, Anthony (1999). *Runaway World: How Globalization is Reshaping Our Lives*. London: Profile.

Harvey, David (1990). *The Condition of Postmodernity: An Enquiry into the*

Origins of Cultural Change. Cambridge, MA: Blackwell.

Hsiao, Hsin-Huang Michael and Alan H. Yang (2022a). *The New Southbound Policy: Strategizing Taiwan's Warm Power*. Taipei: Taiwan-Asia Exchange Foundation.

Liu, Fu-Kuo and Philippe Régnier (eds.) (2003). *Regionalism in East Asia: Paradigm Shifting?* London: Routledge.

Liu, Fu-Kuo (2003). "East Asian Regionalism: Theoretical Perspectives," in Fu-Kuo Liu and Philippe Régnier, eds. *Regionalism in East Asia: Paradigm Shifting?* London: Routledge, pp. 3-29.

Plummer, Michael G (2016). "The TTIP, Mega-regionalism and Asia," in Sanchita Basu Das and Masahiro Kawai, eds., *Trade Regionalism in the Asia-Pacific: Developments and Future Challenges*. Singapore: ISEAS Publishing, pp. 256-272.

Söderbaum, Fredrik and Timothy M. Shaw (2003). *Theories of New Regionalism: A Palgrave Macmillan Reader*. Houndmills: Palgrave Macmillan.

The Economist. (2020). "Has covid-19 killed globalisation?" *The Economist,* May 14th, 2020, https://www.economist.com/leaders/2020/05/14/has-covid-19-killed-globalisation.

行政院經貿談判辦公室／經濟部國際貿易局（2016）。《新南向政策參考資料》，臺北：行政院經貿談判辦公室／經濟部國際貿易局。

楊昊（2015）。「共同體在東亞與東亞的共同體：簡約制度主義及其超越？」，載於楊昊（編），《東亞的理論與理論的東亞》，臺北：洪葉文化，頁331-358。

楊昊（2017）。「檢視臺灣的新南向政策：議程、網絡與挑戰」，問題與研究，第56卷第1期，頁123-143。

鄭端耀（2015）。「形塑中的亞洲國際關係型態：複雜區域體系」，載於
　　楊昊（編），《東亞的理論與理論的東亞》，臺北：洪葉文化，頁21-
　　44。

第十章

國別學派與非西方國際關係理論

張登及（臺灣大學政治學系）

一、前言

　　「國際關係」（international relations）古已有之，但國際關係學（International Relations）則是二十世紀以後的產物。尤其是「國際關係理論」，因爲當代社會科學被**經驗實證主義**（empirical positivism）強勢主導，使「理論」的定義被嚴重限縮，經過幾次所謂「理論大辯論」之後，似乎只有能夠提出可觀察、可操作、可度量的變數（variables），使變數間的關係形成明確可驗證的「假說」，適用這樣的研究流程和方法，才有號稱「理論」的資格。但是顯而易見的是，國際關係在西伐利亞條約簽署前就已存在千年，但限於不同時空環境，不同的國際關係事件和案例，所能提供的素材並不相同，未必能適用統一的「理論化」（theorizing）術語和方法來衡量。

　　而且更根本的是，這些事件和案例的當事者，未必與現代國際關係或外交學的專家一樣，用相同的眼光看待所處的世界。所以我們或許

簽署西伐利亞條約。

韓非是戰國末期強調經濟與軍事的現實主義思想家。

可以說霍布斯（Thomas Hobbes, 1588-1679）與韓非（281-233 BC）不是「政治科學家」（political scientists），但顯然不能說他們不是國際政治理論家（theorists）。這就使得擁有「可觀察、可操作、可度量」優勢得出的當代理論，在自稱具有普世效力的「主流理論」（例如本書前面幾章介紹的結構現實主義與新自由主義各流派）跨時空地適用時，經常導致不同的在地與歷史現實的扭曲，以及預測失誤。無怪乎有學者諷刺地指出，現代「國際關係」研究與其說是一個「國際性」學科，不如說是「美國的學科」。實際上關於兩極的穩定、霸權的公共財、區分國內／國外的層次分析與雙層賽局（又稱「博弈」），這些主流學派介紹的「事實」多半是來自美歐、特別是二次大戰以後美國的實踐，所以很像美國的網址不需比照各國標注國別tw、jp、gr、ru、uk、vn等等，現代的國關研究，也可以說主要是不帶國名的「美國學派」或至少是「西方學派」。一份2014年美國學者對全球國關學界的調查表明，有60%各國受訪學者同意美國正主宰全球國關研究，有達75%受訪者承認整個西方主宰了全球國關研究。但是這些成果是否完全適用於美歐之外、二戰之前，乃至十九世紀以前的國際關係？如果答案不太確定，那麼隨著時空條件的改

美國與俄羅斯的核武競賽。

變，目前居主流的理論學派，面對二十一世紀全球化與區域化並起的新情勢，知識上仍能巍然不動、屹立不搖嗎？

更嚴重的是，「主流理論」無法解釋非西方國家與古代歷史案例時，理論家容易驟下斷言，認為是非西方行為者不夠「理性」（幾近就是「不夠文明、進步」的意思）。這樣的問題實際上違背了經驗實證理論自稱的中立性，也無形中形成了一種傲慢的知識霸權。本書第五章討論批判理論與第六章介紹女性主義時，已經有所說明。不過，批判理論與女性主義在某種意義上，仍是假設一個「普世」有效的批判視角，所以仍可能忽視了人與事的時空條件與脈絡性（例如預設西方自由主義、中產階級女性的角度）。假如不同於「美國學派」的時空條件的理論化在國際關係研究上有其價值，「美國學派」之外還可以存在著其他研究途徑或「國別學派」，就不足為怪了。無怪乎連西方也有學者呼籲，應該把「國際」還給「國際關係研究」（bringing the "International" back to IR）。畢竟如同加拿大的批判理論學者考克斯（Robert Cox）早已在第三次國關大辯論時警告，「理論總是特定的人追求特定目的所為。」（Theory is always for someone and some purpose.）（Tickner and Balney, 2012: 1-24）西方主流理論自有其獨特背景脈絡，尤其當我們已經走到「去全球化」（de-globalization）、斷鏈脫鉤（decoupling）可能是一股新潮流的十字路口，美國／主流學派以外的觀點對我們理解「國際」關係，就更形重要。

本章所涉及的「國別學派」乃至若干「非西方」（non-western）國際關係研究，仍然可以蘊含著概念和理論普世化的潛力，而可與「主流理論」相互參酌，促進國際關係研究的多元性與前瞻性，呼應學科真正朝向「全球國關」（Global IR）推進，重新與全球史進行對話，重視非西方案例的詮釋與解讀，而非停留在「美國國關」（Acharya and Buzan, 2010, 2019; 高鵬、朱翊民，2022：66）。這些「非主流」的成果，在方法上也完全可能產生「可觀察、可操作、可度量」的研究設計（research design）和假說，但卻在分析案例事件的內涵與因果關係上，打破主流理論預設的普世性視野與單調的結論。本章為此特別從與主流理論最接近，

但競爭也最激烈的一個「大國」的國別學派——英國學派出發，介紹這個主流世界的非主流理論開創的成果。接著簡要介紹西方小國開創的重要國關研究——哥本哈根學派與新安全觀。再次，本章將進入一個看似「低度發展」的理論世界，簡要介紹日本與印度國關研究的問題意識和特點。最後介紹憑藉長期主導東亞國際體系並以此為知識資產而興起的「中國學派」，及在地新興的「臺灣學派」的概況，作為本章也是全書的總結。

二、英國學派與哥本哈根學派

（一）英國學派的緣起與名稱

　　「英國學派」是國際關係理論中的一支異軍奇葩，因為英國自十七世紀迄今都是現代國際體系核心圈的一個主要大國，具有現代學科意義的古典現實主義理論，也在二十世紀初發軔於英國威爾斯大學。但是二十世紀一開始，英國在國際政治的主導地位就逐漸被美國取代。與此同時，社會科學的中心也隨著兩次大戰結束與美國的勝利轉移到北美。因而，英國學派作為國際政治理論的一支，不是伴隨英國崛起，反倒是英國地位衰落後，對國際秩序本質重新反省產生的。同時，雖然叫做「學派」，名稱與成員也都還存在爭議。譬如蘇格蘭、威爾斯學者，是否適用「English School」，更不用說還有澳洲、加拿大、亞洲等地的學派同情者，所以也有人主張用「不列顛學派」「British School」一詞。而臺灣學界也有基於自身的反思，考慮到「England」概念（特別是它的中譯：英格蘭）不包括「蘇格蘭」（Scotland）等區域，倡議應改稱「英倫學派」。本文作為入門介紹，尊重這些爭論而先不做判斷。稱作「英國學派」，僅是因為這是華語語境目前最廣泛的譯法。但「英國／英倫／不列顛」的爭論本身也就提醒了讀者，「國別」學派暗示的「國界」大有問題，因為這種人為的界線，在歷史長河中並非一成不變。何況當事人的主觀認知也可能對國別歸類有強烈的看法（例如喀什米爾、金門、北愛爾蘭、克里米亞）。這也使得沒有「國名」的主流（美國）學派，占了一個話語上的便宜——看似

超越國別。

　　一般認為英國學派的核心概念——「國際社會」（international society）肇始於曼寧（Charles Manning）1949年在倫敦政經學院（LSE）開設了「國際社會的結構」課程，而後陸續有懷特（Martin Wight）與布爾（Hedley Bull）接續提倡。後來部分學者於1959年1月在倫敦政經學院成立「不列顛國際政治理論委員會」（British Committee on the Theory of International Politics），算是學派組織化的起點。但直到這個委員會運作後期，也就是1980年代，外界才以「英國學派」之名稱呼這個理論社群的倡導者及其方法。同時，1980年代中期國際關係理論展開的所謂「第三次大辯論」（新現實主義與新自由主義之辯）實際上只是美國主流理論界中的內部辯論，英國學派反而是局外人而不被重視。直到冷戰結束，孕育新現實主義的「兩極體系」構造退去，特別是頗受英國學派啓迪的「建構主義」（本書第三章）確立了與新現實主義、新自由主義鼎足而三的地位，英國學派才在不列顛國際政治理論委員會成立四十年後，重新受到全球國關理論圈的重視。從這一點讀者也可以體會，一個理論「學派」從觀點萌芽到受到廣泛接納，既需要時間累積，也需要「時勢」的青睞。如果兩極體系延續至今，重視理念相互影響因素的建構主義與英國學派，根本不會廣受重視。

（二）英國學派的核心議題

　　英國學派對國際關係研究提出的的主要議程關注兩大核心問題：1.現實主義理論所確認的國際無政府狀態（anarchy）與國際秩序（international order）如何共存；以及2.國際關係「理論」的性質與適當的研究方法是什麼。這兩個關切同時反映了對國關理論前兩次大辯論（古典現實主義與理想主義／古典自由主義之辯；傳統研究法與科學／實證研究法之辯）的不滿。第一次大辯論看似現實戰勝理想，但卻過度貶低「理念」（ideas）對國際政治的影響，導致唯物主義式的決定論，即軍事與

經濟因素占絕對優勢，人的價值和意識形態毫不重要。第二次大辯論看似科學實證主義戰勝重視法律、哲學與歷史的傳統派，但也製造出大量過度強調「通則化」（generalization）、否定案例差異的抽象公式和「資料庫」、「模型」研究，與現實事件的在地特點距離愈來愈遠（Dunne, 2013: 133-135）。

小知識　實證主義

實證主義起源於十九世紀中期，法國哲學家孔德（Auguste Comte）首先使用實證一詞。實證主義強調透過經驗觀察來客觀了解外在環境與事實，進而推斷事實背後的運行規律，以經由規律反推與控制事實。在社會科學應用中，則是希望可以透過此自然科學的方法，解釋與控制社會問題，協助制訂公共政策。

對這兩大問題，英國學派選擇的是一條折衷的道路。對第一個問題，學派論者接受「無政府狀態」的假定，但並不因此認為「無政府狀態」只造就了一個各國只為生存而無窮對抗的國際體系。實際上，國家構成的國際體系並非總是處於戰爭狀態，而是多少存在著彼此共享的利益和價值，使得拘束力各有差異的「制度」與不同程度的「秩序」與和平得以維持。這種有制度與秩序存在的國際體系，就是「國際社會」（Bull, 1977）。對第二個問題，學派的立場可用布爾所提出的「**古典途徑**」（classical approach）為代表。這個途徑並不排斥實證派強調的確立命題、控制變數（variables）、驗證假設、解釋現實的程序，但古典途徑認為「解釋」（explanation）的進行，不可能排除對行為者主觀認知與理念價值的「詮釋」（interpretation），這便要仰賴對世界的人與事的背景、信念、價值觀的歷史性理解（historical understanding）（Hollis and Smith, 1990: 1-15）。從這一點來看，英國學派與美國理論中最重視「理念」的

主流建構主義（即第三章介紹的亞歷山大・阿德勒的建構主義）的重大差異，就是英國學派把國際關係中具體的「人」，如領袖與外交官，當作重

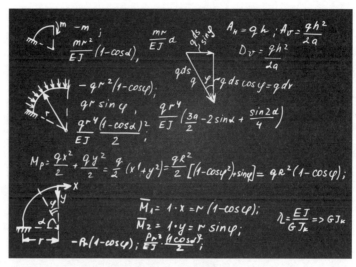

追求形式化、模型化與計量化的主流理論。

要的理解對象。但建構主義認為「國家」可以擬人化，所以國際關係即便有「理念」作用，也可以簡化為「國家共享」的理念，不必太關注「個人」。

（三）英國學派與三種國際社會

　　既然「無政府的國際社會」（anarchical international society）存在著秩序，現實中這個秩序的密度以及人們希望實踐的秩序型態就多種多樣。理論研究要化繁為簡，不可能對千差萬別的案例，進行無止境的細節描述。受到德國社會學者韋伯（Max Weber）的啟發，英國學派的詮釋性理論揭示了三種無政府國際社會。對於懷特而言，它們也是三種國際政治的想像與實踐傳統。

　　首先是秩序密度與理念共享、社會化最低的現實主義（realism）國際社會，也可以說它就等於是主流學派中，新現實主義理論家所稱的「國際體系」。體系成員互動雖然也有規則，但規則的內涵主要是物質利益的驅

動。現實主義國際社會的設想和政策實踐，對應到的理論家就是本章前面說過的英哲霍布斯。霍布斯名著《巨靈》描述的就是人人為求自保，可以訴諸「自然權利」而相互為戰的無政府狀態。

小知識　《巨靈》（Leviathan）

巨靈意為「大海怪」。此書為英國理論家霍布斯於1651年出版的一本著作。該書探討國家、社會結構、人性、社會契約等重大問題。霍布斯認為人在自然狀態之下各自為戰，每天受到生死威脅。巨靈是人的理性在威脅與恐懼作用下，產生的契約共同體，其實也就是國家。霍布斯當時藉由此書強調無政府狀態的混亂，進而倡導君主的絕對主權。但是這個國內的權威並不存在於國際關係，所以國家與國家間沒有組成巨靈的條件，國際政治仍是無政府狀態盛行。

　　其次是英國學派最推崇、符合學派折衷、穩健精神的理性主義（rationalism）國際社會。理性主義國際社會的設想和政策實踐，對應到的理論家就是十七世紀國際法之父格勞秀斯（Hugo Grotius）。格勞秀斯親歷中古時代普世教會與普世帝國秩序的結束，主權國家相互尊重宗教選擇與和戰權利的西伐利亞體系（Westphalian system）興起，但剛剛從教皇手中奪得宗教不受干涉權的歐洲君王們，卻以宗教與王室權益為名，彼此征伐不休。但格勞秀斯並不因此拋棄歐洲古老的自然法（natural law）與基督宗教的倫理理想，更不選擇回頭挽救普世教會與帝國，而是認為人具有理解自然法的普遍理性，足以為平等的主權國家建立共守的和戰規則。不只是日益綿密的條約體系，甚至後來的大國一致、有限戰爭與權力平衡（balance of power）等不成文的制度（institutions），英國學派認為都是理性主義國際社會實踐的展現。

　　最後是以「審慎」著稱的英國人相當牴觸的革命主義（revolutionism）國際社會；其設想和政策實踐，對應到的理論家則是目睹法國大革命時期

的十八世紀德國哲學家，國際關係古典自由主義的奠基者康德（Immanuel Kant）。康德以提出「永久和平論」（參考本書第二章）著稱。儘管他本人並不認為在他當時身處的普魯士與歐洲，那些君主制國家會響應改行共和、廢除常備軍、戰爭非法化等主張，但這種全面廢除國際無政府狀態的革命性願望，始終在歐陸，後來也在北美廣泛流行。某種意義上，二十世紀的美國總統威爾遜（Thomas Woodrow Wilson）的「十四點原則」，以及蘇聯國父列寧（Vladimir Lenin）的全球階級革命，都是廢除國際政治、締造新的普世政府與「世界社會」（world society）、世界公社的計畫。但廢除國際政治在英國學派看來只能是烏托邦，與霍布斯的體系論一樣，都流於極端。

小知識　十四點原則

第一次世界大戰結束後，美國總統威爾遜為永久根絕造成一次大戰爆發的原因，提出若干原則，建議未來世界各國應當廢除秘密外交、關稅壁壘、裁撤軍備、建設國際聯盟（League of Nations），並以自決或託管解決殖民地問題。威爾遜的十四點原則被認為是國際關係中自由主義的代表，希望建構一個沒有戰爭的世界社會。但是他的倡議在美國參議院未獲通過，美國也沒有加入他發起的國際聯盟。這些構想飽受現實主義的抨擊，並隨著第二次世界大戰爆發而破滅。

英國學派的特點就像英國政治一樣，希望審慎地尋求中道，但也不是一味抗拒其他研究潮流的影響。例如歐盟成立與冷戰結束，促使學派部分成員的主張朝向「世界社會」調整，對美國的實證主義主流也更勇於批評，更勇於主張規範面（normative）的價值與立場。與此同時，北美實證研究方法的精緻化，也受到部分英國學派成員的重視，認為學派的主張未嘗不能用計量模型來論證。同時，學派重要成員如布贊（Barry Buzan）等人，也積極與其他「國別學派」互動對話，在哥本哈根學派

與中國學派的發展與爭論中，都可以看到布贊與各國學者的合作和布局（Buzan and Wang, 2014）。不過對英國學派的批評也從來不少。除了北美實證主義的兩大主流仍認為英國學派有混淆應然與實然之嫌，方法也過於傳統守舊，實際上只是一種英式制度主義（British institutionalism）或「自由現實主義」（liberal realism）；也有其他分析責備英國學派固執西伐利亞體系的制度，實際上也是一種歐洲／基督教中心主義，不免將後進的非西方國家目為文明（歐化）不足而不受承認的「失敗國家」，為魯莽的干涉主義謀略留伏筆。

　　人們不免好奇，2016年起陸續發生的英國脫歐（Brexit）與川普當選美國總統等違背「理性主義」傳統的大事，學派成員如何看待？2017年世界國際關係學會（World International Studies Committee）在臺北舉辦了第五屆大會，布贊到場發表題為「後西方世界秩序」（The Post-Western World Order）的主題演講，以川普當選與英國脫歐說明了當代秩序正經歷資本主義經濟危機、國際政治權力移轉（power transition）、恐怖主義與難民問題、氣候變遷與環境危機等多重挑戰，使得國際關係研究將朝向政治與文化上的多元主義（pluralism）發展。布贊認為，這些難題將不可能用「回到未來」（back to the future）的方式解決。他認為，在印度、中國與伊斯蘭世界更強勢地堅持其文化自主性（cultural autonomy）的情況下，全球國際社會（global international society, GIS）也會反映這個「深度多元主義」的特點（Buzan: 2020）。筆者卻認為，這或許又再度突出「理性主義」中道路線的優越：維持單極或建立革命性世界自由聯邦不可行，回到霍布斯體系將掀起大國戰爭，在「理性主

英國脫歐。

義」中求取國際政治的動態平衡，是有限卻最好的選擇。

（四）哥本哈根學派與批判性安全研究

　　派如其名，哥本哈根學派（The Copenhagen School）的機構源頭就是丹麥的哥本哈根和平研究所（Copenhagen Peace Research Institute, COPRI）。該所於1985年由哥本哈根大學國關理論家維夫（Ole Weaver）受命成立，不久布贊等人也來所服務（朱寧，2003：21-26）。此派興起方當冷戰結束，蘇聯所構成的傳統安全威脅不再是歐洲安全的主要議程。與此同時，兩大新興主題躍上舞臺，為學派所關注：1.與軍事和政治這些傳統議題相較，還有哪些安全議題至少同等重要而過去被忽略了？2.一個事件與議題「如何」成為「安全」議題？前者涉及到**非傳統安全**（non-traditional security），後者涉及到「安全化」概念（securitization）。以下本節將加以簡要介紹。

　　對於第一個主題，維夫與布贊等人1993年編輯出版了一本關於認同與移民的歐洲安全專著，不僅打響了研究所的名號，也提前預見了十多年之後的難民問題與歐盟危機，這些危機已經不是國家的軍備競賽與兼併等「傳統安全威脅」直接造成的。布贊後來在《新安全論》（Buzan, 1997）中進一步指明，政治、軍事之外，還有經濟、社會與環境共同構成了安全議題的五大部門，五大部門

非傳統安全（氣候暖化）。

彼此相互關聯，不再是由軍事與政治居高臨下，統帥一切。

　　第二個主題也等於在問「誰的安全？」、「何謂安全？」兩個問題。比如為什麼冷戰時期國防議題凌駕一切？是否當時環境、經濟的問題就不存在呢？實際上當時的統治菁英將「國家的」安全視為是至高無上的價值，認為國家的「生存」應該使大家「置個人死生於度外」。哥本哈根學派的分析綜合了批判理論（傳承自馬克思，參閱本書第五章）與建構主義的看法，認為一個議題成為「威脅」，其實是一個共識建構的過程，也就是被「安全化」。但現實的發展中，菁英建構的國家政治與軍事安全想像，有時與社會上每個人的經濟、環境、社會等安全是衝突的。例如冷戰時期美蘇兩大陣營都強調對手造成嚴峻的軍事威脅，美國遂在各地支持威權政權反共，蘇聯也鎮壓華沙公約陣營的民間抗爭。到了二十一世紀，小布希政府與川普政府仍舊優先強調國防優勢與重商主義（mercantilism）定義的國家安全，分別拒絕批准柯林頓政府時期簽署的京都議定書，退出了歐巴馬加入的巴黎協定，並向美國民眾與世人強調反恐戰爭、美中衝突與壯大本國製造的重要性。現今看來，國際政治呈現再度陣營化、兩極化的趨勢，何嘗不是主要強權國家將國防與晶片、能源、糧食、資訊、移民、疫苗、氣候甚至所有其他議題全面「安全化」的過程？

　　但哥本哈根學派的研究告訴我們，這些被「安全化」的觀念並不是理所當然的。「威脅」的界定往往來自政治菁英的「語言行為」和「文本」（text）的產物，以利彼等打破常規、集中資源，其結果未必最有效率，且常有嚴重的副作用。因此，哥本哈根學派鼓勵人們應該保有批判和反思的能力，也就是學者所說的「非安全化」（de-securitization），才能用更宏觀、全面的方式看待部門多元的「威脅」，使國家、社會、個人都可以是安全保障的共同對象。

小知識　巴黎協定（Paris Agreement）

巴黎協定是由聯合國195個成員國於2015年12月12日聯合國氣候峰會中通過的氣候協定，希望能共同遏阻全球暖化，維護環境安全。巴黎協議能夠成功通過的關鍵在於全球碳排放量最大的兩個國家，美國、中國皆同意簽署該協議，兩國元首於2016年的9月3日G20杭州高峰會上，向聯合國秘書長潘基文送交批准書。雖然拜登（Joe Biden）擊敗川普當選總統後重新回到巴黎協定，但隨著川普宣布將參選2024年總統，美國在巴黎協定的地位，仍存有重大變數。

三、國際關係理論研究在亞洲（I）：日本與印度

（一）為什麼沒有「非西方國際關係理論」？

英國學派的布贊曾與知名印裔加拿大籍國關理論家阿查亞（Amitav Acharya）合編了一本名為《非西方國際關係理論》的專書（Acharya and Buzan, 2010），當中收錄了兩人較早的一篇名作：〈為何沒有非西方的國關理論？〉在這篇文章中，他們對這個疑問提了四個可能的回答：1. 西方的國際關係理論研究已指出正確的國際政治途徑；2. 西方理論的霸權地位阻止了其他聲音的出現；3. 其他地區的條件與資源缺乏，阻礙理論的成長；4. 東西方理論發展的時間差。如果以北美的三大理論（現實、自由、建構）來定義所謂「西方理論」，那麼英國學派與哥本哈根學派的貢獻顯然證明第一個答案是不正確的。如果廣義地將英國學派與哥本哈根學派都算做「西方理論」，從拉美情境興起的依賴理論（見本書第五章），應該被看作「南方理論」。因此，布贊等人的專書廣邀日韓印等國作者多元理論對話，說明兩人也認為後三個回答，或許才是「為何沒有非西方的國關理論」的答案。

沿著這個理路，維夫與拉美學者艾蓮娜・蒂勒（Arlene Tickner）也

邀集了俄、中、日、韓、土和拉美、中東、非洲等國家與地區學者，出版了《世界各地的國際關係學研究》（Tickner and Waever, 2009），證明全球各處國關理論的有心人還是很多，在地視角與貢獻不容忽視。本節僅以兩書提及日本與印度的國關理論討論爲例，與讀者一同思考「爲何沒有／是否會有」這個問題。其他有關伊斯蘭世界國際關係的研究，近年也有很多。限於篇幅，有興趣的讀者也可自行參酌。

（二）日本的國際關係理論研究

豬口孝（Takashi Inoguchi, 2010: 51-68）認爲日本當然有自己的國關理論。最顯著的例子是可資實證的「雁行模式」（Flying geese pattern），說明了冷戰時期日本經濟起飛條件下形成的東亞產業與政經結構，雖不如新現實、新自由等「主義」一樣全面，其概念至少符合「中程理論」（middle-range theory）的條件。豬口孝進一步指出，日本國際關係理論研究有四大源流，同時也代表四大特點。第一是德國國家學（staatslehre）的傳統，繼承戰前軍部與殖民體系強調國內外現地細節調查研究的方法，鉅細靡遺地陳述歷史、事件、制度與人物的脈絡細節。這種研究至今對日本公部門和國關研究的智庫還有很強的影響。第二是盛行於1920至1960年代的馬克思主義傳統，認定社會科學就是「反對者的科學」，與國家學爲政府服務針鋒相對。第三是使日本國關研究變得更像人文學科（humanity）而非政治科學的日本史學傳統。與國家學不同，這個史學性的國關研究重視史實、史料與史觀，卻不強調政策的相關性。第四才是從美國引進的政治科學理論與實證方法，但日本國關學界卻沒有因此發生美國的「行爲主義革命」，反而對北美主流的實證方法頗多保留和質疑。豬口孝認爲，由於日本學界這四種傳統相對勢均力敵，使得日本國關學者與深受美國影響的臺、中、韓等鄰近國家在理論對話上有些吃力。

西田幾多郎是以哲學路徑探討日本認同的重要理論家。戰前日本實行了西方的現代化，卻仍被西方文明歧視的情況下，如何使日本在東方

與西方的對抗中確立主體性，西田
具有黑格爾（George Hegel）辯證
色彩的「無的哲學」（philosophy of
nothingness），使日本不必拘泥經由
西方理性主義確立國家主體性的傳
統，而能在脈絡與場所中，找到「東
洋的無」作爲主體安身立命之所。同
樣是受到豬口重視的日本戰前理論，
平野義太郎深受馬克思主義影響，原
本企盼明治維新後的日本充分發展資
本主義後，會促動社會主義革命，但
或許受到戰時政治壓力，他也認爲
「大東亞共榮圈」的推動，有助於改
造西方市場資本主義代表的現代文
明。最後也值得一提的日本史學途徑

日本首相安倍出席G7。

國關研究代表性學者是濱下武志。濱下與眾多日本史學家出身東京大學和
京都大學等名門，對近代東亞與中國史都有獨到、細密而深入的研究。濱
下認爲近代以中國爲中心的東亞朝貢體制，與其強調其政治性，不如關注
朝貢表象背後更加根本的東亞經貿脈動，也同時有助於用「亞洲」來超越
「中國」，學界因之有「東亞作爲一種方法」的呼籲（陳威志、石之瑜，
2009）。

　　西田、平野與濱下雖然推論國際問題的路徑各有不同，但日本特色
卻非常鮮明：哲學性、歷史性與東亞性。包括豬口提到的戰後「雁行」
模型，以及後來日本曾提倡的「亞元」，仍可以看到「東亞」與「貿易」
兩大主題的身影。日本的國關研究自有其豐沛的學術資源和方法傳統，被
「西方」所忽略並不能減少它的潛力和成就，其經驗是相當值得亞洲同行
參考的。同時，考慮日本的外交與戰略，如果認爲它只能消極扈從美國
「印太」之類的種種安排，忽略日本思維與定位的歷史性與主體性與彈

性，也往往會造成誤失。

（三）印度的國際關係理論研究

德里大學學者貝荷拉（Navnita Chanda Behera）指出，受到殖民主義與當前國家處境的影響，印度乃至南亞的國關理論研究，仍在西方主流的現實主義與國家中心（state-centric）典範的強烈籠罩之下。克什米爾問題、中印邊界戰爭與印巴戰爭的陰影，使得政府與各界更加重視傳統安全與軍事強大。受國家財政支持的學術與智庫機構，更是擁護現代西伐利亞體系與現實主義論述。不過雖然大環境是這樣，印度國關研究仍然有不可忽視的在地特色與資源（Behera, 2009: 134-157）。印度學者馬拉瓦拉普（Siddharth Mallavarapu, 2012: 140）也指明，實際上包括印度洋在內的南亞，重疊的認同、模糊的邊界，使南亞曼荼羅體系（Mandala）這種前西伐利亞主權體系傳統造成的「印度例外論」至今仍有影響。他尤其提倡後殖民途徑的批判，以圖在昂格魯—美利堅中心主義（Anglo-American centralism）之外，找到「全球南方」（Global South）的聲音。筆者可以說，延續到今天的印、巴、中三強沿著喀什米爾、藏南地帶「未定界」的衝突，就是西方西伐利亞主權架構武斷適用的遺患，而非現代國際法的處方所能理解和解決。[1]

因此，印度雖自視為國際社會的大國，獨立之初並不像今日一般鮮明地強調核武和軍事實力的地位。戰後領袖尼赫魯（Jawaharlal Nehru）的世界觀具有強烈的規範性色彩，以堅決反對冷戰的兩大集團主宰、倡議國際不結盟政策（Non-alignment）與建設國際經濟新秩序（New International Economic Order）作為印度外交政策的重要原則。這樣的傳統也有助於彰

---

[1] 參閱馬拉瓦拉普的專訪，"Interview: Siddharth Mallavarapu on Postcolonial Approaches in International Relations and the Politics of Knowledge," August 13, 2019, http://https://ordersbeyondborders.blog.wzb.eu；廖士鋒，「中印對峙：帝國轉型與地緣博奕的交爭」多維（臺灣），第56期（2020年），頁46-47。

顯印度「自主性」的一貫立
場，並提升印度的軟權力。

其次，著名的印度後殖
民（post-colonial）批判家
南迪（Ashis Nandy）指出西
方所代表的「現代」、「啓
蒙」實際上是殖民主義心理
機制的表現。他對民族國家
爲基礎的國際政治提出深刻
的懷疑，對全球知識界具有

印度總理尼赫魯。

廣泛的影響。儘管貝荷拉承認，印度主流國關學界對這種途徑的研究關注
不多，但是她也指出英國殖民造成印度歷史與知識的斷裂，並不能完全切
斷人們對甘地、尼赫魯與泰戈爾（Rabindranath Tagore）等先哲先賢思想
的欣賞。在這些偉人的想像中，印度不僅是現代國家，也應該是一個精神
性的存在，民族主義應該被認爲是一種修行（sadhana）。印度的共同體
不是西方個人主義抽象的社會契約（social contract）所構成，後者最終只
能依靠國家權力來凝聚。

四、國際關係理論研究在亞洲（II）：中國學派

（一）複雜的「中國」，新興的「學派」

從文化、歷史與政治來看，「中國」概念的內涵非常多元複雜，不
僅漫長歷史裡，她的疆域空間時常變動，東西南北族群的分合與認同的
變遷，迄今也在不斷發展（葛兆光，2014：1-32；張登及，2003：308-
313）。因此，漢字的「國」並不能直接等同當代西方理論中的state與
nation，甚至與前現代的 kingdom與empire也未必相同。將這些詞漢譯爲
「國」，方便之餘也產生不少混淆，所以有中、日學者主張「天下」也常
是「中國」的另稱。對於中國這麼一個複雜的實體的國際關係，過去美國

的中國研究名家費正清（John K. Fairbank）曾以「朝貢體系」概念切入，對她多元、漫長的歷史經驗與模式和在東亞與世界的角色加以考察，產生影響深遠的研究（Fairbank, 1969）。現在，中國崛起情勢紛雜，西方主流理論預期的「中國崩潰」（主要是古典自由主義的論證）、「中國稱霸」（主要是攻勢現實主義的論證）、「中國責任」（主要是新自由主義的論證）等概念，都無法周延解釋中國的策略和行為。面對中國角色與相關理論多重缺位的挑戰，不只是前面提到的英國學派已經將「國際社會」概念運用到中國經驗的分析，費正清與史學界對中國與東亞的討論，現在也都受到研究中國國際關係學者們更多的重視。而做為當事者，國力的條件改善與學術話語權的增強，也使得中國大陸的國關理論界提出建構「中國學派」的倡議，受到外界關注。

　　比其他的亞洲鄰國更晚，中國國關學界到1990年代才開始學習西方主流的國關理論，當時一度出現「建設有中國特色的國際關係理論」呼聲。但這多半是為了附和北京政府「有中國特色的某某事物」的口號。不過很快地，「中國學派」（Chinese School）一詞在2000年開始出現。新生代與中生代學者大膽提出建設「中國學派」倡議，此時已經不再只是響應中共執政當局的虛應文章，而開始具有獨立的知識旨趣，希望在中國經濟與政治影響力崛起同時，推動國關理論研究在地化，並回過頭來爭取學術話語權，支持中國國家利益。本節以下將簡要介紹「中國學派」作為一個「知識社群」本身的現狀，以及「中國學派」的問題意識、重要概念與主題。

（二）知識社群與學科現狀

　　國家實力興起不等於「學派」成形，更不等於其學說特色已經贏得海內外學術界的認可。北京大學知名學者王緝思（2006：19-20）坦承，中共當局對社科研究管制嚴厲，要求理論要為革命服務，這樣的環境產生了大量主客不分、情緒性強的研究，從根源處限制學派發展的機會。特

別是對「中國特色」
來說，中國歷史傳統
與馬克思革命理論彼
此關係是什麼，沒有
人提出有說服力的回
答。但是也就在1990
年代，幾乎所有西方
理論所屬各流派的重
要經典，都陸續有中
譯本問世，近年來甚
至在臺港以正體中文

北京大學正門。

大量發行。大陸中生代學者教學、譯介的質量與影響，正逐步提高，受國
際重視的英文期刊也開始出刊，本地訓練與「海歸」（西方留學）的新世
代陸續返國。雖然整個國關學科因成員與機構暴增，不免良莠不齊，但就
如同中國經濟，國關學界取得進步的速度還是非常快。

　　另外，如果從校系來看，根據機構淵源，早期北大主攻蘇聯東歐，中
國人民大學專研「第三世界」，上海復旦大學負責研究西方國家，中國社
會科學院研究國別政策。後來大陸國關理論界或許依此也可粗分為四大
派：北大派重視現代中國國際關係史與政策發展；人民大學派突出現實主
義並嘗試繼續結合政府推崇的馬克思主義；清華派注重實證量化方法與中
國古代政治哲學思想；復旦派則繼續研究西方已開發國家，並特別關注自
由制度主義與國際組織相關的理論。可以認為，各具特點的中國國關研究
視角與分工，已經逐漸成形。

（三）核心關切：和平崛起的可能性、條件與未來世界秩序的樣貌

　　學者認為，如果國關理論有「中國學派」立足之處，光有機構與人是
不夠的。學派還應該符合三個標準：1. 問題意識與理論內容與中國歷史和

現實經驗相關；2. 雖從中國的局部經驗產生問題意識，但同時需具有「通則化」的潛力，能應用到中國之外的案例，自成一套理論體系；3. 學派的部分核心假定，與現有理論彼此「不可通約」。這些當然是很高的挑戰（秦亞青，2005：165-176）。

任何國家立足於國際體系，包括美國與蘇聯，必不乏各自面對的種種難題。嚇阻理論因應核子時代相互保證毀滅的挑戰，新自由主義理論解釋國際組織如何在經濟相互依賴的時代促進合作，哥本哈根學派強調非傳統安全，削弱了大國的現實主義話語偏袒軍事外交的傳統，都是如此。這也符合前節引用批判理論學者考克斯所言，理論不可能超然中立，自必有其時空背景之旨趣。

從這個角度來看，文獻與方法不是學派的重點。秦亞青曾舉陳鋼、何占豪創作的「梁祝小提琴協奏曲」為例，說明該協奏曲完全使用西方的樂理，但用中國的風格表達了具有普遍意義的故事。可見創新貴在問對問題。那麼怎樣的「問題」既有中國特色，又足以支撐新學派？美國學者查克・史奈德（Jack Snyder）曾在2009年提出一個三維度的回答：基於1. 歷史上東亞地區主導者的經驗；2. 儒家式的社會秩序思想；以及3. 當前（去）全球化美中搏奕的戰略情勢，國關學界需要產生一種探討大國如何和平崛起並促進合作性的理論。筆者認為史奈德的見解相當獨到，為中國學派的問題意識做到了畫龍點睛。簡言之，該學派的一項重要的問題意識即是中國和平崛起的可能性、條件與因此造就的未來世界秩序的樣貌。尤其是2020年新冠肺炎肆虐全球，如同澳洲前總理陸克文（Kevin Rudd）與美國前國務卿季辛吉（Henry Kissinger）預言，「後新冠時代」國際秩序勢必與後冷戰迄今的自由國際秩序大有不同，甚至可能使世界重回無政府狀態。而與美國激烈競爭的中國的認知與偏好，也勢將對未來秩序有重大影響（Rudd: 2020）。

以下介紹三個與中國學派有關的重要概念，看看相關探討如何回應這個問題意識。

第一個與中國學派有關的核心概念是「關係」。關係是受儒家文化影

響的東亞社會人際關係的重要面向，它同時包含了倫理分際的價值觀念，與禮尚往來的物質互惠，兩者的交集則是身分和角色。北京國際關係學院學者秦亞青對「關係」的研究指出，西方主流理論的理性主義內涵偏向觀念與物質二元對立的假定，但東方傳統哲學認為一切「存在」本身不可能脫離「關係」，世上沒有脫離關係而能自存的主體。參與學派商榷和對話的臺大學者石之瑜則認為，主流理論視野中的國家互動最後往往只剩下權力平衡，事實上所有國家彼此交往，「關係平衡」（balance of relations）也是重要的動機與手段。這種現象也可以從週邊國家應對中國的特點得到驗證。總之，從關係的角度出發，「崛起」與「和平」的條件就不僅是權力與嚇阻等傳統概念所決定。在所有的雙邊與多邊關係中，帶有文化與理念色彩的「關係」也十分重要（秦亞青，2012；Shih, 2016；石之瑜，2019：38-63）。

　　第二個重要概念是「朝貢體系」與層級秩序。與現代西伐利亞體系和萬國公法為基礎的主權國家關係相對，朝貢體系是以儒家倫理與名分關係為基礎的前現代東亞國際體系。在一切國際體系中，國家實力總是不對等的，大小國層級化現象十分普遍。但西歐在宗教改革後，透過西伐利亞條約，先賦予部分國家主權平等的地位。到二戰結束後，名義上又賦予此地位給眾多新興的前殖民地。但這樣形式上的法理平等，實際運作上仍充滿著層級干預與不平等，因此才有批判理論和尼赫魯等人提出的「新秩序」的批評。相對的，朝貢體系過去直接依照「華夷秩序」的親疏關係確立各國的封貢地位，國與國之間是形式不平等的。但由於地理與技術等多種限制，中國也時常對四方「化外」採取「以不治治之」的羈縻政策，美國學者彼得·卡贊斯坦（Peter Katzenstein）曾稱此為「形式不平等下的實質平等」，韓裔學者康燦雄（David Kang, 2012）則聲稱這個制度與背後價值的共享，發揮了減少戰爭的作用。實際上這也可能是中國與周邊地理、政治與文化關係複雜交錯造成的結果。同時，中國歷史上也不乏經營平等關係並兼顧傳統倫理安排的經驗。學界對宋遼「澶淵之盟」的研究是很好的案例，甚至還引起了「修昔底德陷阱」專家艾利森

（Graham Alisson: 2020）的關注，認為新冠危機之後，中美仍有可能締造一個「宋遼式和平」。不過美國政界人士都非常悲觀，如國防部長馬蒂斯（James Mattis）2017年初曾指中國的海權擴張，是企圖在亞洲重建「朝貢體系」。究竟中國漫長的朝貢制度歷史，會為當前的「復興」帶來和平的智慧，還是征伐的暗示，確實是中國學派一個現成的主題。

> **小知識　澶淵之盟**
>
> 澶淵之盟為北宋與遼國於公元1005年所簽訂的雙邊和約，以結束雙方交戰。條約主要內容是兩國約定建立「兄弟」關係，遼聖宗稱宋真宗為兄，雙方維持既有據點與控制線，不改變邊境現狀。宋每年提供遼國歲幣，兩國開放指定邊貿市場。雖然該條約曾被視為是宋朝購買平安的屈辱，但兩國依約維繫長達116年的和平，北宋也能快速恢復五代戰亂後凋敝的經濟，是世界歷史上少見成功的和平條約，也被認為是中國「朝貢體制」中，重要的平等外交案例。

　　第三個與中國學派相關的重要概念是「天下」。「天下」是漢語語境中常用的詞彙，但做為一個政治秩序的概念，其制度與思想資源分別就是朝貢體系和儒家思想。但又與朝貢體系作為一個緊貼歷史現實的概念不同，中國哲學學者趙汀陽（2005）將「天下」重新抽象化，並藉以與西伐利亞體系的國際秩序觀對話。他以為「天下」可以是一種哲學上的完美形式，未必在現世中能獲得實現，但它可以幫助人們從地理空間、全人類時間，和最高的政治制度思考所有人存在的最大情境。而西伐利亞體系與霍布斯式秩序，卻大幅壓縮了構思完美國際制度的可能，於是對現狀的想像只能讓位給循環性的恐懼、霸權戰爭與文明間的衝突，「一個世界」於是變成不可能的任務。天下則作為一個抽象的完美形式，藉由「無外」原則促進世界一體的思考。例如在儒家傳統中，將天子設想為秩序的中樞，無外的意思是體系成員間只有與中樞的遠近差別，不存在黑白二分、不可化

約的異端。中心與遠方多樣共存，無需像美歐那樣致力於把不同文明「政權改造」（regime change）或宗教「改宗」。最重要的，秩序中樞的天子名分，是開放給任何能「得民心」的體系成員。只要能實踐共享的價值規範，扮演好規範賦予的正當角色，秩序的主導者不限於特定民族、宗教與國家。就如同胡族背景的唐帝國與滿族入主的清帝國，都能贏得了主導中國和世界秩序的正當性。

五、結語

本章以兩個主流學派之外的西方國別學派起始，提出了一幅冷戰後國際關係理論多元並舉的圖景。這個趨勢的動力不僅來自本書前面各章所介紹的各種批判性、規範性理論，也來自同屬西方知識脈絡與政治空間的已開發國家。如同川普當選、英國脫歐與美國從阿富汗撤軍所顯示，傳統上人們所認識的「西方」，正從內部發生變化。烏克蘭戰爭則更為「全球國關理論」注入了極大的不確定性。我們作為印太區域的一員，本章為讀者選擇了日本與印度的國際關係研究加以探討，更進一步彰顯了這兩個重要國家看待世界的獨到見解。臺灣與日本關係密切，目前也希望推動「新南向政策」。如果僅從傳統的主流理論看待世界變局，很可能會失之偏頗，發生一廂情願的誤讀誤判。理論探索往往是視角的沉澱與歷史的累積。我們熟悉主流的國際關係理論工具之外，也應該注意到「主流」之外的支流、深流和潛流。日本和印度的國關研究，如同現實主義與自由主義以外的各章一樣，提醒我們要注意理論知識本身的時代性與多元性。

本書還介紹了「中國學派」。它應該有助於讀者理解到，現在的「中國崛起」很可能只是歷史上她重回東亞重要地位的一個過程。這個過程中，除了耀眼炫目的經濟成就與驚心動魄的軍事壯大外，從中國到世界各地的理論界如何解讀、如何因應，主流學派與新興觀點的對話勢將更加激烈和深入。有許多與此有關的現象，正在快速發展。像是「亞投行」（AIIB）與金磚集團、上海合作組織，以及試點中的數位人民幣，究竟

是北京依循國際貨幣基金（IMF）、世界銀行（World Bank）與北約組織（NATO）的套路，建立一個與美國爭霸的平行國際組織和影子結構，還是以西方體制和規則的「新瓶」，盛裝明、清朝貢體系的「舊酒」，又或是數字列寧主義（Digital Leninism）的全球化？我們相信答案絕不是西方和非西方的對決、主流理論與地緣政治的簡單重複，當然更不會是「天下」這樣的空中樓閣橫空出世。也正是懍於慎重的理論自覺和在地的創新動機，2015年起，一群體察到歷史與國關學科應當結合，才能充分解釋中國崛起的過程與影響的臺灣國關學者，提出了超越跨時／定時（transtemporality/temporal specificity）與跨域／定域（trans-territoriality/territorial specificity）的分析架構，討論了某種國關的「臺灣學派」的可能性（Wu: 2018）。簡言之，所有西方主流理論體現了第一代（G1）實證精神主宰下欲統一所有時空案例的企圖。包括中國在內的非西方國關史研究（G2），則很容易指出主流大理論的例外與失誤。中國大陸的中國學派（G3）起初則限於從中國歷史經驗，提煉跨時空的國關規律，不打算「好為人師」。但或許避免特殊主義與例外論，卻能兼顧物質（結構）與非物質（文化、理念）因素影響，且能對重大案例有獨到識見的臺灣學派，能啟發讀者累積更多的分析工具，醞釀生成更多創新，然後在與世界各地的理論家對話時，得到自己對世局的見解（G4）。那麼，這個充滿挑戰、威脅與沉悶的時代，雖然像是一個最壞的時代，也還能為將來留下一線美好的希望。

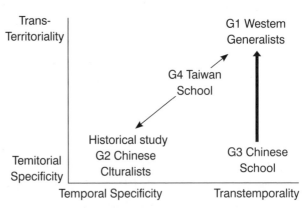

時空雙軸線上的各種國關理論學派位置（Wu: 2018）

小知識　亞投行

全名為亞洲基礎設施銀行（Asian Infrastructure Investment Bank, AIIB），是2013年以來，中國所積極推動的區域多邊金融機構，宣示將提供資金和融資管道，幫助亞洲地區的國家推動基礎建設。《籌建亞投行備忘錄》在2014年10月24日由中國、印度等21個亞洲國家先在北京簽署，宣示亞投行成立。從2015年起，亞投行會員國數目快速增加，英、德、加等歐美洲國家陸續加入亞投行，其創始會員有57國，至2023年會員數為105國。根據章程規定，該行法定資本額為1000億美元，亞洲域內國家占股權75%，域外國家為25%。現任行長為中國籍的金立群，副行長五席分別來自英國、法國、印度、德國、印尼，總部設在北京。

推薦閱讀

1. 陳欣之（2016）。「社會建構主義與英國學派」，收錄於《國際關係總論》（第四版）。張亞中、張登及（編），臺北：揚智出版社，頁99-126。

2. 張登及（2015）。「國際關係理論『中國學派』發展中程評估」，收錄於《東亞的理論與理論的東亞》。楊昊（編），臺北：洪葉文化，頁127-154。

3. 張登及（2020）。「國際秩序的未來」，收錄於《國際關係總論》（第五版）。張亞中、張登及（編），臺北：揚智出版社，頁541-570。

4. 朱寧（2003）。「安全與非安全化：哥本哈根學派安全研究」，世界經濟與政治，2003年第10期，頁21-26。

5. Acharya, Amitav and Barry Buzan (eds.) (2010). *Non-Western International Relations Theory: Perspectives on and Beyond Asia*. London: Routledge.

6. Acharya, Amitav and Barry Buzan (2019). *The Making of Global International Relations: Origins and Evolution of IR at its Centenary*. Cambridge: Cambridge University Press.

參考書目

Alisson, Graham (2019). "Could the United States and China be Rivalry Partners?" National Interest, July 7, 2019, https://nationalinterest.org/feature/could-united-states-and-china-be-rivalry-partners-65661.

Bull, Hedley (1977). *The Anarchical Society: A Study of Order in World Politics*. New York: Columbia University.

Buzan, Barry (1997). *Security: A New Framework for Analysis*. London: Lynne Rienner Publishers.

Buzan, Barry (2020). "The Transformation of Global International Society and the Security Agenda," *Security and Defense Quarterly*, Vol. 30, pp. 7-12.

Buzan, Barry and Wang Jiangli (2014). "The English and Chinese School of International Relations: Comparisons and Lessons," *Chinese Journal of International Politics*, Vol. 7 No. 1, pp. 1-46.

Dunne, Tim (2013). "The English School," in Tim Dunne, Milja Kurki and Steve Smith (eds.), *International Relations Theories: Discipline and Diversity*. Oxford: Oxford University Press, pp. 132-152.

Inoguchi, Takashi (2010). "Why are There no Non-Western Theories of International Relations: the Case of Japan," in Amitav Acharya and Barry Buzan (eds.), *Non-Western International Relations Theory: Perspectives on and Beyond Asia*. London: Routledge, pp. 51-68.

Kang, David (2012). *East Asia before the West: Five Centuries of Trade and Tribute*. New York: Columbia University.

Martin Hollis and Steve Smith (1990). *Explaining and Understanding*

International Relations. New York: Oxford University Press.

Shih, Chih-Yu (2016). "Affirmative Balance of the Singapore: Taiwan Relationship: A Bilateral Perspective on the Relational Turn in International Relations," International Studies Review, Vol. 18, No. 4, pp. 681-701.

Mallavarapu, Siddharth (2012). "Contextualizing South Asia," in Arlene Tickner and David L. Blaney (eds.), Thinking International Relations Differently. New York, Routledge Press, pp. 139-160.

Rudd, Kevin (2020). "The Coming Post-COVID Anarchy: The Pandemic Bodes Ill for Both American and Chinese Power—and for the Global Order," Foreign Affairs, May 2020, https://www.foreignaffairs.com/.

Tickner, Arlene B. and Ole Waever (eds.) (2009). *International Relations Scholarship Around the World*. London: Routledge.

Tickner, Arlene and David L. Blaney (eds.) (2012). Thinking International Relations Differently. New York, Routledge Press.

Wu, Yushan (2018). "The History Informed IR Study and the Resurgence of China," in T. K. Leng and R. Aoyama (eds.) *Decoding the Rise of China: Taiwanese and Japanese Perspectives*. Singapore: Palgrave, pp. 39-56.

王緝思（2006）。國際政治的理性思考，北京：北京大學出版社。

石之瑜（等）（2019）。「科學的國際關係性：天下、軟實力與世界秩序」，國際政治研究，總163期，頁38-63。

朱寧（2003）。「安全與非安全化：哥本哈根學派安全研究」，世界經濟與政治，2003年第10期，頁21-26。

高鵬、朱翊民（2022）。「全球國際關係學：國際關係研究認識論的發展與創新」，國際政治研究，2022年第1期，頁62-86。

秦亞青（2012）。關係與過程：中國國際關係理論的文化建構，上海：上海人民出版社。

張登及（2003）。建構中國：不確定世界的大國地位與大國外交，臺北：揚智出版。

陳威志、石之瑜（2009）。「從亞洲認識中國：濱下武志研究『朝貢體系』的啓示」，政治科學論叢，第39期，頁55-84。

葛兆光（2014）。何爲中國：疆域民族文化與歷史，香港：牛津大學出版社。

趙汀陽（2005）。天下體系：世界制度哲學導論，南京：江蘇教育出版社。

楊昊（編）（2015）。東亞的理論與理論的東亞，臺北：洪葉出版社。

國家圖書館出版品預行編目資料

國際關係理論入門／唐欣偉，張廖年仲，盧業
中，莫大華，王俊評，曾怡仁，周嘉辰，林
炫向，蔡育岱，楊昊，張登及著；包宗和，
張登及主編. －－三版. －－臺北市：五南
圖書出版股份有限公司，2023.08
面；　公分
ISBN 978-626-366-354-1（平裝）

1.CST: 國際關係

578　　　　　　　　　　112011774

1PUC

國際關係理論入門

主　　　編 ― 包宗和（444）、張登及

作　　　者 ― 唐欣偉、張廖年仲、盧業中、莫大華、

王俊評、曾怡仁、周嘉辰、林炫向、

蔡育岱、楊昊、張登及

發 行 人 ― 楊榮川

總 經 理 ― 楊士清

總 編 輯 ― 楊秀麗

副總編輯 ― 劉靜芬

校對編輯 ― 呂伊真

封面設計 ― 姚孝慈、陳亭瑋

出 版 者 ― 五南圖書出版股份有限公司

地　　　址：106台北市大安區和平東路二段339號4樓

電　　　話：(02)2705-5066　　傳　　真：(02)2706-6100

網　　　址：https://www.wunan.com.tw

電子郵件：wunan@wunan.com.tw

劃撥帳號：01068953

戶　　　名：五南圖書出版股份有限公司

法律顧問　林勝安律師

出版日期　2018年 6 月初版一刷

2020年 9 月二版一刷

2023年 8 月三版一刷

定　　　價　新臺幣420元

經典永恆・名著常在

五十週年的獻禮——經典名著文庫

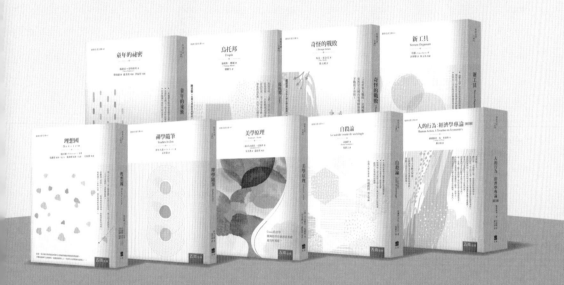

五南，五十年了，半個世紀，人生旅程的一大半，走過來了。

思索著，邁向百年的未來歷程，能為知識界、文化學術界作些什麼？

在速食文化的生態下，有什麼值得讓人雋永品味的？

歷代經典・當今名著，經過時間的洗禮，千錘百鍊，流傳至今，光芒耀人；

不僅使我們能領悟前人的智慧，同時也增深加廣我們思考的深度與視野。

我們決心投入巨資，有計畫的系統梳選，成立「經典名著文庫」，

希望收入古今中外思想性的、充滿睿智與獨見的經典、名著。

這是一項理想性的、永續性的巨大出版工程。

不在意讀者的眾寡，只考慮它的學術價值，力求完整展現先哲思想的軌跡；

為知識界開啟一片智慧之窗，營造一座百花綻放的世界文明公園，

任君遨遊、取菁吸蜜、嘉惠學子！